花押・印章図典

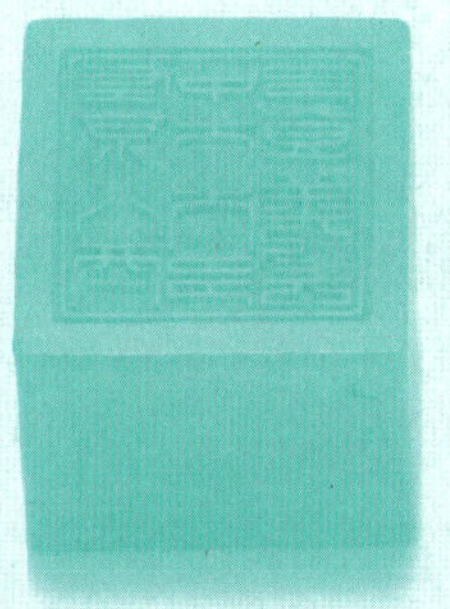

瀬野精一郎［監修］

吉川弘文館編集部［編］

吉川弘文館

序

三一年の長期の歳月をかけて刊行された『国史大辞典』全一四巻、索引巻三冊、計一五巻一七冊は、空前絶後の文化事業の成果であり、二〇世紀後半期の日本史研究者及び関連研究者の総力を結集して完成した文化的遺産といえる。

しかし、全巻の合計ページ数は一万三六九二ページにも及び、収録項目は四万五〇〇〇項目と多岐にわたっている。そのため、ある特定の分野の研究のために『国史大辞典』を利用することを意図する者にとって、少々困難を感じることが時にあることも実情である。

そこで、そのような読者の要望に応えるため、『国史大辞典』に収録されている項目を関連項目別に分類して編集した辞典類の刊行が行われてきた。そのような目的でこれまでに刊行された辞典類は、既に二二冊にも及んでいる。そして、これらの辞典は、『国史大辞典』の利用を補完するものとして、好評をもって利用されている。

本書もその一環として、『国史大辞典』の項目中より、花押、印章が掲載されている人物一一一二名を抽出し、生没年や別名などのデータを記載し、五十音順に配列して刊行する、きわめてユニークなものである。収録されている花押数は二〇四五点、印章数は三九三点にも及んでいる。

奈良時代以前では、文書の差出人は自分の名前を書くことによって、自分の発給文書であることを示していた。戸令（こりょう）の規定では、自分の名前を書くことのできない者は、他人に名前を書いてもらい、男の場合は左手、女の場合は右手の食指の長さを書くことによって、自署に代えることができると記載されており、これを画指（かくし）と称していた。はじめは、名前は楷書で書かれていたが、次第に草書体で書かれるようになり、やがてサイン化されたものへと進み、それは草名（そうみょう）と呼ばれている。この段階までは、名前との関係が認められる。ところが、やがて草名が変様して、名前と直接的な関係のない個人の独自のサインが用いられるようになると、それらは花押、書判（かきはん）、押字（おうじ）という名称で呼ばれるようになった。

花押は名前を自署する代わりに書かれるものであるから、花押が発生した初期には、名前を書いてその下に花押を据えるということは行われていなかったが、時代が下ると名前の下に据えることが一般的に定着するようになっている。花押の類型としては、二合体の花押、二別体の花押、一字体の花押、別用体の花押、明朝体の花押などがある。

さらに、室町時代後期から戦国時代になると、戦国大名を中心に印章が使用されるようになっていく。はじめは、花押と印章が併用されていたが、受け取る側は印章の文書より花押の文書の方を重宝していたようである。しかし、やがて印章が多用されるようになる。そして、印章が据えられている文書は、印判状と呼称され、使用されている朱墨の色の違いにより、朱印状、黒印状と称されている。近世初期、徳川家康の朱印状によって海外渡航の許可を得て、東南アジア諸国との貿易に従事した船は御朱印船と称されたので、その貿易は御朱印船貿易と呼ばれている。

そこで、花押、印章の据えられている文書について、発給者を特定するために、花押、印章の人名比定が重視されることになり、古文書研究の重要なテーマの一つとして取り上げられることになった。また人名比定は、古美術や家宝の鑑定にも必要なことから、その分野においても、人々の関心が寄せられることになった。

さらに、花押は文書発給者を特定する重要な材料にとどまらず、その筆勢、発給年月日と花押との関係等を調査することによって、その文書が正文か案文（正文が作成された時期に近接して作成された写）か写（正文が作成された時期よりはるか後に作成された写）か偽文書か等を判別するための有力な判断材料となっている。そのことにより、花押の調査研究は、古文書研究には不可欠のテーマとして重要視されているのである。

そして、それによって得られた研究成果は、『花押かがみ』などをはじめ、これまでは、特定された人物の生存した時代別に整理して、編纂刊行されるのが一般的であった。そのことにより、花押の時代的特色、変遷等を把握できるというメリットが認められる。

これらの永年にわたり蓄積された花押、印章についての研究成果を踏まえて、『国史大辞典』の人名項目には、判明したその人物の花押、印章等が掲示されている。同辞典の人名項目は、項目担当者が、それまでの積み重ねられた人物についての研究成果を踏まえて記述されたものであるので、そこに掲示されている花押、印章は、現段階では、その人物が用いていたものと判定できる信頼性の高いものといえる。

本書には、人物の活躍した時代、武家や公家等の別、生没年、幼名、諱、通称、号、官職名、官途名、法名等を明示し、次に花押、印章を掲示するという方式で編集されている。複数の花押、印章を使用している者については、それらを使用された年次順に掲載している。

一度花押を変更した者が、再び変更前の花押を使用した例はない。したがって、一人の人物の花押の変更された年月日が明らかになれば、それ以後の日付が明記されている文書に、変更前の花押が記載されている文書があれば、偽文書ということになる。

また、花押が据えられる位置は、文書様式によって一定の方式があるので、そのような古文書の基礎的知識の会得のため、本書の巻頭に、『国史大辞典』より、基本的文書様式、古文書の用語に関する項目等を抽出し、古文書の写真とともに掲載している。

さらに、人名を五十音順に配列して、その花押を掲示するという本書の方式には、花押の時代的特徴や傾向等が把握し難いという点があるので、そのことを補うために、収録されている一一一二名を、没年順に配列した人名索引を巻末に掲載している。それによれば、掲載されている人物は奈良時代の光明皇后（七〇一―七六〇）から、江戸幕府の最後の将軍である徳川慶喜（一八三七―一九一三）までであることがわかる。

そして、巻末に、本書に関係するこれまでに刊行されている参考図書を掲載している。

古文書研究において、花押、印章の研究の重要性を指摘してきたが、花押が据えられている文書を、直ちに正文と判断することには一考を要することを指摘しておきたい。かつての人々は、現代の我々には持ち合わせていない高度の模写能力を保有していたことが認められる。前述しているように、花押が存在する残存文書の中にも、案文、写、さらには偽文書も存在する。したがって、花押のある文書を直ちに正文と考えることなく、古文書研究のあらゆる手法を多角的に活用して、特に偽文書を排除する必要があることを強調しておきたい。

なお、現在も内閣の閣議決定の際は、各閣僚の署名の下に花押が据えられているとのことであるが、一般では花押が用いられることはなく、専ら印鑑が用いられてきた。しかし、最近は個人の暗証番号、さらには生体認証システム等が普及し始めているので、いずれは印鑑も使用されない時代が来ることが予想される。

最後に、本書刊行の趣旨にご賛同いただき、『国史大辞典』より項目の転載をご承諾いただいた執筆者各位に対し、感謝申し上げる。

本書を座右に備え、人物の花押、印章の検索に、研究者のみならず広く多くの人々に活用されることを期待したい。

平成二十九年十二月

瀬野精一郎

凡例

一　本書は、『国史大辞典』（全一五巻一七冊、一九七九―九七年、吉川弘文館刊）に立項されている人名項目および別刷「花押」「印章」に掲載されている花押・印章のほか、関連する項目解説を再録・編集して刊行するものである。

二　「I　基本用語集」には、古文書に関する基礎的な用語を五十音順に掲載した。

三　「II　花押・印章図集」には、近世以前の一一一二人の人物の花押（計二〇四五点）、印章（計三九三点）を掲載した。

1　花押と印章は人物ごとにまとめて掲げ、人名の五十音順に配列した。

2　人物の活躍した時代、武家・公家等の別、生年、没年、別名（幼名、諱、通称、号）、主な官職名、法名を示した。

3　花押・印章の実物に対する縮小率は同一ではない。

四　巻末に、古文書について学ぶための参考図書、本書の収録人物を没年順に配列した索引を掲載した。

目次

序

I 基本用語集

充行状……2
印章……2
印判状……4
花押……6
書下……7
鎌倉将軍家御教書……7
感状……8
下文……9
下知状……10
黒印状……10
御内書……11
古文書……12
裁許状……18
直状……19
施行状……19
自署……20
朱印状……20
書札礼……21
書状……23
署判……24
草名……25
袖判……25
庁宣……26
判物……26
奉書……27
御教書……28
室町将軍家御教書……30

II 花押・印章図集

[あ]
赤橋英時……35
赤橋守時……35
赤松則祐……35
赤松範資……35
赤松則村……35
赤松政則……35
赤松満祐……35
赤松光範……36
赤松義則……36
赤松義村……36
秋月種実……36
明智光秀……36
浅井亮政……36
浅井長政……37
朝倉貞景……37
朝倉孝景……37
朝倉孝景……37
朝倉教景……37
朝倉義景……37
浅野長晟……38
浅野長政……38
浅野幸長……38
足利家時……38
足利氏満……38
足利貞氏……39
足利成氏……39
足利尊氏……39
足利高基……39
足利直冬……39
足利直義……40
足利晴氏……40
足利政氏……40
足利政知……40
足利満兼……40
足利満貞……41
足利満隆……41
足利満直……41
足利持氏……41
足利基氏……41
足利義明……41
足利義昭……41
足利義詮……42
足利義氏……42
足利義氏……42
足利義澄……42
足利義稙……43
足利義輝……43
足利義教……43
足利義晴……43
足利義尚……43
足利義政……44
足利義視……44
足利義満……44
足利義持……44
蘆名盛氏……45
阿蘇惟武……45
阿蘇惟時……45
安達時顕……45
安達泰盛……45
安達義景……45
穴山梅雪……45
尼子勝久……46
尼子経久……46
尼子晴久……46
尼子義久……46
有馬晴信……46
安国寺恵瓊……46
安藤重信……47
安東蓮聖……47
[い]
井伊直孝……47
井伊直政……47
伊賀光宗……47
池田恒興……48
池田輝政……48
池田光政……48
生駒一正……48
生駒親正……48
石川家成……48
石田三成……49
石塔義房……49
石塔頼房……49
石橋和義……49
伊集院忠棟……49

以心崇伝……49
伊勢貞親……50
伊勢貞陸……50
伊勢貞宗……50
板倉勝重……50
板倉重昌……50
板倉重宗……50
一翁院豪……51
一条兼良……51
一条実経……51
一条経嗣……51
一条冬良……51
一条能保……51
一休宗純……52
一山一寧……52
一色詮範……52
一色直氏……52
一色範氏……52
一色範光……52
一絲文守……53
一遍……53
伊奈忠次……53
稲富一夢……53
稲葉一鉄……53
稲葉正勝……53
猪苗代兼載……54
井上正就……54
飯尾為種……54
飯尾元連……54
茨木長隆……54
今井宗薫……54
今川氏……54
今川氏真……54
今川氏親……55
今川氏輝……55
今川貞臣……55
今川貞世……55
今川仲秋……56
今川範国……56
今川範忠……56
今川範政……56
今川義忠……56
今川義元……56
今出川晴季……57
岩城貞隆……57

【う】

上杉顕定……57
上杉氏憲……57
上杉景勝……57
上杉景虎……58
上杉清方……58
上杉謙信……58
上杉定実……59
上杉定正……60
上杉重能……60
上杉清子……60
上杉朝興……60
上杉朝定……60
上杉朝房……60
上杉朝宗……60
上杉朝良……61
上杉憲顕……61
上杉憲方……61
上杉憲定……61
上杉憲実……61
上杉憲忠……61
上杉憲春……62
上杉憲房……62
上杉憲政……62
上杉憲基……62
上杉房能……62
上杉持朝……63
上杉能憲……63
宇喜多直家……63
宇喜多秀家……63
宇佐公房……63
氏家卜全……63
宇都宮氏綱……63
宇都宮国綱……64
宇都宮頼綱……64
浦上則宗……64
卜部兼方……64
卜部兼直……64
運慶……64
雲章一慶……64

【え】

永超……64
栄朝……65
益之宗箴……65
恵信尼……65
円観……65
円爾……65
塩冶高貞……65

【お】

応其……65
横川景三……66
大饗正虎……66
大内惟信……66
大内輝弘……66
大内教弘……66
大内弘世……66
大内政弘……66
大内持世……67
大内盛見……67
大内義興……67
大内義隆……67
大内義長……68
大内義弘……68
大江親広……68
大江広元……68
大江匡房……69
正親町天皇……69
大久保忠佐……69
大久保忠隣……69
大久保長安……69
大久保彦左衛門……70
太田牛一……70
太田資正……70
太田資宗……70
太田道灌……70
大谷吉継……70
大友氏時……70
大友貞載……71
大友貞宗……71
大友宗麟……71
大友親世……72
大友義鑑……72
大友能直……72
大友義統……72
大友頼泰……73
大野治長……73
大村純忠……73
大村由己……74
小笠原貞宗……74
小笠原貞慶……74
小笠原長時……74
小笠原長基……74
小笠原秀政……74
大仏維貞……75
大仏宗宣……75
小田孝朝……75
織田長益……75
織田信雄……75
織田信孝……76
織田信忠……76
織田信長……76
織田信秀……77
織田秀信……78
小槻季継……78
小槻隆職……78
小槻広房……78
小野道風……78
小幡景憲……78
小山朝政……78
小山義政……79

【か】

快川紹喜……79
甲斐常治……79
貝原益軒……79
海北友松……79
雅縁……79
覚恵……79
覚海……80
覚憲……80
廓山……80
覚恕……80
覚盛……80
覚信尼……80
覚如……80
覚仁……80
覚鑁……81
覚法法親王……81
葛西晴信……81
花山院忠雅……81
花山院長親……81
花山院師賢……81
花山院師信……81
峨山韶碩……82
勧修寺経顕……82
勧修寺光豊……82
梶原景時……82
春日局……82
片桐且元……82
加藤清正……82
加藤忠広……83
加藤光泰……83
加藤嘉明……83
金森長近……83
金森可重……84
金沢顕時……84
金沢貞顕……84
金沢実時……84
金沢実政……84
懐良親王……84
狩野永徳……84
狩野山楽……84
狩野元信……85
上泉信綱……85
亀井茲矩……85
亀井政矩……85
蒲生氏郷……85
蒲生賢秀……85
蒲生忠知……86
蒲生秀行……86
烏丸豊光……86
烏丸光広……86
烏丸光康……86
河尻秀隆……86
閑室元佶……86
寛助……87

寛信……87
観世信光……87
観世元忠……87
寛遍……87
甘露寺親長……87
【き】
規庵祖円……88
義演……88
菊池重朝……88
菊池武重……88
菊池武時……88
菊池武敏……88
菊池武朝……88
菊池武政……89
菊池武光……89
菊池為邦……89
菊池能運……89
季弘大叔……90
木沢長政……90
希世霊彦……90
亀泉集証……90
木曽義昌……90
北畠顕家……90
北畠顕信……91
北畠顕能……91
北畠親房……91
北畠具教……91
吉川経家……91
吉川広家……91
吉川元長……92
吉川元春……92
義天玄詔……93
義堂周信……93
木下家定……93
木下長嘯子……93
京極高次……93
京極高知……94
京極忠高……94
京極為兼……94
京極持清……94
教如……95
巧如……95
凝然……95
尭然入道親王……95
行遍……95
岐陽方秀……95
玉畹梵芳……95
清原国賢……97
清原業忠……97
清原宣賢……97
清原教隆……97
清原良賢……97
清原頼業……97
吉良貞家……97
吉良満貞……98
吉良満義……98
【く】
空谷明応……98
九鬼守隆……98
九鬼嘉隆……98
九条兼実……99
九条稙通……99
九条経教……99
九条教実……99
九条政基……99
九条道家……99
九条道教……100
九条光経……100
九条良経……100
楠木正成……100
楠木正行……100
楠木正儀……100
久世広周……101
愚中周及……101
熊谷直実……101
黒田長政……101
黒田孝高……101
桑山重晴……102
【け】
慶運……102
瑩山紹瑾……102
景徐周麟……102
景川宗隆……103
月翁周鏡……103
玄慧……103
元海……103
源空……103
賢俊……103
憲淳……104
顕昭……104
憲深……104
釼阿……104
顕如……105
乾峯士曇……105
【こ】
小出秀政……105
小出吉政……105
興意法親王……105
公海……105
光格天皇……106
江月宗玩……106
光厳天皇……106
高台院……106
後宇多天皇……106
厚東武実……107
興然……107
河野通信……107
河野通春……107
河野通盛……107
高師直……107
高師冬……107
高師泰……107
光明皇后……108
光明天皇……108
高力忠房……108
後円融天皇……108
古岳宗亘……108
後柏原天皇……108
久我長通……108
久我通光……109
虎関師錬……109
古渓宗陳……109
後光厳天皇……109
後光明天皇……109
後小松天皇……109
後西天皇……110
五条頼元……110
後崇光院……110
後醍醐天皇……110
兀庵普寧……111
後土御門天皇……111
古幢周勝……111
後鳥羽天皇……111
後奈良天皇……111
小西行長……111
近衛家実……112
近衛兼経……112
近衛前久……112
近衛稙家……112
近衛信尹……112
近衛信尋……113
近衛道嗣……113
近衛基熙……113
後花園天皇……113
小早川隆景……113
小早川秀秋……113
古筆了佐……114
後深草天皇……114
後伏見天皇……114
小堀遠州……114
後村上天皇……115
後陽成天皇……115
金春禅竹……116
金春安照……116
【さ】
西園寺公経……116
西園寺公衡……116
西園寺実兼……117
西園寺実俊……117
西園寺実衡……117
斎藤竜興……117
斎藤道三……117
斎藤妙椿……118
斎藤基恒……118
斎藤義竜……118
酒井家次……118
酒井忠次……118
酒井忠世……118
榊原康政……118
相良前頼……119
相良為続……119
相良長毎……119
策彦周良……119
佐久間信盛……119
佐久間盛政……119
佐々木氏頼……120
佐々木高氏……120
佐々木高秀……120
佐々木信綱……120
佐々木秀綱……120
佐竹貞義……120
佐竹義敦……120
佐竹義重……121
佐竹義宣……121
佐竹義人……121
佐々成政……121
里見氏……121
里見忠義……122
里見義尭……122
里見義弘……122
里見義康……122
里見義頼……122
里村紹巴……122
真田信之……123
真田昌幸……123
真田幸村……123
三条公忠……123
三条実房……123
三条西公条……124
三条西実枝……124
三条西実隆……124
【し】
慈円……124
竺雲等連……125
竺仙梵僊……125
四条隆蔭……125
四条隆資……125
四条隆衡……125
実尊……126
実導……126

実如……126
篠原長房……126
斯波家兼……126
斯波家長……126
斯波氏経……127
柴田勝家……127
斯波高経……127
斯波義淳……127
斯波義廉……127
斯波義敏……127
斯波義教……127
斯波義将……127
渋川満頼……128
渋川義俊……128
渋川義行……128
島井宗室……128
島津家久……128
島津家久……128
島津氏久……129
島津伊久……129
島津貞久……129
島津貴久……129
島津忠国……130
島津忠久……130
島津忠昌……130
島津忠良……130
島津久経……130
島津元久……130
島津師久……131
島津義久……131
島津義弘……131
慈猛……132
寂室元光……132
綽如……132
宗峯妙超……133
授翁宗弼……133
守覚法親王……133
春屋妙葩……133
准如……133
定海……134
貞慶……134
証賢……134
成賢……134
定豪……134
称光天皇……134
聖守……134
聖尋……135
少弐貞経……135
少弐貞頼……135
少弐資能……135
少弐資頼……135
少弐経資……135
少弐冬資……136
少弐冬尚……136
少弐政資……136
少弐頼尚……136
証如……136
肖柏……136
静遍……136
浄弁……137
心慧……137
心越興儔……137
心敬……137
深賢……137
新庄直頼……137
真盛……137
真相……137
尋尊……138
真慧……138
親鸞……138

【す】

陶晴賢……138
陶弘護……138
菅原在良……138
菅原為長……139
崇光天皇……139
角倉素庵……139
角倉了以……139
諏訪真性……139
諏訪頼重……139
諏訪頼忠……139

【せ】

世阿弥……140
西笑承兌……140
済信……140
清拙正澄……140
成尊……140
勢誉……141
絶海中津……141
雪江宗深……141
雪舟等楊……141
仙石秀久……142
禅助……142
禅爾……142
善如……142
千少庵……143
千利休……143
専誉……143

【そ】

増基……143
蔵山順空……143
宗性……144
宗長……144
双峯宗源……144
相馬重胤……144
相馬親胤……144
宗義調……144
宗義智……144
宗義盛……145
十河一存……145
尊円入道親王……145
存覚……145
尊照……145
尊朝法親王……145
存如……146

【た】

大岳周崇……146
大休正念……146
大休宗休……146
太源宗真……146
太原崇孚……146
退耕行勇……146
大智……147
大道寺政繁……147
平清盛……147
平忠盛……147
平親範……147
平経高……147
平経盛……148
平時忠……148
平信範……148
平教盛……148
平通盛……148
平宗盛……148
平盛時……148
平盛俊……149
平頼綱……149
平頼盛……149
高倉光守……149
高階為章……149
高階業遠……149
高階泰経……149
多賀高忠……150
鷹司兼平……150
高橋元種……150
高山右近……150
滝川一益……150
滝川雄利……150
沢庵宗彭……150
竹崎季長……151
武田氏……151
武田勝頼……151
武田信玄……151
武田信虎……152
武田信満……152
武田元信……152
竹中重治……152
武野紹鷗……153
立花宗茂……153
伊達稙宗……153
伊達綱宗……154
伊達綱村……154
伊達輝宗……154
伊達晴宗……154
伊達政宗……154
伊達政宗……155
伊達持宗……156
伊達行朝……156
田中吉政……157
田村清顕……157
湛睿……157
丹波雅忠……157

【ち】

千種忠顕……157
千葉兼胤……158
仲方円伊……158
重源……158
長宗我部元親……158
長宗我部盛親……158
椿庭海寿……159

【つ】

通翁鏡円……159
通幻寂霊……159
津軽為信……159
津田宗及……159
土御門定通……159
筒井順慶……160

【て】

徹通義介……160
徹翁義亨……160
寺井肇……160
寺沢広高……160
天隠竜沢……161
天海……161
天岸慧広……161

【と】

土井利忠……161
洞院公賢……161
洞院公定……161
洞院実雄……162
洞院実熙……162
洞院実世……162
東巌慧安……162
道教……162
道元……162
桃源瑞仙……163
道光……163
道興……163
道助入道親王……163
東常縁……163

藤堂高虎……164
東明慧日……164
富樫政親……164
富木常忍……164
土岐持頼……164
土岐康政……164
土岐康行……164
土岐頼遠……165
土岐頼芸……165
土岐頼益……165
土岐頼康……165
徳川家定……165
徳川家重……165
徳川家継……166
徳川家綱……166
徳川家斉……166
徳川家宣……166
徳川家治……166
徳川家光……166
徳川家茂……167
徳川家康……167
徳川家慶……168
徳川綱吉……168
徳川秀忠……168
徳川義直……168
徳川慶喜……168
徳川吉宗……168
徳大寺公継……169
徳大寺実定……169
徳大寺実基……169
土肥実平……169
豊臣秀次……169
豊臣秀吉……169
豊臣秀頼……170
頓阿……170

【な】

内藤信成……170
直江兼続……170
永井直勝……171
長井宗秀……171
長尾景仲……171
長尾景長……171
長尾景春……171
長尾為景……171
長尾能景……172
中川清秀……172
長崎高資……172
長沼宗政……172
中院定平……172
中院通勝……172
中院通成……173
中院通秀……173
中院通冬……173
中原親能……173
中原章有……173
中原章房……173
中原師員……173
中御門天皇……173
中御門宣明……174
中御門宣胤……174
中御門宣秀……174
中山定親……174
中山忠親……174
名越時章……175
名越朝時……175
長束正家……175
鍋島直茂……175
成富兵庫……176
成瀬正成……176
名和長年……176
南化玄興……176
南山士雲……176
南部信光……176
南部政長……176
南浦紹明……177

【に】

二階堂貞藤……177
二階堂行政……177
日向……177
二条昭実……177
二条為氏……178
二条為定……178
二条為世……178
二条師基……178
二条良基……178
日印……178
日什……178
日静……179
日像……179
日目……179
日輪……179
日蓮……179
日朗……180
仁木義長……180
仁木頼章……180
日興……180
日昭……181
日親……181
新田義興……181
新田義貞……181
新田義宗……181
日法……181
日峯宗舜……181
蜷川親元……182
庭田重資……182
丹羽長秀……182
忍性……182
仁如集堯……182

【は】

梅山聞本……182
白雲慧暁……183
羽柴秀勝……183
羽柴秀勝……183
羽柴秀長……183
長谷川等伯……183
支倉常長……184
畠山国清……184
畠山高国……184
畠山高政……184
畠山直顕……184
畠山尚順……185
畠山政長……185
畠山満家……185
畠山満慶……185
畠山持国……185
畠山基国……185
畠山義綱……186
畠山義就……186
畠山義英……186
畠山義総……186
畠山義統……186
蜂須賀家政……186
蜂須賀忠英……187
蜂須賀正勝……187
蜂須賀至鎮……187
服部持法……188
花園天皇……188
葉室定嗣……189
幡随意……189

【ひ】

日野勝光……189
日野重光……189
日野資朝……190
日野資名……190
平岩親吉……190
広橋兼顕……190
広橋兼仲……190
広橋兼宣……191

【ふ】

福島正則……191
伏見天皇……191
藤原惺窩……192
藤原顕季……192
藤原顕輔……192
藤原顕隆……192
藤原顕頼……193
藤原家隆……193
藤原家成……193
藤原公教……193
藤原公能……194
藤原邦綱……194
藤原惟方……194
藤原伊房……194
藤原伊通……194
藤原定家……194
藤原実遠……195
藤原実行……195
藤原実能……195
藤原重家……195
藤原季仲……195
藤原佐理……195
藤原隆季……196
藤原隆時……196
藤原隆信……196
藤原忠信……196
藤原忠通……196
藤原為家……196
藤原為隆……197
藤原為房……197
藤原経光……197
藤原経宗……197
藤原俊成……197
藤原仲実……198
藤原信清……198
藤原信頼……198
藤原範季……198
藤原光親……198
藤原光俊……198
藤原光頼……198
藤原宗忠……199
藤原宗行……199
藤原元命……199
藤原基房……199
藤原師長……199
藤原保昌……199
藤原行成……200
藤原義忠……200
藤原頼嗣……200
藤原頼経……200
藤原頼長……200
舟橋秀賢……200
古田織部……201
文之玄昌……201

【へ】

戸次鑑連……201
辨長……202

【ほ】

彭叔守仙……202
北条氏……202
北条氏勝……202

北条氏邦……202
北条氏繁……203
北条氏綱……203
北条氏照……203
北条氏直……204
北条氏規……204
北条氏房……204
北条氏政……205
北条氏盛……205
北条氏康……205
北条兼時……206
北条貞時……206
北条重時……206
北条早雲……207
北条高時……207
北条綱成……207
北条経時……207
北条時国……207
北条時定……208
北条時輔……208
北条時房……208
北条時政……208
北条時益……208
北条時宗……209
北条時村……209
北条時茂……209
北条時盛……209
北条時頼……210
坊城俊実……210
北条仲時……210
北条長時……210
北条業時……210
北条宣時……210
北条久時……211
北条熙時……211
北条政顕……211
北条政村……211
北条宗方……211
北条基時……211
北条師時……212
北条泰時……212
北条随時……212
北条義時……212
北条義政……212
坊門清忠……212
保科正直……213
細川顕氏……213
細川氏綱……213
細川興元……213
細川和氏……213
細川勝益……213
細川勝元……214
細川清氏……214
細川澄元……214
細川澄之……214
細川高国……215
細川忠興……215
細川忠利……216
細川晴元……216
細川藤孝……216
細川政元……216
細川満元……217
細川持之……217
細川頼春……217
細川頼元……217
細川頼之……217
堀尾忠氏……218
堀尾吉晴……218
堀直寄……218
堀秀治……218
堀秀政……218
本多忠勝……219
本多正信……219
本多康重……219
本多康俊……219

[ま]

前田玄以……219
前田利家……219
前田利常……220
前田利長……220
増田長盛……220
松井康之……220
松井友閑……221
松倉重政……221
松平家忠……221
松平重勝……221
松平忠輝……221
松平忠昌……222
松平忠吉……222
松平広忠……222
松平康親……222
松田憲秀……222
松永久秀……222
松浦鎮信……223
松浦隆信……223
万里小路季房……223
万里小路時房……223
万里小路宣房……223
万里小路藤房……223
曲直瀬正盛……224
満済……224

[み]

三浦義同……224
三浦義村……224
溝口秀勝……224
皆川広照……224
源兼行……224
源定房……225
源実朝……225
源資賢……225
源範頼……225
源雅兼……225
源雅定……225
源雅通……226
源通方……226
源通親……226
源通具……226
源義経……226
源義仲……226
源頼家……227
源頼親……227
源頼朝……227
壬生匡遠……227
壬生晴富……227
壬生雅久……227
宮部継潤……227
明恵……228
妙実……228
明尊……228
三好長慶……228
三善康連……228
三善康信……228
三好義賢……228
三好義継……228

[む]

無学祖元……229
無関玄悟……229
無極志玄……229
無著妙融……229
無住道暁……229
夢窓疎石……229
無本覚心……230
村井貞勝……230
村上義清……230

[め]

明峯素哲……230
滅宗宗興……230

[も]

毛利興元……231
毛利高政……231
毛利隆元……231
毛利輝元……231
毛利元就……232
最上義光……232
桃井直常……232
桃井直信……233
森長可……233
守良親王……233
護良親王……233
森可成……233
文観……233

[や]

柳原資明……234
山内一豊……234
山崎宗鑑……234
山崎長徳……234
山科言国……235
山科言継……235
山科言経……235
山科教言……235
山名氏清……235
山中幸盛……235
山名時氏……236
山名時熙……236
山名時義……236
山名政豊……236
山名満幸……236
山名持豊……236
山名師義……237
山名義理……237

[ゆ]

結城氏朝……237
結城晴朝……237
結城秀康……237
結城政朝……238
結城宗広……238
由良成繁……238

[よ]

永観……238
養叟宗頤……238
吉田兼倶……239
吉田兼熙……239
吉田兼右……239
吉田兼好……239
吉田定房……239
吉田経俊……239
吉田経長……240
吉田経房……240
吉田宗房……240
良成親王……240
栄仁親王……240
依田信蕃……241

[ら]

頼瑜……241
頼誉……241
蘭渓道隆……241
蘭坡景茝……241

[り]

竜造寺隆信……242
竜造寺政家……242

了庵桂悟……242
良暁……243
良源……243
竜湫周沢……243
良禅……243
良忠……243
良忍……244
良遍……244
〔れ〕
冷泉為和……244
冷泉為相……244
蓮如……244
〔ろ〕
六条有房……245
六角定頼……245
六角高頼……245
六角義賢……245
六角義治……245
〔わ〕
和田惟政……245
渡辺守綱……246

理解を広げるための参考図書　247

索　引

Ⅰ　基本用語集

充行状　あておこないじょう

「あてがいじょう」ともよみ、荘園や中世武家社会において土地や所職の給与に際して給与者が作成して被給者に交付した文書で、充文（あてぶみ）ともいう。古いものとしては次の文書が知られているが、処分状と判然と区別をつけ難い。

充行処分事
一処字檜牧地　四至（中略）
在于（宇）陀郡上県二条肥伊里
右二男僧快秀処分、永所二充行一如レ件、
貞元三年三月一日　県（花押）
（下略）

しかし、充行が上から下への給与という性格を強めてくると、下記のごとき充行状があらわれる。

充行　荒田壱町事
在六条四坊十一十二十三十四町之内
西院小泉御庄之内未申角
右件荒田畠僧知増所二充行一也、早令二開発一、為二作手一可レ為二永代領知一之状如レ件、但於二御年貢薪一可二弁進一之状、敢不レ可二違失一、故充行、
永保二年正月廿日
刀禰承知（花押）
（下略）

中世武家社会では、所領給与は多く所職に補任する形で行われたが、室町時代の守護などは知行充行の際、充行状を発給しており、次はその一例である。

安芸国山県郡内平田内宮庄福光名事、厳島寺原三河守押領分一円吉河駿河守所二充行一也、守二先例一可レ有二知行一之状如レ件、
応永拾弐年十二月十一日　満氏（花押）
吉河駿河守殿

［参考文献］相田二郎『日本の古文書』、伊地知鉄男編著『日本古文書学提要』上　（新田英治）

印章　いんしょう

今日では俗に「はんこ」とも称し、証拠の表示としてものにしるし使われる。「印の用たる、実に信をとるにあり、公私これによりてすなはち嫌疑を決す」との中国後漢代の印章観はいまもそのまま通じている。印章は紀元前五〇〇〇年代の後半にメソポタミアの原始農耕社会にあって発明された。石・粘土・骨・金属などを材料として、それに絵や文字を刻んで粘土や布などにおして所有物の表示としたほかに呪術的な護符の役割があった。古代メソポタミアの印章は円筒形（シリンダー形）の周囲に図様が彫刻してあり、それを粘土版（クレータブレット）に押し付けて印を残した。メソポタミアの印章が中国大陸へ伝わって殷（いん）代にスタンプ形の鋳銅印があらわれ、晩周以後盛んになり、秦漢時代に入って次第に制度化した。エジプト・ペルシャ・ギリシャなど西方の印章は主として玉髄（ぎょくずい）・瑪瑙（めのう）・水晶などの石材を印材としたが、中国では青銅の鋳造印が主であった。

＊

中国の古印は秦璽・漢印と称して、秦の統一時代から漢代に及ぶと、公印が整然と制度化されて、集権国家の権威のシンボルとなったことは、官吏任命の際に官印が授与され、その印章の綬（じゅ）（印章の鈕に付けられた長い紐）によって、「印綬を帯す」と称せられたことによっても知られる。秦は新しく皇帝璽を制定し、これを頂点として百官の印を制定し、皇帝の大権として印を授けた。このような秦漢璽印制は、隋・唐に及んで紙の使用が普及し、筆録の用具として「木簡」、それを封印する「封泥（ふうでい）」の関係は、「紙と印章」の関係へと変化して、ここに印章

の役割にも大きな変遷を見た。

＊

わが国では『大宝令』頒布とともに「新印様を頒付」し、ついで慶雲元年（七〇四）の「諸国印を鋳す」を印章使用の発足とする。古代の印章は官印が主体をなし、準公印がこれに次ぎ、私印は家印と個人印とに分けられ、天平宝字二年（七五八）の「恵美家印」に始まり次第に普及し使用された。日本の印章の歴史を通じて上代の印章はすべて鋳銅印であり、その印面の形は正方形または正円形などであり、印文は陽刻の篆書体であり、天皇印である内印が方三寸（八・七センチ）、外印が方二寸半と次第にその大きさを減ずるのが官印の制度であったから、内印を越す巨大な印章の使用は認められなかった。また印肉はすべて朱色（丹色）であり黒印は中世に入って以後のことである。官印は郡印・郷印を除いて、すべて宮内省の鍛冶司が鋳造して中央政府から頒布し、私鋳が公認されないことは天皇の大権に関係があったからであり、印の制度は公式令に厳しく規定されている。また古代の印章と文書について著しい事例は、奈良時代の文書には全紙面に捺印があったが、唐朝文書の影響によって平安時代初め以降は一文書の紙面の捺印顆数が次第に減少して、平安時代中期に至るまでの間に最少数の三顆の捺印を見るにすぎず、その捺印の個所は文面のはじめ・中程・末尾の三所であり、平安時代末期の公文書の多くには全く捺印のない無印文書があらわれ、私印の方も、平安時代初期には文書に証拠のしるしとして捺すよう太政官符を下して奨励はしたがその実績があがらず、一般に捺印は敬遠される傾向にあった。中世武家文書が全く無印文書であることは、古代末期の無印文書の影響である。また「署名と捺印」の関係は古代では無関係であり、署名は自署から平安時代中期より発達し、署名に利用された花押が署名の役割をもっぱらつとめたので、印章は署名とは無関係であった。

＊

中世では令制による古代の印章に加えて、それとは全く系譜を異にする宋朝禅林の影響のもとに発展した。令制の印章はなお存続したが、新時期を日本印章史上に画したものはこの禅林風の印章であって、その端初は東福寺開山聖一国師であり、彼は宋朝禅林の印章の風を日本に将来して、弟子の東巌慧安・白雲慧暁などに伝えて、宋風印章が日本に普及した。南北朝時代から室町時代に及んで禅僧は捺印をもって花押に代える風習へと移って行った。一方、一般の花押にも鎌倉時代に入ると、筆書でない「版刻花押」の出現が稀ではあるが見られたが、室町時代には、宋元の「元押」と称して上方に姓、下方に花押を刻した長方形木製印の影響もあって、版刻花押が多く使用され、戦国時代には、「花押型」が筆書の花押に代わることも多くなった。これは花押の本質が忘れられて行ったためであり、署名捺印の関係はこうして中世の後半から近世へと定形化して行く傾向にあり、現行の署名捺印の様式はここに発していることは、現行の印章は、宋代禅林の印章の系譜に属していることと軌を一にする。文書の写しなどにみられる「在判」という語の「はん」とは花押のことであるので、印章は別に「印判」と称した。これも花押と印章の関係によるものであり、花押の優位を示している。

＊

自署から発した花押が時代の推移によって本質を失うのは中世の後半期であるが、印章が花押に代わって証拠のしるしとして使用されるのも同じ中世後半であることから考えると、花押と印章の地位がちょうど入れ替わったものと見ることができる。しかしそうはいうものの花押の優位は変化なく、近世に入っても、書状に限って差出人が印章を花押に代えた場合には、必ず何かの故障によって花押が書けないので印章をもって代用するとの趣を書面に註記したが、それは「書札礼」に背くからであった。中世の印章の印材は黄楊木などの木印が多く、形状も単純な方・円形から複雑な形へと著しく変化し、印文は陽文のほかに陰文もあり、文字以外の絵画的図様もあり、秦漢時代の「肖生印」に類する動植物などの画像印も使われたが、印肉の方にも蔵書印以外には見られなかった黒印が鎌倉時代から使われるようになって、古代の印章との間に著しい相違点の数々をここに見ることができる。近世の印章はその発展が停止して固定化してきたが、清代の篆刻流行の影響を受けて、好事家の間には多種多様な印章も使われた。庶民は認印を所持したが、すべて黒印として使用していたものであって、朱印として使うことは明治新政府の発足以後のことである。この近世江戸時代は現代の「はんこ万能」時代の先蹤をなし、形式主義の行政上の弊風をはんこ行政として助長させた。

＊

古文書と印章は、古代においては令制的であり、令制文書には捺印があったが、令外文書にはまったく捺印の印影は見られず、むしろ捺印の煩雑さを回避することを眼目として令外文書が生まれた。中世武家文書も無印文書であったが、戦国武将の文書として「印判状」が出現したが、印影のみから速断して令制印章の復活と考えることは誤りであり、やはり中世的印章として生まれたものである。款印は、唐や宋初には中国でも見られず、南宋の禅林の中から出て来たものであって、墨蹟の方は鎌倉時代に、絵画の方は室町時代に入ってからいずれも禅僧の間に限って行われた。特殊な捺印の一つに「継目印」があって、これももとは花押による「継目判」から古代において出たものであるが、数枚の文書の料紙の継目裏に傾斜して捺印するのは捺印を明示する意味によった。印章も用途によって印材が撰ばれたが、「火印」と称した焼印は鉄製であって、材木の点検のほかに犯罪人の顔面に文書偽造罪（『貞永式目』）に適用されて使われた。「筆印」と称して筆軸に墨をつけて捺印に代用したのは印章の略式であり、鎌倉時代から行われた。このほかに蔵書印（古代から）・鑑蔵印（中世から）などの印章もある。

［参考文献］荻野三七彦『印章』（『日本歴史叢書』一三）、石井良助『はん』、木内武男編『日本の古印』、木内武男『日本の官印』

（荻野三七彦）

印判状　いんばんじょう

武家文書のうちで花押にかえて印章（印判）を用いた文書で、戦国武将間に行われた。鎌倉・室町両幕府関係の武家文書は寺院関係の「公帖」と称する文書のほかはすべて無印文書ばかりであったが、そこへ花押に代わって印章を用いた武家文書が十五世紀に出現した。印判状はまず尾張以東の東国地方に限って行われたが、印判状を出していた織田信長が天下統一を志して上洛したことによって京畿地方に、ついで豊臣秀吉の天下統一によって全国的に普及を見る結果となった。印判状の印章は令制の印章とは無関係な宋代禅林の印章の系譜に連なる印章であって、印判状の出現も武家階級出身の禅僧またはその信仰者である人々の間から発していて、それが次第に普及を見ることとなった。

＊

印判状の初見は長享元年（一四八七）十月二十日付今川竜王丸（氏親の童名）の黒印を差出名の下に捺した文書であり、これに次ぐものは明応三年（一四九四）九月二十日付今川氏親印判状であり、この方は黒印を袖に捺している。氏親には永正九年（一五一二）三月二十四日付印判状に朱印の袖印があり、これが朱印の印判状の初見である。駿河の今川、相模の北条、甲斐の武田、越後の長尾上杉、房総の里見、武蔵の吉良、常陸の佐竹、陸奥の伊達と葛西、出羽の最上、それに加えて尾張・美濃の織田、三河の徳川とこうした広義の東国諸大名の間に印判状が花押（判）を使った判物と並んで行われた。そして信長の上洛した永禄十一年（一五六八）九月以降は信長印判状の権威が領国外の京畿にまで及び、遠く九州・中国・四国などを含む西国大名の間にも印判状の出現を促した。こうした印判状の文書面における捺印の位置も多様であったが近世に入ると日付下の捺印様式に固定化して戦国印判状に見た多様性の印判状は消滅した。印判状の印文は大名自身の姓氏や名に関するものもあるが、その多くはむしろ直接に関係のない標語的印文や図様が撰ばれていたことや、家印・個人印もあり、同一印章を親の没後も子が襲用したり、夫の死後その夫人が代わって使ったことなどがあって、文書についての印章は簡便な用途を具備していたために、より一層印判状が普及した。

*

印判状は奉書式と直状式に区別されるが、奉書式のものは奉者があって、それに主人の印を捺して出したが、奉者は花押をすること（それも稀に）はあっても自己の印章をすることはない。直状式のものは奉者を介せず大名が捺印をして直接に出す様式である。捺印は日付については年・月日のいずれかにかけて捺すもの、または日付の下方に捺すものなど各家々によってその様式は違った特色を有していた。文書の袖の捺印についても文面にかけるものとかけないものなどあるが、その家々には必ず固定した様式があった。奉書式印判状の奉者が「奉之」と書く場合に相模の北条氏は「遠山奉之」と右傍に書いたが、甲斐の武田氏は「土屋右衛門尉奉之」と左傍に記し、越後の長尾氏は「直江奉之」と一行書にした。こうした書式は東国諸勢力の関係の上にも具体的に展望されるところがあって、印章の形式とともに北条式のものとして里見・吉良があったようにそれぞれに区分ができたが、徳川家康は甲斐へ入国すると武田の書式を襲用した。筆書と違って印判は簡便であり、同一文書を幾通も短時間に作ることができるので、印判状様式の掟・制札・伝馬手形などが多く出された。その他知行充行状・感状・知行目録などから、さらに書状に至るまで印判状がひろく利用された。伝馬手形には伝馬印を作って専用としたものもあったが、「伝馬村迄○此印判無之候ハ、一切出し申ましく候」と、自家の印章を見本として示し捺印して、厳しく伝馬制度に利用したものもあり、徳川秀忠の時代には「伝馬無㆓相違㆒可㆑出者也」の印文を切半した割印制とした複雑な伝馬手形も見られた。伝馬手形の重要な役割を印判がつとめていて、伝馬手形には専用の伝馬印その他を捺して宿駅に宛てた。「御朱印船」なる名称によって有名な「異国渡海朱印状」もこうした伝馬・船手などの手形など交通関係文書から出た印判状の一つであるが、海外と交渉を持つ場合は、こうした印判状は国際文書としても便利であった。それは明によって朝鮮・琉球・安南・暹羅などの国々が中国様式の文書に統一されていた故であり、印章のある国際文書は印判状と相通じた様式を持ち、島津対琉球、秀吉と麾下の大老対朝鮮および明または対高山国、家康対東南アジアの諸国への国際文書も文書様式は印判状であった。

*

印判状に捺印した印肉が朱か墨かのいずれかによって朱印状・黒印状の区別を生じ、それを総称して印判状というが、朱印は黒印に優るとの概念は広く知られていた。しかし具体的にいかに使い分けていたのか、その点は詳らかではない。印判状は書状にまで及んでいたが、「所労故愚判不二罷成一候間乍二慮外一印をおし候」などとの註記をこうした印判状様式の消息に書き添えねばならなかったことは、「書札礼」の上からは印判状が略式であり鄭重を欠くものとの考え方によるものであった。

[参考文献] 荻野三七彦『印章』(『日本歴史叢書』一三)、相田二郎『日本の古文書』上、同「北条氏の印判に関する研究」(『史学雑誌』四六ノ八—一〇)

(荻野三七彦)

花押　かおう

自署の代りに書く記号。押字ともいい、その形が花模様の如くであるところから花押とよばれた。また判・判形ともよばれ、印判と区別して書判ともいう。花押は個人の表徴として文書に証拠力を与えるもので、他人の模倣・偽作を防ぐため、その作成には種々の工夫が凝らされた。花押は中国唐代の文書からみえるが、我が国では十世紀の頃から次第に用いられるようになった。はじめ自署は楷書で書くのが例であったが、行書から草書へと変わり、特に実名の下の文字を極端に簡略化し、次第に二字の区別がつかなくなって図様化した。これを草名という。

*

花押には、その人の趣向や時代の流行により、各種の作り方があった。江戸時代の有職家、伊勢貞丈(一七一七—八四)の『押字考』は、草名体・二合体・一字体・別用体・明朝体の五種を挙げている。草名体は、上記の如く花押の発生期に現われたものであるが、鎌倉時代以降も書札様文書に多く用いられた。藤原行成・吉田定房・一条兼良(覚恵)などの花押がそれである。二合体は、実名の二字の一部を組み合わせて草体にしたもので、藤原佐理・藤原頼長・源頼朝などの花押にみられる。一字体は、名の一字だけをとって作るもので、平忠盛・北条義時・足利義満などの花押がその例である。別用体は、文字と関係のない図形を用いたもので、三好政康・真木島昭光・伊達政宗・徳川光圀などの花押がそれにあたり、いずれも鳥の姿を図形化したものである。明朝体は、中国明朝の頃に流行した様式であるためにこの名があり、天地の二本の横線の間に書くことを特徴とする。徳川家康・加藤清正など、その例は多い。

*

花押の類型は、以上に尽きるわけではなく、前述の複合型もあり、戦国・織豊時代から文字を倒置したり、裏返したものが現われ、苗字・実名・通称などの組み合わせによるものなど、新様式が発生し、その様相は一段と複雑になった。また一字体の変種とみることもできるが、足利義持・義政の「慈」、織田信長の「麟」、豊臣秀吉の「悉」のように、実名と関係のない文字を選んで花押とすることも行われた。禅僧様の花押も一種独特の類型に属するもので、文字よりは符号に近く、抽象的表現の中に禅宗風の寓意がこめられたものと思われる。さらに平安時代よりみられる略押も花押の一種で、画指に代り身分の低い者や無筆の者が用いる、簡略な符号であった。同一人でも、草名体と他の形式の花押を持つ例があり、義満以降の足利将軍のように、尊氏に始まる武家様(特に足利様ともいう)の花押と公家様の花押の両種を使用する例もあった。また一生の間には花押の変遷があり、若年期と老年期では書風の変化がみられるが、意識的に花押を改変することも多かった。改名、出家、政治的地位の変化等を転機とするものであるが、偽造を防ぐために頻繁に変えたり、数種の花押を用途によって使い分けることもあった。

*

花押は時代によりその様相が変遷する。平安時代は草名体・二合体が主流であり、中世に至って二合体・一字体がそれに代わり、さらに前述の如き新様式が現われ、江戸時代には明朝体が一世を風靡した。また特に武家社会では、同族や主従の間に類似の花押が用いられる傾向が強く、足利様や徳川判の流行のような現象もみられた。

花押は自署の代りとして発生したが、平安末期より実名の下に花押が書かれるようになり、後には自署と花押を連記する風が生じた。一字体の出現以降は、実名と花押との関係が薄れ、名と関係のない文字で理想や願望を表わしたりするようになると、印章と変わるところがなくなった。版刻の花押は鎌倉時代中期から現われるが、近世になると花押を籠字に彫って、これを押した上に填墨する方法、花押を印章の中に組み入れたものが現われるなど、花押の印章化が進み、花押と印章は文書の上でその地位を交代した。

[参考文献] 荻野三七彦「古文書における花押」(『古文書研究』一)、佐藤進一「花押小史—類型の変遷を中心に—」(『書の日本史』九所収)　(皆川完一)

書下　かきくだし

武家様古文書の文書形式。鎌倉・南北朝・室町時代に守護以下の武士が、自己の管内の者に対する所領給与・所領安堵・施行・覆勘・軍勢催促・補任・召喚などの命令の伝達に用いた直状形式の文書を書下と称した。書下の形式としては、文書の発給者が差出人として署名しており、書止めは「仍状如レ件」「…之状如レ件」となるのが一般的であり、月日だけでなく年月日が記入されている。しかし守護が幕府の命令などを施行する場合には、書止めに直状形式の「仍執達如レ件」を用いている場合、差出人が守護以下の場合は書下と称している。ところが鎌倉時代の六波羅探題・鎮西探題が管内に直状形式で発給している文書については、書下と称することなく御教書と称している。同様に室町幕府の将軍がみずから花押もしくは署判を加えた文書についても、形式的には直状であっても書下と称することはなく、将軍家御判御教書と称している。この場合は御教書が本来奉書形式の文書であることが忘れられ、上級武士の発給文書に対する敬称の意味で御教書と称されていることがわかる。したがって一般的には書下は守護以下の武士が発給した直状形式の文書に対する呼称といえるが、南北朝時代九州探題として下向した今川了俊の場合は、直状形式の発給文書に対して御教書と称することなく書下と称している。南北朝時代から室町時代にかけて守護領国制の発展に伴って、守護領国支配のため発給する書下が増加した。その後守護大名が没落して、戦国大名が発生し、分国支配のため同種の文書を発給するようになるが、大名の花押を居えたこの種の文書は、当時一般に書下と呼ばれずに判物と呼ばれた。

[参考文献] 相田二郎『日本の古文書』、佐藤進一『古文書学入門』　(瀬野精一郎)

鎌倉将軍家御教書　かまくらしょうぐんけみぎょうしょ

鎌倉幕府発給文書形式の一つ。将軍の命を奉じて出される奉書形式の文書を呼ぶ古文書学上の用語。書止めには「依二鎌倉殿仰一執達如レ件」「依レ仰執達如レ件」「仍執達如レ件」などの文言を用いる。源頼朝の征夷大将軍就任以前のものは単に「源頼朝御教書」と呼び、将軍就任以後のものと一応区別しているが、機能上はもちろん、形式上でもほぼ同じで、差は見られない。なお頼朝の代ごろのものは、文体は固定されず、

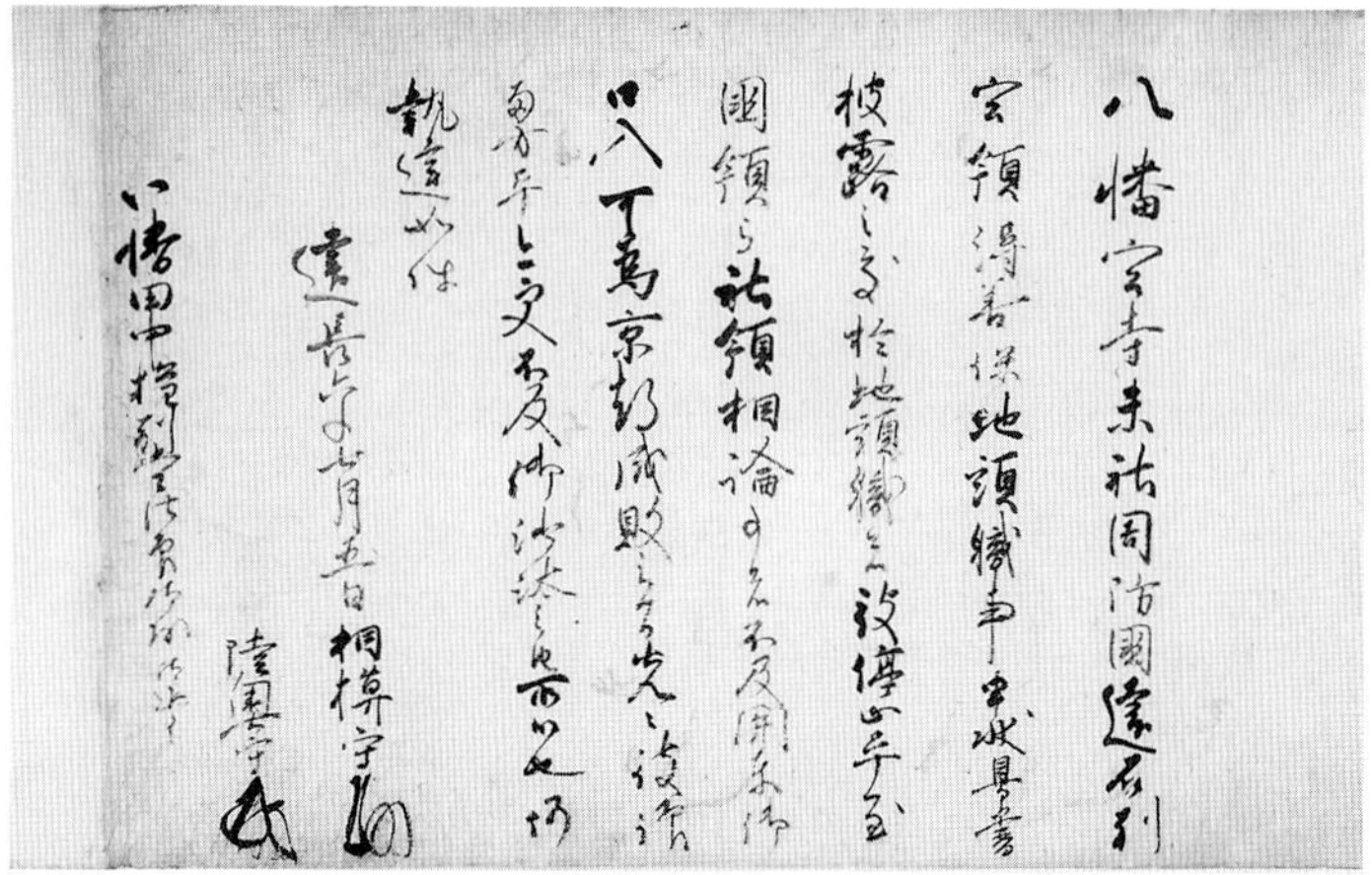

関東御教書（建長６年7月5日、『石清水文書』）　石清水八幡宮所蔵

文言には時によってやや変化が認められる。奉者には政所・問注所・侍所の別当以下奉行人などがあたったが、現存する初期のものには大江広元・平盛時・二階堂行政らが見られる。しかし北条義時の執権就任以後は執権（泰時以後は執権・連署）の奉ずる御教書が多くなり、特に承久の乱以後は執権（執権・連署）の奉ずる御教書が大部分を占めるようになった。これを特に「関東御教書」と呼ぶ。また六波羅・鎮西両探題設置後は、各探題の奉書形式のものも見られ、それぞれ「六波羅御教書」「鎮西御教書」と呼ぶ。これら関東・六波羅・鎮西各御教書を除く、政所・問注所・侍所の別当あるいは奉行人などによる奉書を「鎌倉将軍家御教書」と呼んで区別することがある。しかし、人によっては執権のみならず鎌倉より出される御教書をすべて「関東御教書」と呼び、あるいはまた「関東御教書」を別に立てることなく、鎌倉より発せられる御教書をすべて「鎌倉将軍家御教書」とする人もあり、用法は必ずしも統一がとられている訳ではない。

〔参考文献〕相田二郎『日本の古文書』、佐藤進一『古文書学入門』、勝峯月渓『古文書学概論』、中村直勝『日本古文書学』上

（田中稔）

感状　かんじょう

合戦に参加した将士の戦功を賞して発出される文書。感書・御感書ともいう。鎌倉時代の末から江戸時代の初めにかけて、武家時代を通じて長く行われた。直状で、日付の下に差出書を署し、次行に充所を記す日下署判の書下形式のものが多いが、地位の高い者から出された感状には袖に花押を加えた袖判形式のものもある。将軍などの場合は御教書・御内書・奉書などの様式を用いるが、これは御感御教書・御感奉書などといわれた。戦国時代以降は朱印状・黒印状など印判状の形式をとるものが多い。文言は「戦功無㆓比類㆒候」「無㆓比類㆒働、神妙之至」とか、「令㆓感悦㆒」「尤以神妙之至候」とあり、また「弥忠信可㆑為㆓神妙㆒候」「弥可㆑抽㆓軍忠㆒」「弥可㆑励㆓忠節㆒」「弥可㆑抽㆓粉骨㆒之状」などとあった。料紙は鳥子・杉原などが用いられ、形状は竪紙・折紙・切紙などが用いられた。

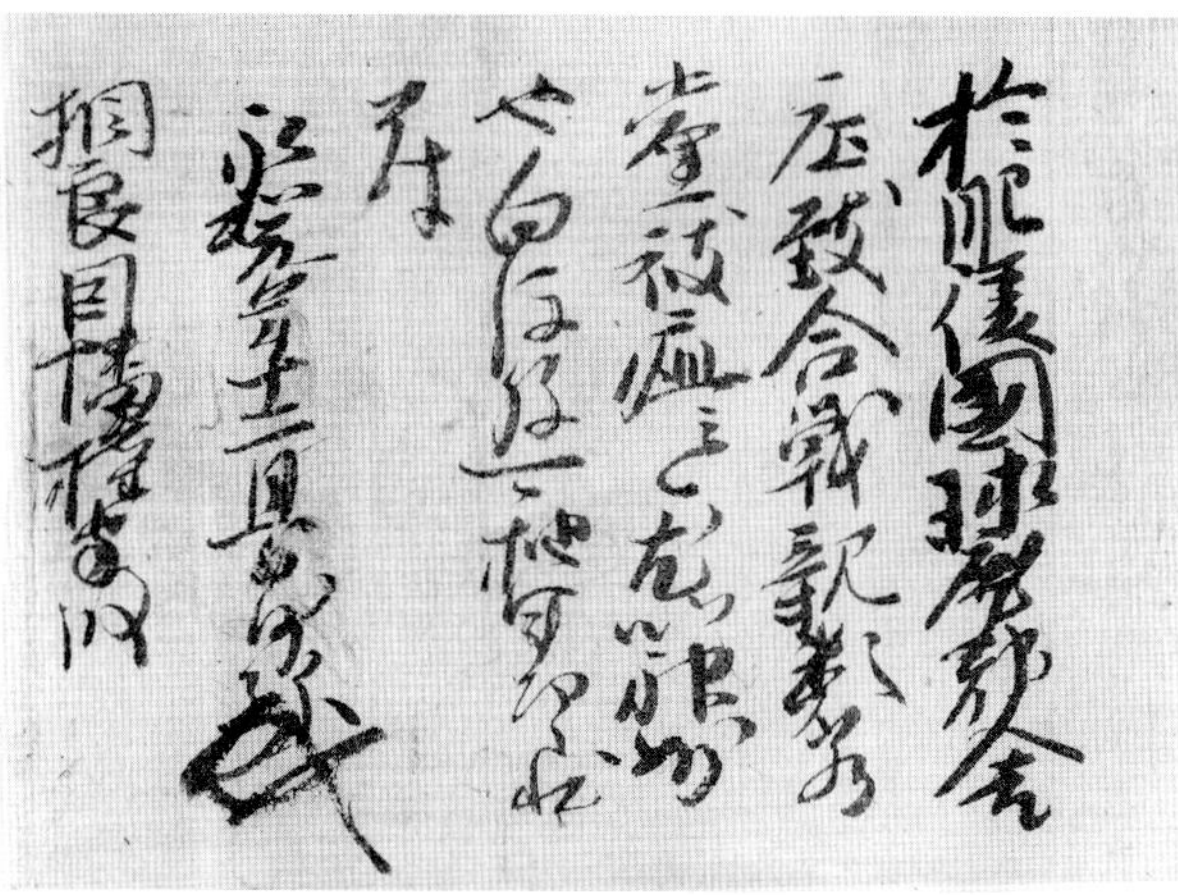

今川了俊感状（永和元年12月1日、『相良家文書』）
慶應義塾図書館所蔵

感状は武士が誇りとする戦功の証明書であり、武士にとっては最高の名誉のしるしであったから大切に保存され、現在に伝えるものも少なくない。

［参考文献］『武家名目抄』文書部一二（『新訂増補故実叢書』一五）、相田二郎『日本の古文書』

（五味克夫）

下文 くだしぶみ

上級の機関または人間が下級の機関または人間に下付する非公式様文書の一形式。元来令制下では、詔・勅・符などがこの機能を担っていたが、令制の弛緩とともにこれにかわって登場し中世に至るまで下付文書の基本型となったもの。下文の起源となったのは、平安時代中期に登場する官宣旨であり、事書冒頭が「左（右）弁官下某所」という形で記されたため弁官下文とも別称されたが、その盛行とともにこの文書形式が他の下付文書にも援用され、中央地方諸官司・諸権門さらには武家などへと順次拡がりつつ、この形式を備えた下付文書の多くがおのおの某下文と称せられるようになったため、下文はこの様式の文書群の総称ともなった。したがって下文の書式は、ほぼ「某所下（宣）某所、応……事（以上事書）、右……以下（事実書）、年月日、発給者官位姓名」という構成を基本型としている。

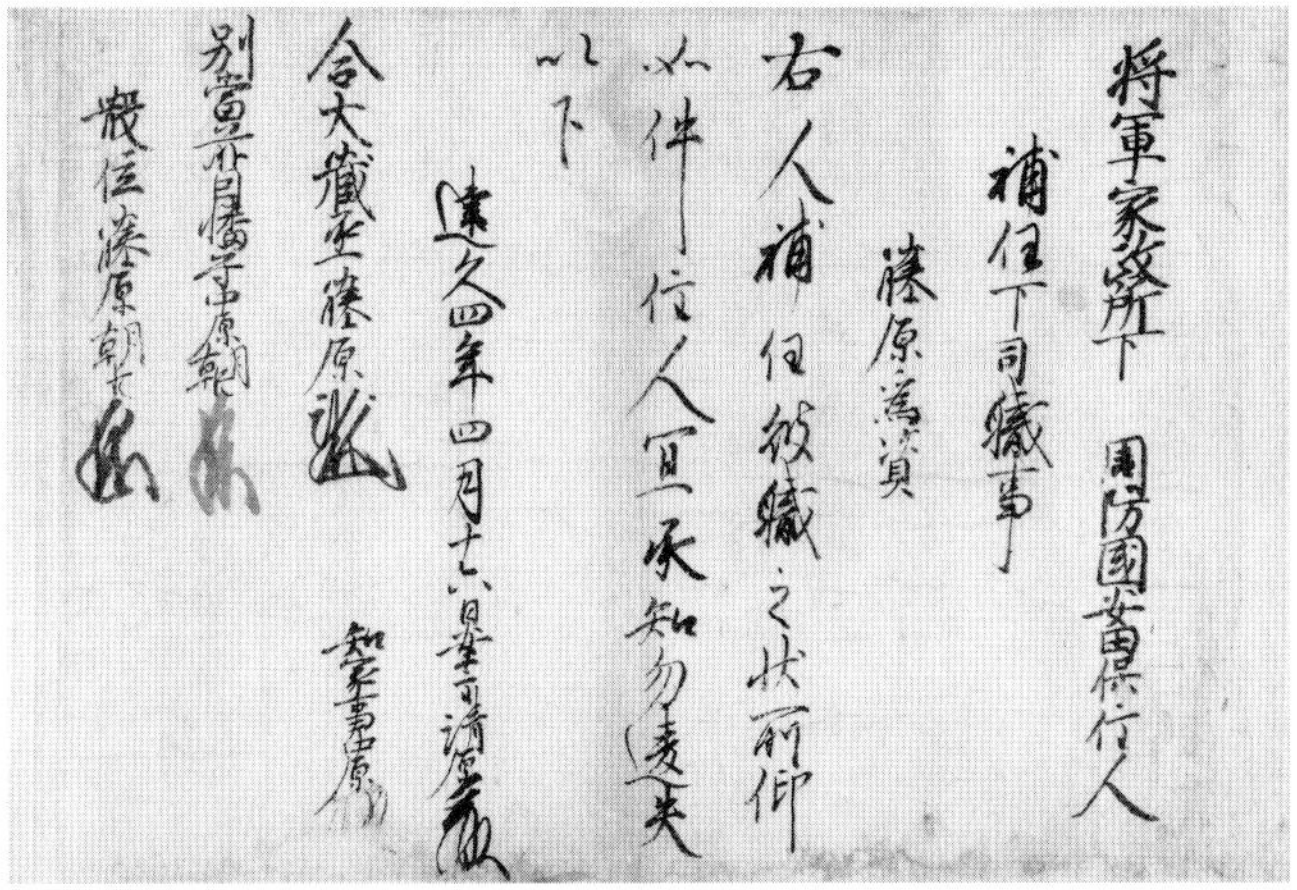

鎌倉将軍家政所下文（建久４年４月16日、『毛利家文書』）毛利博物館所蔵

＊

下文は、平安時代から中世にかけて広い用途で使われたので、多様なタイプを生んだが、その種類は通常発給者の性格と発給者記載の形式とによって分類されている。まず前者によって下文を区分すると、官宣旨のほか諸司下文・大宰府庁宣・国司庁宣・留守所下文（以上令制官司）、蔵人所下文・検非違使庁下文・雑訴決断所下文（以上令外官）、院宮下文・後院庁下文・親王庁門院庁下文・寺社下文・公卿諸家下文・将軍家下文（以上院宮諸家）などのタイプがあげられる。次に後者によって区分すると、右述書式上冒頭の差出者名の記入のある形式とない形式とに分かれ、後者は大宰府・国司・荘園領家（院宮諸家）・武家などで略式として派生し用いられていたものであるが、これにはさらに用途の軽重・性格によって、署名が奥上にある奥上書下文、奥下にある奥下書下文、署名がなく袖に花押のみを加えた袖（署）判下文の三つのタイプが生まれ用いられた。

＊

下文が下付対象とする範囲は、発給者の性格によって必ずしも一様ではないが、一般に公式様文書のように管轄被管に限定されるとはいえず、発給者が何らかの意味で下付対象としうる広い範囲の機関または人間を対象としていた。下文は詔・勅・符と異なる非公式様文書として登場してきたものであったから、その当初平安時代中期のころは、もっぱら律令制のたてまえと異なる問題、たとえば令制官司による非律令的問題の処理、令外官の問題の処理、院宮諸家の私問題の処理などに用いられ、その傾向は中世にも及んだ。が、平安時代末期以降公家・武家を問わず非律令的機構が支配的な地位を占めて公家様文書が全体をおおうようになると、私的な分野を担う書札様文書の盛行と対応しながら、下文は、公的な分野における上意下達文書の主要部分をほとんど担うようになり、その役割は室町時代に入って書札様文書が新しい公的文書として擡頭してくるまでつづいた。

［参考文献］相田二郎『日本の古文書』、中村直勝『日本古文書学』、佐藤進一『古文書学入門』　（義江彰夫）

下知状　げちじょう

中世武家文書の文書様式。鎌倉幕府成立後に発生した下文と御教書を折衷した文書様式で、書止めを「下知如レ件」と結んでいるところから、下知状と称される。鎌倉時代初期から中期ごろまでは、書出しが「下」で始まり、「依二鎌倉殿仰一」と御教書と同じ奉書形式をとり、書止めを「下知如レ件」で結ぶ下文と御教書を折衷した形式を示していたが、のちには書出しの「下」のない下知状の形式が一般的となる。奉者も初期には数人の奉行人が日下に署名していたが、下知状は北条時政および北条義時が発給することになり、その後執権・連署が日付と別行に書く形式に固定し、これを関東下知状と称した。充所は、最初か文中に書かれ、日付の後に書かれることはない。用途は幕府の永続的効力を有する特権免許状・制札・禁制・訴訟判決・譲与安堵などの場合に用いられた。訴訟判決の下知状は裁許状とも称される。鎌倉幕府滅亡後も、下知状は武家文書として広く使用され、足利直義裁許状、室町幕府執事・管領署判の下知状、複数の奉行人連署の下知状などがあった。

［参考文献］相田二郎『日本の古文書』、佐藤進一『古文書学入門』　（瀬野精一郎）

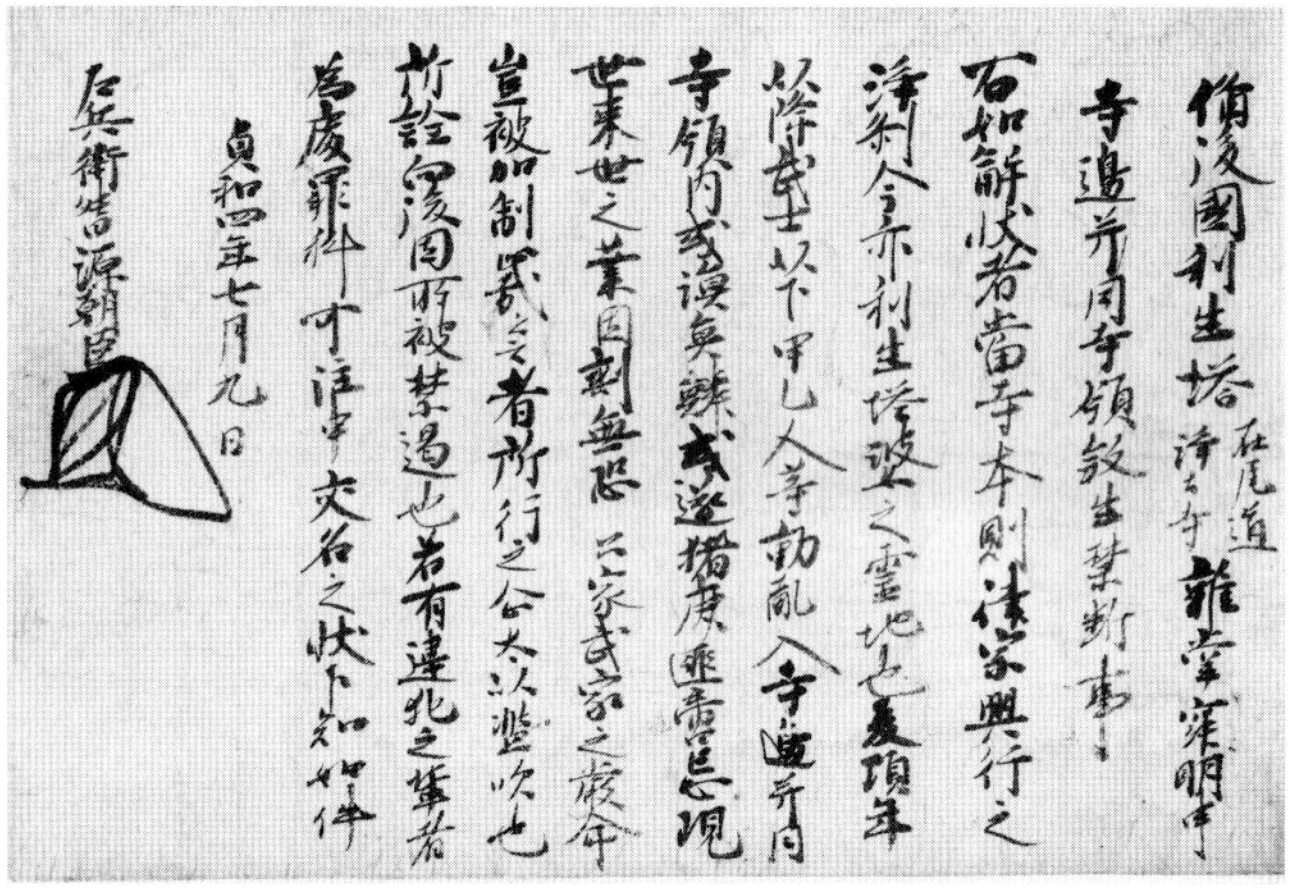

足利直義下知状（貞和４年７月９日、『浄土寺文書』）　浄土寺所蔵

黒印状　こくいんじょう

戦国時代の武家印判状に始まったが、その初見は長享元年（一四八七）十月二十日今川竜王丸（氏親）印判状であり、明応三年（一四九四）九月二十日同氏親印判状がこれにつぐ。武

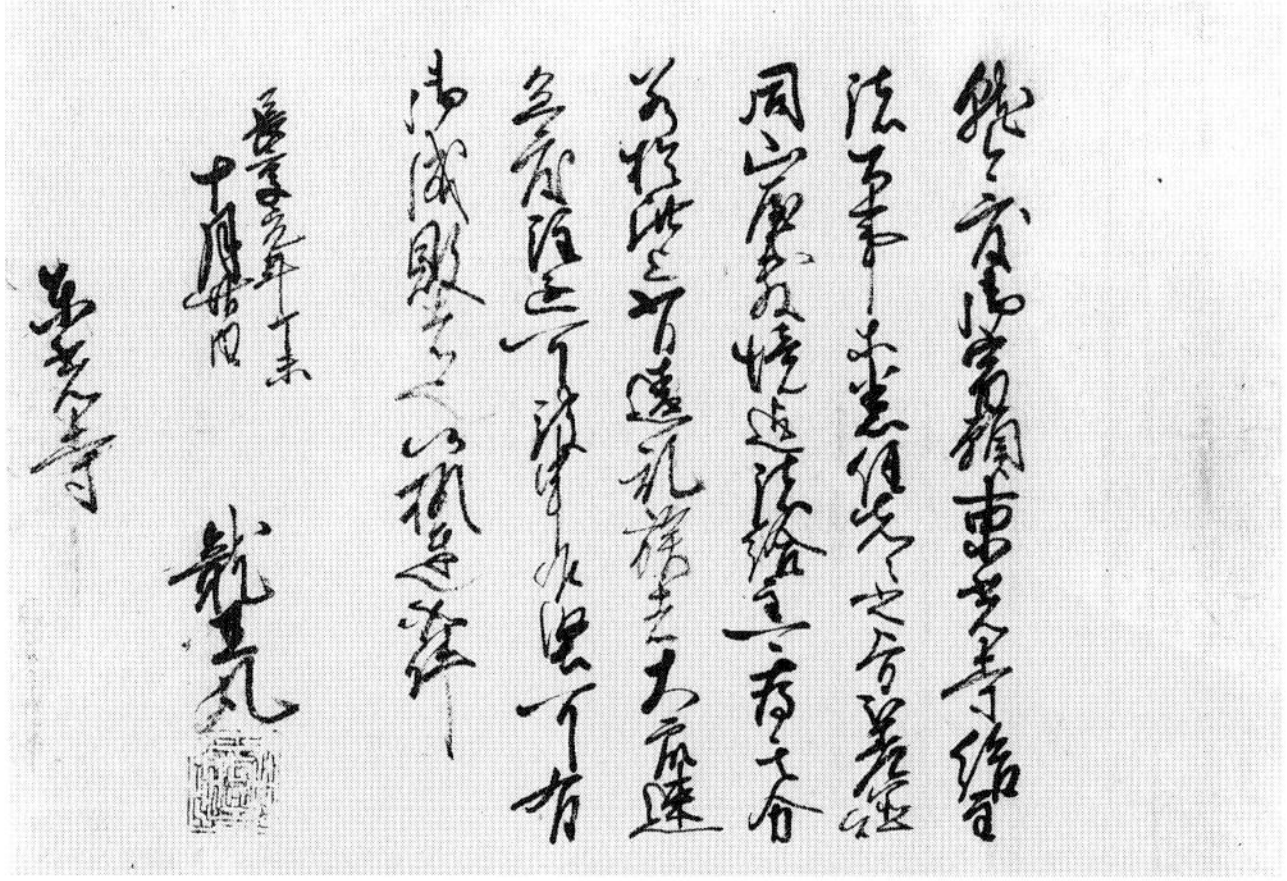

今川竜王丸（氏親）印判状（長享元年10月20日、『東光寺文書』）
東光寺所蔵

家印判状には朱印と黒印の二様式が並んで行われたが、黒印状は朱印状より略式の文書に限り使用された。一個人の印判状のうちで黒印状は朱印状に比して遙かにその数は少なく、その例を織田信長の印判状にとっても明らかである。信長の黒印は「天下布武」の楕円形の底部が水平に切られた印形（馬蹄形）で、朱印の場合は楕円形印から底部水平の馬蹄形へと変形したのが永禄十三年（一五七〇）三月であるから、この型はこれ以降であると思われる。信長黒印状で確実に年号のある文書は元亀三年（一五七二）十一月二十四日反銭請取状（『氷室文書』）であって、これより以前と推定される黒印状は礼状その他の書状、あるいは感状などの私信的文書に限るので無年号であるのは当然である。信長の朱印は所領安堵・充行、その他禁制など「指令」に限った。天正七年（一五七九）と推定する「備慈多道留（ビジタドール）」書状（『相良家文書』）も日本の風習に従って黒印であった。徳川将軍黒印状は御内書とか京都所司代以下の遠国派遣の奉行宛のもの、その他各大名宛の条目類にみえる。

［参考文献］荻野三七彦『印章』（『日本歴史叢書』一三）

（荻野三七彦）

御内書　ごないしょ

室町幕府歴代将軍の直判の書状形式の文書で、特に公的な内容を有するもの。足利将軍の御判御教書とともに、室町時代になってから成立した新しい文書の形式。しかし、実際は将軍の地位の関係から、公的な御内書と私的な書状とは区別が困難な場合が少なくない。足利高氏（尊氏）は元弘三年（一三三三）四月二十七日、丹波の篠村において軍勢催促状を出すが、これが御内書の初見である。それはたとえば、

自伯耆国蒙　勅命候之間参候、相催一族可有合力候、恐々謹言、
四月廿七日　高氏（花押）
周防五郎三郎（島津忠兼）殿

とみえる（『越前島津家文書』）。御内書の書止めは、（一）「…候也、謹言（恐々謹言）」、（二）「…候也」の二つに分けられる。そして、いずれの場合にも、形式的には書状ということから、日付は月日だけで年紀を書かないのが普通である。（一）は主として公家あるいは寺社の門跡・長老等に宛てられ、丁重な書式である。（二）は主として配下の武士に宛てられ、（一）に比べて薄礼である。（一）は尊氏・義詮・義満のころに、公家等に対して所領の安堵・充行等に多く用いられ、御判御教書よりは厚礼である。そして幕府の地位の向上とともに漸次少なくなってゆく。それとは逆に、（二）形式の御内書は、大体義満以降に多く使われるようになり、季節の挨拶あるいは賜物に対する返礼など日常の連絡のほか、軍勢催促あるいは戦功の褒賞（感状）等に用いられるようになる。御内書はその内容は公的なものであったから、管領施行状以下遵行状等を伴うものもあり、管領その他

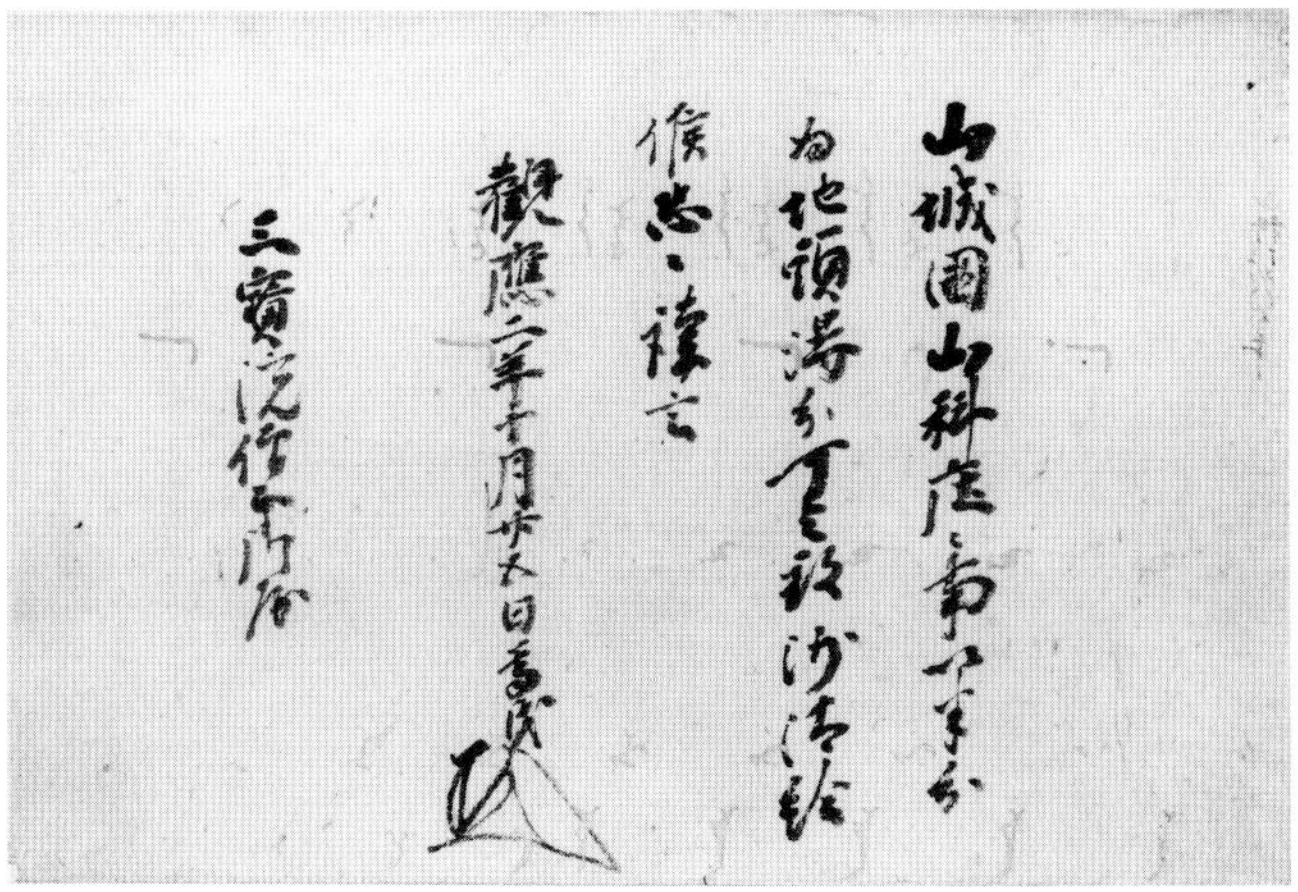

足利尊氏書状（観応２年10月25日、『醍醐寺文書』）　醍醐寺所蔵

の副状がみられる場合があった。そして十二代将軍義晴のころになると、書止めに「猶常興可申候也」というような文言が入り、必ず侍臣の副状が付されるようになる。御内書は形式的には書状であるから、(1)本紙・礼紙・封紙とそろっているのが普通であるが、(2)軍勢催促状・感状等に用いられる場合には小切紙、また(3)戦国時代になると切紙の御内書もみられるようになる。(2)(3)の料紙は普通斐紙(雁皮紙)であり、封紙の折り方は折封である。(1)の料紙は普通良質の奉書系の楮紙か檀紙である。封紙の折り方は、(一)公家、寺社の門跡・長老等に宛てる場合と、(二)武士に宛てる場合では異なっている。(一)の場合は折封(一部に捻封、ことに戦国時代末期になると捻封もみられるようになる)であるが、(二)は大体において捻封である。なお御内書は江戸時代にも室町時代とほぼ同様な書式で、歴代の徳川将軍が発給している。

[参考文献] 相田二郎『日本の古文書』、佐藤進一『古文書学入門』、中村直勝『日本古文書学』上、上島有「室町幕府文書」(『日本古文書学講座』中世編一所収)、同「初期の御内書について」(『古文書研究』一三)、小要博「足利尊氏と御内書」(『日本史研究』一七三)

(上島有)

古文書 こもんじょ

「古文書」には広狭二義があり、広義の場合には、古い書類すなわち古記録・系図や、時には古典籍までをも含めていうことがある。ここでいう古文書とは狭義のもので、発信者と受信者とがあり、用件などの内容を具備したもの(文書)のうちの古いものを意味する。ただし、この「古い」ということについては、特に何時以前を指すかという明確な定義付けはなく、現代よりある程度さかのぼった時期以前という意味にとどめておく。古文書の発信者は、人間または人間の活動の一形態である官司・寺社などの法人格のものである。受信者もほぼこれと同じであるが、それ以外に神仏そのものである場合もある。そして、そこには発信者から受信者への意志の伝達のための用件が記されており、また多くの場合には発信の日付が書かれている。これが古文書を構成している主要な要件である。ただし、発信者・受信者の名前が省略されている場合もあるが、その存在が推定されればその要件を備えているものとして差支えない。

現存する古文書の中には、実際に相手方へ送られ機能を果たした文書の正文(正本)のほかに、それを書写した案文(複本)がある。案文には、手控えとして手元に留め置くためのもののほかに、訴訟などに際し証拠文書として提出するためなどの目的で作られたものがある。はるか後世になって、学問研究のため、あるいは家の由緒を示す目的で作られた複本については、案文と区別して写と呼ぶ場合もある。また文書作成に際して作られた下書きを土代・草・草案と呼ぶが、これもまた案文といわれる場合がある。

〔古文書の形態〕

文書を書く材料の中心は紙であり、木・布帛などの使用例ははるかに少ない。しかし七—九世紀においては、紙とともに木が用いられることが多く、これを現在木簡と呼んでいる。この木の使用は、当時紙が貴重であったことにのみよるものではなく、紙とは異なった木の特性を生かすことを必要としたことにもよっている。紙の地位が圧倒的な中世においても、制札・寄進札・点定札や広島県草戸千軒町遺跡などからの出土木簡はその木の特性を利用して使われている。また建物の柱に寄進状を書き付け、あるいは彫り付けた例もある。実例はきわめて少ないが、布帛の利用もまたその特性を生かす形でなされている。

＊

文書を記すにあたって使用された料紙の形は、古来いわゆる半紙型のものが基本で、これを横長に置いた形のものを竪紙と呼ぶ。これ一枚で書ききれない場合には、二枚・三枚と続けて書くことになるが、これを糊で貼り継いだものを続紙という。その枚数の多いもの、あるいは軸を付けたものは巻子本の形となる。また竪紙を横二つにし、その天地を背中合せにした形を「折紙」というが、竪紙に比して略式の文書の場合に用いられた。竪紙を横もしくは縦方向に切り、あるいはさらにそれを小さく枡型に截断したものを切紙と呼ぶ。その形によって、それをさらに縦（竪）切紙・横切紙・小切紙とも呼び分ける。帳簿類の中には袋綴装のもののほか、折紙の一端で綴じた横帳形式のものもある。いわゆる大福帳形式のものは近世以降に多く用いられた。なお複数の独立した文書を貼り継いだ場合には連券と呼ぶ。また軸の一端を広くし、日付や文書名・内容などを注記して検索の目印としたものを題籤・往来軸という。

＊

古文書料紙としては、麻・楮・斐（雁皮）・三椏を原料とした、麻紙・楮紙（縹紙）・斐紙（雁皮紙）・椏紙（三椏紙）などがある。このうち、古来もっともよく使用されてきたのは楮紙で、現存する文書の大半を占めている。楮紙はその漉き方・時代・産地などの相違によって檀紙・引合・奉書紙・杉原紙などの名が付けられている。麻紙は主として奈良時代から平安時代前期にかけて作られたが、古文書に使用された遺例は多くない。しかし『延喜式』によれば、宣命・位記・詔書などは縹・紅・黄などに染めた麻紙を用いることに定められている。斐紙はの地色によって鳥ノ子紙とも呼ばれるが、古くは主として典籍類に使用され、古文書での使用例が多くなるのは室町時代以降のことである。三椏紙は江戸時代以降に作られるようになったもので、中世以前の使用例は見られない。使用済の反故紙を漉き返し、再生利用することも古来行われてきた。この漉返紙は反魂紙・紙屋紙・宿紙・薄墨紙などの名で呼ばれたが、もとの反故紙に付着している墨が残るため、その色は薄黒く鼠色を帯びており、薄墨紙とはその色から付けられた名称である。これは典籍書写にも用いられているが、文書では綸旨（りんし・りんじ）・口宣案などの蔵人所を経て出されるものにほぼ限定して使用された。なお稀には院宣にも使用された例が見られる。

〈古文書の伝来〉

現存する古代・中世文書は莫大な量に上るが、その中には『正倉院文書』をはじめとして、『東寺百合文書』『東大寺文書』『高野山文書』宝簡集、『九条家文書』『近衛家文書』『壬生家文書』『島津家文書』『毛利家文書』『上杉家文書』等々、重要な大古文書群が数多く伝来している。これらの文書群の内容を見ると、その中には所領関係文書が大量に含まれている。すなわち所領知行の承認・確認、諸職の補任・安堵、田畠などの譲与・寄進・売買などの事実を証明するに必要な文書が多い。また、所領・所職をめぐる相論関係文書も少なくない。これらはいずれも所領・所職の相伝を確実にするために必要な証拠文書である。また寺にあっては開山・祖師の手跡は宗教的な意味からも尊重され、保存されている。個人の家においては、叙位・任官関係文書のような家格を示す証拠となる文書も伝えられている。公家にあっては、家格以外に、儀式・公事などの先例を徴するための文書も保存されてきている。このように、現存する文書の大部分は、偶然にではなく、保存を必要とする重要文書であったが故に現在にまで保管されてきたのである。東大寺においては、文書を印蔵に納めてその出納を厳重に管理していた。また火難などを免れるために文書を土倉に預けて保管した例も見られる。現存する文書はいずれもこうした努力によって現在にまで伝えられることができた。

＊

しかしこのような努力が払われたのは重要文書のみで、大部分の文書は不要となれば廃棄された。その際、紙の原料として再生使用されるものもあったろうが、一部にはその文字のない裏面を再利用して典籍などが書写されたものもあった。これを紙背文書（しはいもんじょ）と呼ぶ。紙背文書となったものは、日常的な書状や短期間で効力を必要としなくなった反故文書である。これらの中には、現在もとの文書の形で伝えられているものとはやや性格・内容を異にするものが多数含まれている。『正倉院文書』に見える戸籍（こせき）・計帳（けいちょう）・正税帳（しょうぜいちょう）や天平年間（七二九―四九）の省寮司から出された食料請求文書などは、いずれも写経所において再利用され、紙背文書としてはじめて現在に伝えられることができた。平安時代以降においても紙背文書は数多く見られるが、その中にも史料的価値の高いものが少なくない。

＊

文書には必ず発信者と受信者があるが、現存する文書正文（しょうもん）の伝存状況を見ると、必ずしもその充先の場所に伝来したとはいえない。平安時代以降、訴訟に際しては訴訟当事者自身に自己の主張の正当性を証明することが要求されていた。したがって、権利の付与・承認のための文書は、その形式的な充先ではなく、その文書によって利益を得るもののところに交付され、保管されなければ実効を期待することができなかった。荘園に関する文書正文がその文面上の充先にではなく、その荘園領主のもとに伝来してきたのもこのためである。また所領・田畠などが譲与・売買・寄進されると、それまでの知行の正当性を証明する文書は手継証文（てつぎしょうもん）と呼ばれ、過去の分も含めて一括して新主のもとへ手渡された。この場合にも、過去の文書はその充先のところを離れ、新主のもとに伝来されることになったのである。

〈古文書の様式〉

文書には何らかの形で日付を記すことが多いが、それを分類すると、（一）年月日を一筆で一行に書いたもの（書下（かきくだし）年号）、（二）月日を書いたその傍に年を注記した形のもの（付（つけ）年号）、（三）月日または日のみ（時には時刻のみ）のもの、（四）日付を書かないものの四種類に分類される。なお（二）の付年号については、年と月日が同筆のものと、異筆すなわち年は月日のあとから追記されたものの二種類に分けられる。以上のうちで、書下年号と同筆付年号は、後日の証拠文書として発給の日付を確認しうることを要する文書に用いられることが多い。異筆付年号は、月日のみの文書を受け取った側で、年号を備忘のために書き加えたもので、後日の証拠文書としての効力は少ない。日付の下に時刻、あるいは時刻のみを記したものもあるが、これは緊急の用件でその発信の時刻を明確にする必要がある場合に記された。また無日付は略式ではあるが、口上の代りなどとして、特に日付を記さなくても日時が明確な場合に行われたようである。

＊

書状に限らず、広く文書を書くにあたっては多くの約束事があった。発信者・受信者相互の地位・身分によって守るべき礼儀（書札礼（しょさつれい））があり、これには時代による変化があったとはいえ、かなり厳格に守られていた。本文書止の敬語用法や、差出書・充所（あてどころ）の書き方は両者の関係を最もよく表わすものである。書止敬語でよく用いられるものの中では、「恐惶謹言」が厚礼で、「恐々謹言」「謹言」の順で薄礼となり、身分が大きく異なる下位者に対しては「之状如件」を用いる。また充所については、相手の名の上に「進上」「謹々上」「謹上」のような上所を書くことが多いが、それが省略されている場合もある。上所については、進上が最も厚礼で、謹々上・謹上の順となり、上所のないものが最も薄礼となる。相手の名前の下に「人々御中」「御宿所」「御侍者」などの語を書き副えることがあるが、これを脇付と呼び、相手に対する尊敬の念を表わすものである。なお室町時代以降になると、受信者の地位によって充所を書く位置を異ならせるようになり、戦国時代・安土桃山時代になると、地位の低い者に対しては充所が極端に下方に下げられるようになった。また相手への敬称である「殿」についても同様に、楷書体から行書体・草書体・仮名書と書き分けられるようになった。差出書についても、その位置には日下署判、奥下署判（日付次行下方）、奥上署判（日付次行上方）、袖署判に大別されるが、日下署判が最も厚礼で、以下次第に薄礼となり、袖署判は相手に対し最も薄礼で、主として主従関係のある場合に行われた。

*

このような書札礼は時代とともに変化したところもあるが、それを書いた書に『弘安礼節』『消息耳底秘抄』『書札礼』『二判問答』『三内口決』『細川家書札抄』『大館常興書札抄』などがある。また『雑筆要集』をはじめとする例文集も作られた。特に書状の文範としては『雲州消息』（『明衡往来』）その他各種の往来物があり、文書の書式や文例を知る資料となる。文書には差出者の署名が加えられるのが例であるが、自署の部分が速筆の草体で書かれると筆画は崩れ、略体化して草名と呼ばれるものになる。これがさらに略体となったものが花押である。花押は平安時代中ごろより見られるようになり、近世にまで用いられた。また印章は、天皇御璽・太政官印・省印・国印・郡印として奈良時代より用いられた。当初は文面全面に押されたが、これは差出主体を明示し、また文章に改竄のないことを示すためで、署名代りではない。しかし、平安時代になると次第に形式化し、文面の一部分に押すにすぎなくなった。花押の代りに印章が用いられた例は鎌倉時代後期以降に見られるが、特に戦国大名が発した印判状以後その利用は拡大し、江戸時代になると花押に代わって印章が重視されるようになっていった。なお書札としては印判は花押よりも尊大である。

〔公式様文書〕

現存する古文書として最古のものは、藤原宮跡・伊場遺跡などから出土した藤原宮時代以前の木簡である。その書式には日付が文頭に来るものがあり、また使用文言にも『大宝令』『養老令』の公式令に定められているものとは異なったところがあり、『大宝令』以前の文書の書式を究明する手懸りが得られつつある。しかしその書式の整理・体系付けは今後の研究課題となっている。養老公式令には詔書式以下過所式に至る二十一種の書式が規定されているが、現在これらの令制に従った書式の文書を公式様文書と呼んでいる。その中には残存例のないものなどもあり、また令の規定とは異なった書式・用例のものもあるが、以下主要なもののみを掲げる。

*

詔書・勅旨（勅書）はともに天皇の命令を下達するためのもので、大事は詔書、小事は勅旨が用いられた。なお宣命体詔書は漢文体詔書と区別し、略して宣命と呼ばれる。符は直接上下関係のある官司の間で、上級官司から下級官司へ充てた文書、移は上下支配関係のない官司間での往復文書をいう。牒は公式令では四等官以上の官人が諸司に充てた上申文書および僧綱が諸司に充てた文書をいうとする。しかし現存する牒式文書は僧綱・三綱・寺院と官司間、寺院相互間、令外官が命令を下達する際などに用いられており、令の規定とは相違している。解は公式令では八省以外の内外諸司の上申文書と規定されているが、現存する解式文書では内外諸司に限らず寺社・個人に至るまで、上位者への上申文書の書式として使用された。これらの書式は奈良時代から中世にまで継続して用いられている。なお戸籍・計帳・正税帳なども解式文書の一つである。

〔公家様文書〕

平安時代になると、朝廷では公式令とは異なった様式の文書（公家様文書）が多数出現し、符・牒・解のような公式様文書と並び行われるようになり、やがてそれが主流を占めるようになった。この新様式は、おおむね次の三種に分類される。第一は公式様文書と形態的に類似するもの。第二は公式様とは別の朝廷文書の様式。第三は書状などの私的な書札様文書から発展したもの。

＊

第一は、符・移・牒と同様の書出部分、すなわちまず差出者、次に文書様式を示す符などの語、その下に充先を持つ様式である。これには官宣旨（弁官下文とも呼ばれる）や庁宣、下文（院庁下文・政所下文）などがあるが、その書式は公式様文書とよく似ており、その変形であるといって差支えない。中でも下文は中世文書中とくに重要な様式の一つである。これは「某下　某」の書き出しを持ち、命令の伝達、権利の付与・承認などに用いられた。官宣旨もまた「左（右）弁官下　某」の書き出しを持ち、この点においては下文の一種といえる。また庁宣も「庁宣　留守所」のように、文頭に差出者、宣、充所の順に記されている点は符・牒などと同書式である。

＊

第二は宣旨・口宣案と呼ばれる天皇の意志を伝える文書である。天皇の意志を側近の女官内侍が伝宣する形式のものを内侍宣という。それを蔵人が受け、担当公卿の上卿に伝える文書を口宣案という。本来は口宣すなわち口頭で伝えるところを、備忘のために紙に書き留めて渡したためにこの名が生じたものか。伝宣された宣旨を検非違使別当が受け、検非違使から発せられたものが検非違使別当宣である。また弁官局・外記局から出されるものは、現在「某天皇宣旨」と呼ばれている。なおこれについては、検非違使別当宣と同様に弁官宣旨・外記宣旨とすべきであるとの説もある。

＊

第三の書札様式から発展したものについては、上級者の意志を受けて、下級者が自分の名前で出す奉書と、本人みずからの名前で出す直状の二種類がある。この中で、特に重要なのは奉書形式のものである。天皇の意を伝えるものが綸旨、上皇の意を伝えるのは院宣、皇后・女院・親王らは令旨、三位以上の貴族の意を受けて出されるのは御教書である。いずれも「依仰執達如件」等々の命を奉じて出される意の書止文言があり、差出書は日下署判で、充所を持つのが通例である。綸旨・院宣や院庁下文は天皇・上皇の意志を伝えるものであるが、本来私的なものであり、追討その他朝廷・国政の重事は官宣旨・宣旨・太政官符などで処理された。したがってこれらは建武新政などの一時期を除くと、主として国政上の軽事や天皇・上皇の家政機関内の問題の処理に用いられた。令旨・御教書が各家政機関内の問題に関して出されたことはいうまでもない。また女房奉書は天皇側近の女房が命を奉じて出したもので、仮名散らし書消息の形態をとっている。

〔武家様文書〕

鎌倉時代以降、鎌倉・室町両幕府は国政上大きな地位を占めるようになった。武家政権において発した文書を武家様文書と呼びならわしているが、その文書様式はいずれも公家様文書の流れを引くもので、形式上全く異なったものがあるわけではない。しかし、それぞれの文書様式のもつ意味や、機能・発給手続などは政治・法制史上重要な意義を持つため、特に武家様文書と名付けられている。

*

鎌倉幕府においては、幕政上の問題については将軍家御教書が用いられ、諸職の補任・安堵には将軍の袖判下文や将軍家政所下文・関東下知状が、相論裁許には下知状形式の裁許状が発給された。また、西国においては裁許状の伝達に際して六波羅施行状が副え下されるのが例であった。相論にあたっては、訴人（原告）・論人（被告）両者に対して問状御教書が、また庭中対決のためには召文御教書が出された。なお将軍家御教書には執権・連署が署判を加えるもののほかに、頭人・奉行らが奉じた奉書もあるが、それはその内容の軽重・性格によって使い分けられている。

*

室町幕府では奉書形式の御教書よりは、将軍みずからが加判した直状形式のものが多く用いられた。これは奉書形式でないにもかかわらず、当時はこれを御判御教書と呼びならわしており、御教書の本来の意義が忘れられてきている。奉書形式の下知状は将軍不在の時および過書・禁制などに用いられ、鎌倉幕府におけるほどの重要性は持っていない。また下文も足利尊氏の代などの比較的初期のころには多く用いられたが、やがては御判御教書にとって代わられた。また将軍の花押を持つ書状形式の御内書が多く用いられるようになり、軍勢催促状・感状にもこの形式が見られる。裁許・命令の執行は御判御教書・施行状・遵行状・打渡状などの順に、それぞれ管領・守護・守護代・被管らによって発給された。その他には掟書・壁書などがある。また戦国大名では領内の民政文書に印判状が用いられた。

〔その他の文書様式〕

寺社本所内においても、そこで発給される文書は前述のところと類似したものが多いが、諸職・所領の補任・給与などに際しては補任状・充行状（あておこないじょう・あてがいじょう）と呼ばれる形式のものが発せられた。なお寺社間の公式往復文書はもと牒式が用いられたが、のちには奉書形式のものも牒状と呼ばれた。上申文書の一種としては申状・申文・愁状がある。また相論に際して、訴人が出すものを訴状、論人が出すものを陳状という。これらは各三回ずつ出されるのが原則であったが（三問三答）、二回目以後のものを重訴状・重陳状と呼ぶ。なお判決が下されるに先立って、奉行らにより問注記・評定文・勘文・意見状などが作られた。官職や儀式・法会の役を望んで出される文書を款状・申文という。

*

武家において出される上申文書の一つに、合戦・軍役勤仕の際に出された軍忠状・着到状があるが、そこには大将・奉行らの証判が加えられた。なお大番役勤仕などに際しては覆勘状が下付され、その事実を証明する文書とされた。所領の検注に際しては検注帳・名寄帳などが作られたが、丸帳・取帳などの名称も用いられた。年貢収納に際しては結解状・算用状（散用状）・算勘状・相折帳などの文書名をもつものが出された。返抄・切符・年貢請取状は年貢納入の証拠文書となる。私的な証拠文書としては、譲状、処分状、寄進状（施入状）、売券（古くは解式を用いた。沽却状）、借券（借用状・借銭状など）、質券、流文、相博状、去文（避状）、置文、遺言状、付属状、和与状、紛失状などがある。所領の知行・相伝の証拠文書を公験・手継証文などと呼ぶ。また他に対して誓約を行い、あるいは意志表示を行うものに起請文・起請・連判状・契状がある。僧侶の伝法に関し、あるいは神仏に捧げるものとして、度牒（度縁）、戒牒、印信、印可状、付法状、諷誦文、願文、表白、祭文、祝詞がある。書状は消息とも呼ばれ、私的な通信に用いられたが、その書式は、奈良時代から室町時代に至る間に大きく変化した。古くは文頭に発信者の名が記されることも多かったが、平安時代後期には見られなくなり、日下の署名のみとなった。また書止敬語にも時代の変化が認められる。

（田中稔）

［参考文献］伊木寿一『増訂日本古文書学』、勝峯月渓『古文書学概論』、黒板勝美『日本古文書様式論』（『虚心文集』六）、相田二郎『日本の古文書』、吉村茂樹『古文書学』、伊知地鐵男編著『日本古文書学提要』、佐藤進一『古文書学入門』、中村直勝『日本古文書学』、東京大学史料編纂所編『古文書時代鑑』、同編『花押かがみ』、田中稔編『古文書』（至文堂『日本の美術』一七四）、荻野三七彦『印章』（『日本歴史叢書』一三）、寿岳文章『日本の紙』（同一四）、『日本古文書学講座』、日本歴史学会編『概説古文書学』古代・中世編

裁許状　さいきょじょう

中世訴訟に対する判決状のことをいう。鎌倉時代の法律用語の解説書である『沙汰未練書』によれば、訴人と論人が相論した時、幕府が御成敗の下知を与える場合の状のことを裁許状と称したとある。鎌倉幕府は、裁許状を発給する場合、初期には下文の様式を用いていたが、のちに下知状を用いるようになった。その形式としては、最初の事書に訴人と論人の名前を明記し、相論の内容の要点を示し、本文には、訴状とそれに対する陳状の要旨を引用し、最後に幕府の判決理由を明示する。鎌倉時代の幕府訴訟では、訴状と陳状をそれぞれ三回繰り返す三問三答を原則とし、それでも結着が得られない場合は、訴人と論人が引付方に出頭して、対決口頭弁論が行われた。これらの両者の主張を引用するので、裁許状は長文のものが多い。鎌倉幕府の裁許状としては、関東裁許状・六波羅探題裁許状・鎮西探題裁許状がある。関東裁許状は、「依二鎌倉殿仰一、下知如レ件」の書止文言を用い、日付の次行に執権と連署が署判している。六波羅探題裁許状は、原則として「下知如レ件」の書止文言を用い、六波羅南北両探題が署判している。鎮西探題裁許状の場合は、「依レ仰下知

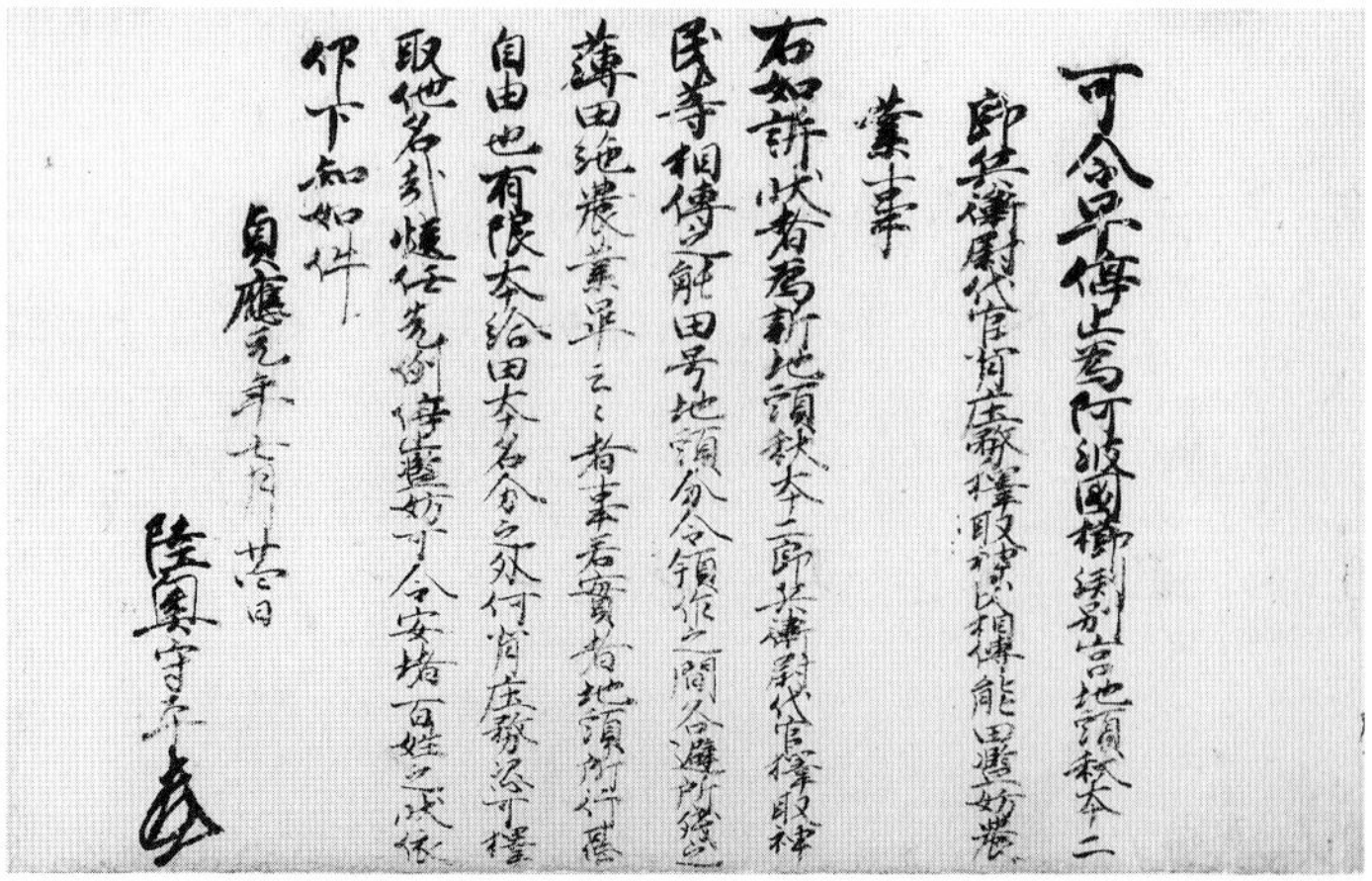

関東裁許状（貞応元年７月24日、『石清水文書』）　石清水八幡宮所蔵

如レ件」の書止文言を用い、鎮西探題が署判している。裁許状は長文のため、継紙に書かれる場合が多く、その時は紙継目裏に担当奉行人が花押を据えた。また相論が和与により結着した場合は、和与の内容を引用した和与の裁許状を発給した。室町幕府も、成立当初は、鎌倉幕府の裁許状の形式を踏襲し、「下知如レ件」の書止文言を用い、足利直義が署判を据える裁許状を発給しているが、のちには執事・管領が署判するものや、複数の奉行人が連署する裁許状が発給されるようになった。

〔参考文献〕瀬野精一郎編『鎌倉幕府裁許状集』、相田二郎『日本の古文書』上、佐藤進一『古文書学入門』

（瀬野精一郎）

直状　じきじょう

武家文書で書状と同じく発給者が宛名人に直接意志伝達を目的として文面に署判し、年月日を記入し、命令の下達、権利の付与・認定など種々の用途で発給する文書を総称して直状と称した。したがって、直状は書状の変形した文書形式を有し、奉者が命を奉わって発給する奉書と対立する概念である。「仍状如レ件」「…之状如レ件」「…也」などの書止め文言を用い、発給者の署判の位置は袖、日下、日下の別行、奥上などさまざまである。鎌倉時代には六波羅探題・鎮西探題なども直状形式の文書を発給しているが、これらの文書は敬称としてそれぞれ御教書と称されている。南北朝時代以降、足利尊氏・直義、管領、戦国大名などが、下文・下知状などの形式の文書にみずから署判して発給する直状が現われるようになる。室町時代には将軍自身が花押もしくは署判を加えて発給する御判御教書・御内書などが現われるようになるが、これも直状形式の文書に入れられる。かかる現象は鎌倉幕府の将軍には見られなかったものであり、室町幕府の将軍が幕政の最高権力者として君臨していたことを示すものである。鎌倉・室町時代の守護も軍勢催促・感状・覆勘状・充行状・安堵状・遵行状・禁制など、その権限の拡大に伴って、多岐にわたる直状形式の文書を発給しているが、これらはいずれも書下と称された。また戦国大名も領域支配を遂行するため多くの直状を発給しており、これらは直書・判物・印判状など外形的なものによって文書様式を区別している。このように時代が下るに従って、直状の様式も多様化し、一定の形式がなくなり、大名諸家において個別化の傾向が認められる。

〔参考文献〕相田二郎『日本の古文書』上、佐藤進一『古文書学入門』

（瀬野精一郎）

施行状　しぎょうじょう

上から出された命令を奉じて、下に伝達する時に用いられる武家様文書の様式。「せぎょうじょう」と読むのは誤り。「施行」は、乞食などに物を与える場合は「せぎょう」と発音したので、それと区別するため「しぎょう」と発音

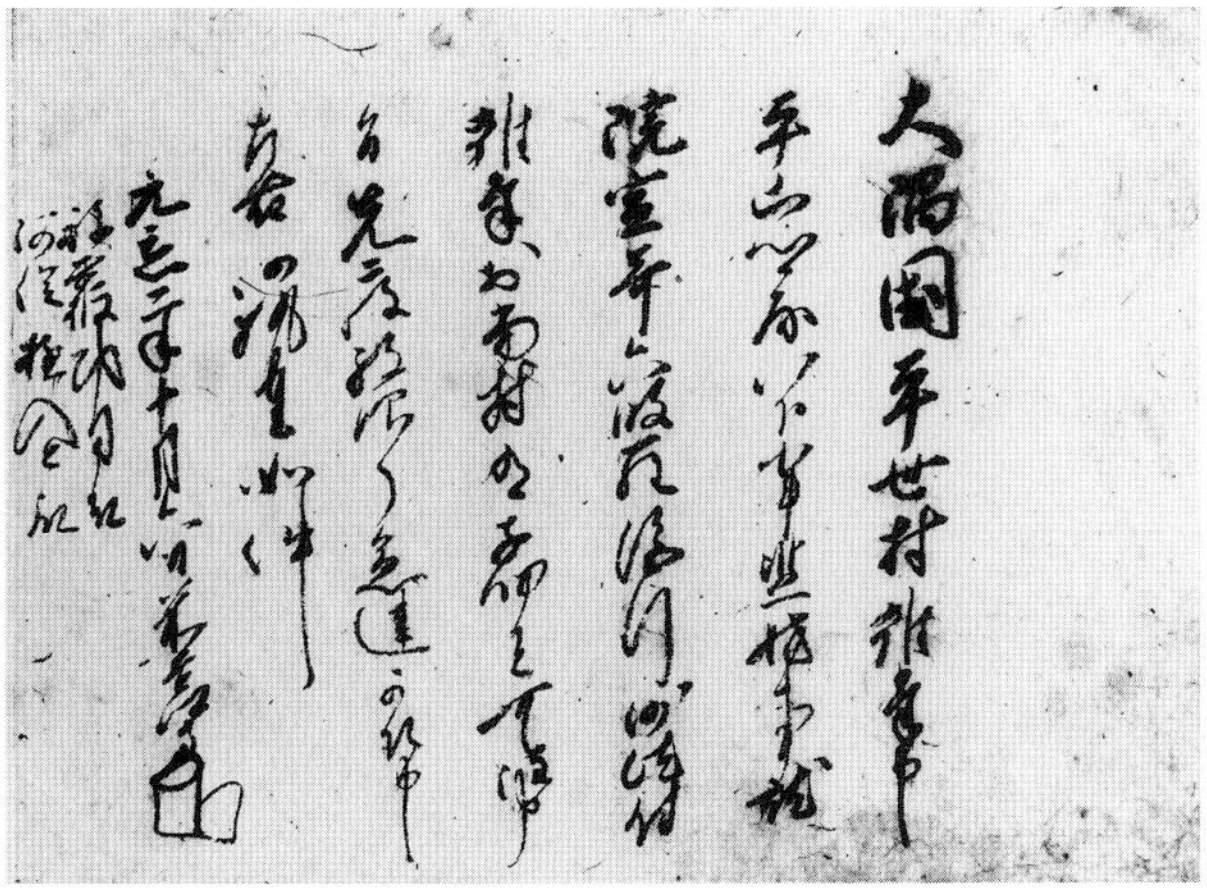

鎮西施行状（元応２年10月６日、『禰寝文書』） 東洋文庫所蔵

した。鎌倉幕府の命令を施行した六波羅探題・鎮西探題・守護などの施行状、室町幕府の命令を施行した執事・管領・守護などの施行状がある。施行状は内容によってつけられた文書様式名であり、その形式としては御教書・下知状・奉書・書下など種々の文書形式が用いられている。室町時代以降は守護が施行した場合は、守護遵行状と称されることが多くなった。

［参考文献］『古事類苑』政治部三、相田二郎『日本の古文書』、佐藤進一『古文書学入門』、瀬野精一郎「「シギョウ状」か「セギョウ状」か」（『歴史の陥穽』所収）

（瀬野精一郎）

自署　じしょ

公文書の本文は普通書記官が書くが、その関係者が責任の所在を明らかにするため、自分の実名だけを自筆で書く。これが自署であって、公式様文書では自署はすべて楷書または行書で書かれた。平安時代中末期ごろからはそれが漸次崩れてゆき、草名さらには花押の成立をみるが、こうなると自署はほとんど用いられなくなる。ただし詔書の覆奏文においては、太政大臣・左右両大臣は自分の名の代りに朝臣という姓を書く。また移においても八省の長官たる卿は名前でなく本人の姓を書くことになっている。これを略名というが、平安時代後期以降の太政官牒にあっては、弁官の署判は自署でなく、この略名式になっている。書札様文書の差出書には、武家文書では花押が比較的多く用いられ、その結果花押の有無が正文・案文を決定するかに説かれる場合がある。しかし同じく書札様文書でも公家文書にあっては、自署（「大蔵卿雅仲」のように官職を記す場合も多い）の文書が中心である。自署にするか花押を用いるかというのは礼の厚薄によることであって、自署の方が厚礼である。当然正文とすべき自署の院宣・綸旨・御教書を案文とする場合が多いが、これは花押中心主義のもたらした悪弊である。

［参考文献］相田二郎『日本の古文書』、佐藤進一『古文書学入門』、上島有「綸旨の正文と案文」（『資料館紀要』七）

（上島有）

朱印状　しゅいんじょう

朱印を押した武家文書。印判状は東国を先駆地とするが、朱印状の初見は永正九年（一五一二）三月二十四日今川氏親棟別役免除朱印状（『西光寺文書』（静岡県沼津市））である。この今川氏についで後北条・武田・長尾・上杉・里見・伊達の諸氏、それに織田信長・豊臣秀吉・徳川家康へと急速に普及したが、永禄十一年（一五六八）の信長の上洛は日本全土に印判状を普及させることに大きな意義があった。信長は朱・黒両様の印判状を発したが、その区別は、彼の指令は朱印、その他の私信的な場合は黒印を使った。信長の奉行たちは主人に遠慮して黒印を使ったが、家康の奉行もそれを踏襲した。家康は楕円印を使って大名・公家・社寺の領地

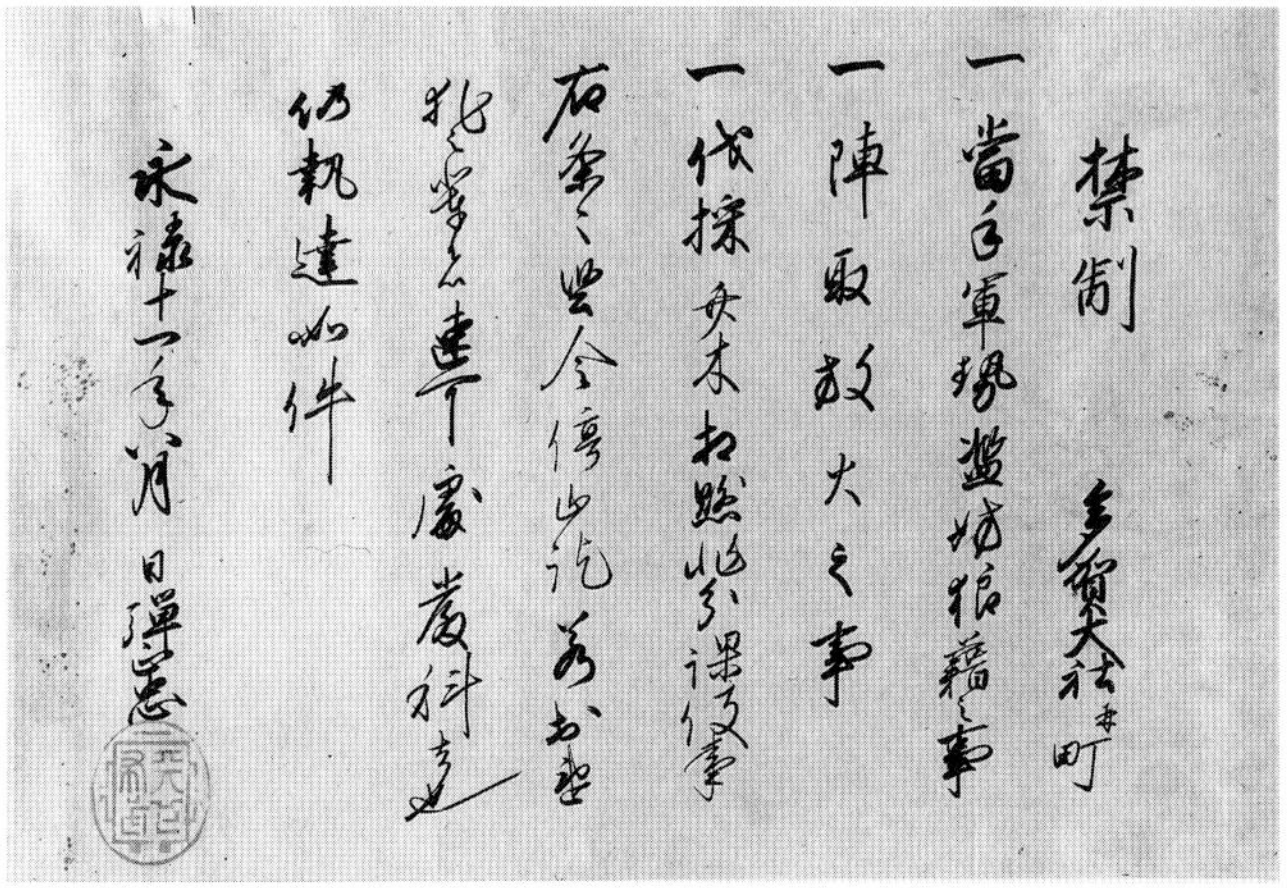

織田信長禁制（永禄11年８月日、『多賀神社文書』）　多賀大社所蔵

を安堵し、方印によって海外への渡航を許可したが、秀忠以降は正円二重郭の実名印に固定された。江戸時代には一般に御朱印・御黒印と敬称を付したが、朱印状の方が格式が高く、それによって認知された土地・船舶をそれぞれ朱印地（御朱印地）・朱印船（御朱印船）といった。諸大名も自家の家臣に知行充行をしたり安堵をしたりする場合とか、社寺への土地寄進などの場合には、朱印状か黒印状、さらには花押を据えた判物を用いた。ちなみに朱印状は将軍家の専用であり、諸大名は黒印状に限ったとの説は誤解である。

［参考文献］荻野三七彦『印章』（『日本歴史叢書』一三）

（荻野三七彦）

書札礼　しょさつれい

書札（書状）をはじめ、院宣・綸旨・令旨・御教書などの広く書札様文書を作成するに際して守らなければならない儀礼（書札）と故実をいい、またそのことについて述べた書物も書札礼と呼んでいる。公式令には、詔書・勅旨などの公式様文書の書式と、平出・闕字・印制・文字など文書作成に関する諸規定がみられる。これらの公文書に対して、私文書たる書札は、奈良時代には啓・状といわれ、これは中国の六朝以来の私信としての啓・状の系譜を引くもので、『正倉院文書』に多数その例をみる。平安時代初期ころまでは、同じく中国に起源を有する尺牘も行われ、多様な書式の書札がみられたが、平安時代中ごろ以降、書札の書式も規格化され、書札様文書の成立をみる。

＊

このような動きに応じて、『高山寺本古往来』（高山寺典籍文書綜合調査団編『高山寺資料叢書』二）、『雲州消息』（『明衡往来』ともいう、『群書類従』消息部）が編まれる。『高山寺本古往来』は、往来物としての形式・文体・内容がまだ充分に整理されていない初期のものであり、『雲州消息』は出雲守藤原明衡の手になる往復書簡の例文集で、これらは以後多くみられる往来物の最初に位置するものである。これらはまだ書札の範例集にすぎないが、平安時代末期に藤原（中山）忠親の著わした『貴嶺問答』（『群書類従』消息部）に至って、はじめて書札礼に関する記事がみられる。これも書札の例文を集めたものであるが、最後に「消息事」として、「抑」という字は行の上には書かないというような、簡単な書札の作法八項目を記したものであるが、書札礼について記した最初の書物として注目される。ついで御室仁和寺の守覚法親王の『消息耳底秘抄』（『群書類従』消息部）がある。これは親王が藤原忠親・三条実房に尋ねたことを記したもので、当時の書札礼の集大成である。鎌倉時代になると『書札礼付故実』（『群書類従』消息部）が著わされ、弘安八年（一二八五）には『弘安礼節』（同雑部）が撰定される。これは院中で評定された諸礼式を収めたもので、「院中礼事」「路頭礼事」などの一般的な儀礼に関する記載もみるが、大部分が書札礼に関する規定である。すなわち大臣・大納言・中納言・参議・蔵人頭以下それぞれの在任者が、他官職を有する相手に書札を出すとき守るべき書礼を述べたもので、勅撰という権威のもとに、のち長く書札礼の基準となった。

＊

かかる書札礼の確立過程は、はじめ私的な用を足すものとして成立した書札様文書が、やがて公文書の補助的な役割をになうようになり、さらに鎌倉時代中期以降、公証公験として公文書として最高の地位を確保するに至ったという事情を反映するものである。すなわち『弘安礼節』が勅命によって定められたのは、院宣・綸旨といった書札様文書が、国家最高の支配文書として用いられるようになったからであって、これは私信たる書札一般の書札を規定したものではないことを注意しなければならない。鎌倉時代の書札礼はもっぱら公家のものであって、武家のものはみられない。

*

武家として書札礼の必要性が意識されるのは、室町時代になって国政に関する朝廷の諸権限を武家が掌握するようになってからである。三代将軍足利義満の時、小笠原長秀などに命じて書札礼を制定したといわれる。それは現存しないが、事実として誤りはなかろう。書札の礼の厚薄は、これまでは官職を中心にして決定されていたが、室町時代には家格が基準とされ、公家だけではなく武家にも適用されている。この時代には武家一般に対する書札礼を説いた『書札作法抄』(『群書類従』消息部)だけではなく、『大館常興書札抄』『細川家書札抄』(いずれも『群書類従』消息部)など特別な家の書札礼がみられるのも特色の一つである。さらに『二判問答』『桃華蘂葉』『三内口決』(いずれも『群書類従』雑部)、『宗五大草紙』(同武家部)などの有職書にも、部分的に書札礼について触れられている。

*

江戸時代になると、徳川家康が慶長年間(一五九六―一六一五)永井直勝に命じて、室町幕府のものを参考にして制定させたといわれ、それに参加したのは細川幽斎(藤孝)・曽我尚祐であった。尚祐は父助乗とともに足利義昭に仕えて幕府の儀礼に明るかったが、みずからも室町時代以来の書札礼を集大成した『和簡礼経』(『(改定)史籍集覧』二七)がある。なお江戸時代中期には、伊勢貞丈が室町時代以来の家学の礼法故実をまとめた『貞丈雑記』(『(新訂増補)故実叢書』一)を著わしたが、ここにも書札礼が細かく触れられている。

*

書札礼の内容は、書札に関する書札と故実の二つから成る。書札というのは差出人と受取人の身分関係によって、書止め・差出書・充書の書き方をかえることによって、礼の厚薄を表すことである。たとえば『弘安礼節』によれば、蔵人頭が大臣に書札を奉る場合には、直接大臣に充てるのではなく家司に充て、「以此旨可令洩申給、仍言上如件、某頓首謹言」という最も丁重な書止めを用い、差出書は官姓名を書き、充書には「進上」という厚礼の上所を用いる。ほぼ同輩の四位殿上人に対しては、直接本人に充てて、「執達如件、恐々謹言」と書止め、上所は「謹上」を用いる。また下輩の五位地下人に対しては「状如件」という尊大な書止めを用い、差出書は「判(花押)」で、上所は書かないというようである。また書止めだけをみても、「某頓首誠恐謹言」「某頓首謹言」「某誠恐謹言」「某恐惶謹言」「恐惶謹言」「恐々謹言」「謹言」「状如件」「可被…之状如件」というように幾通りにも整理ができる。次に故実というのは、さきに述べた「抑」の字の使い方が一例だが、書札の封式・料紙・墨色・字体など、主として文書の外形・形態に関する礼の厚薄である。

*

しかし、これらの書札礼はいちおうの定めであって、時代により場所により、さらに公家か武家かということによって相違があり、いろいろと秘事口伝も多く、臨機応変の対応が必要である。また現在の古文書学に関する知識も、多くの書札礼の記載がそのまま定説化している部分もみられ、われわれが実際に接する古文書の実態とかけはなれている面もあり、今後一つ一つの実例について、細かい検討が要請される。

[参考文献] 小松茂美『手紙の歴史』(『岩波新書』青九七七)、日本歴史学会編『概説古文書学』古代・中世編、伊木寿一「書状の変遷」(『岩波講座』日本文学』所収)、

高木昭作「書札礼と右筆」（『書の日本史』九所収）、上島有「草名と自署・花押―書札礼と署名に関する一考察―」（『古文書研究』二四）

（上島有）

書状　しょじょう

書状とは手紙のことであって、用件・意志・感情などを書き記して相手方に伝える私的な文書のことである。書簡・書翰・書札・尺牘・消息（しょうそく・しょうそこ）・消息文などと呼ばれる。これらのうち漢文体のものを尺牘といい、仮名書きのものを消息ということが多い。奈良時代の書状は啓あるいは状といわれ、その差出書・充書・日付・本文の書出し・書止めの書き方によって相田二郎は十四の書式に分類する（『日本の古文書』上）。

*

古代のわが国の公文書は、公式令にのっとった公式様文書であるが、この啓・状は公式令にもとづいたものではなく、中国の六朝以来、個人間の往復文書として通用していた啓・状に起源を有するものである。平安時代の初期ころまでは、これら啓・状のほか『風信帖』『久隔帖』といった尺牘もみられ、まだ書札の書式は固定せず多様なものがあった。しかし平安時代の中期以降になると、これらの書札もわが国独自の発展をとげ、初行から本文を書き始め、本文が終るとその次行に日付を書き、日付の下に差出書、さらに日付の左上部に充所を書き、最後に封を加えるという書式が一般化する。それとともに書体・文体も整備され、文体は純漢文体から「侍」「給」などの言葉を交えた和風漢文体となり、さらに平安時代の末期ころまでには、「候」を用いた文体が成立、また書止め文言も「恐々謹言」などに規格化され、日本的な書札が完成する。それとともにこれら直状の書札に対して、侍臣・右筆などが高位の人の意を奉って出す奉書もみられるようになり、直状・奉書を合わせて書札様文書という。

*

これらははじめは私的な用件にのみ用いられていたが、やがて奉書は院宣・綸旨・令旨・御教書として公文書の補助的な役割もするようになる。さらに鎌倉時代中期以降は、それが公証公験として最高の権威を有する公文書となる。これが第一段階の書札様文書の公文書化（奉書の公文書化）であるが、直状は奉書に比べると、より私的な性格が強く書状に近いが、これとても公的な重要な内容のものもすくなくない。かかる書札様文書の展開に伴って、平安時代の末期から、その書式・書礼・故実などを規定した書札礼が作られ、その集大成として弘安八年（一二八五）には、亀山上皇の命により『弘安礼節』が撰定される。これらの公文書は証拠書類として長く保存されるべきものであるが、一方、私的な文書としての書状は、用件が終れば多くは破棄され、比較的残りにくいものである。したがって私的な内容を有する書状の多くは、完全な一通の文書の形ではなく、日記・記録あるいは聖教の紙背文書として今日に伝えられており、文書として完全な形で残っているのは、書状とはいえまったく私的な通交に関するものはすくなく、なんらかの形で公的な意味をもつか、あるいはまた保存すべき意義を有するものである。

*

以上は漢字で書かれた男性の書状であるが、これに対して女性は仮名書きの消息を用いた。平安時代の中ごろまでに仮名が発明され、それを女性が用いるようになると、仮名書きの話し言葉（和文体）による消息の成立をみる。これは仮名消息・女消息といわれ、広く書状のことも消息というのに対して、狭義の消息である。そして平安時代の末ころからは、漢字の書状と仮名の消息が相互に入り交じって、多彩な書状を形作るのである。

＊

一方、武家社会では、鎌倉時代には下文・下知状の下文様文書が主要な公的文書として用いられたが、室町時代には御判御教書以下の書札様文書が中心となる。御判御教書は室町幕府におけるもっとも権威ある文書であるが、本来は自筆で書くべき直状を右筆に書かせ、将軍が花押のみを加えたものであって、第二段階の書札様文書の公文書化（直状の公文書化）ということができる。それとともに、より書状に近い将軍御内書（守護の場合は内書）も用いられ、さらに戦国時代になると、各地の戦国大名はほとんど書状形式の文書で領国支配を行うようになる。そしてこれらは多くの場合に書状と呼ばれているが、実際には戦国大名の発給文書では公私の区別をつけがたいものが多く、このような文書にいかなる文書名を付すかは今後の課題といわなければならない。戦国大名の文書だけではなく、広く書状形式の文書の公私の性格を区別するには、年紀（付年号・干支を含む）がはじめから付されているか否か、実名（自署）だけか、それに花押・印章を加えているかどうかということが一つの基準になるが、これも必ずしも絶対的なものではない。

［参考文献］魚澄惣五郎『手紙の歴史』、小松茂美『手紙』、同『手紙の歴史』（『岩波新書』青九七七）、中村直勝『日本古文書学』中、日本歴史学会編『概説古文書学』古代・中世編、伊木寿一「書状の変遷」（『岩波講座』日本文学』所収）、永島福太郎「書状・消息」（『日本古文書学講座』四所収）

（上島有）

署　判　しょはん

判は花押のことであるが、署名に関連がある。署名は自己の名を自筆をもって署する（姓は無関係）ことであり、奈良時代には自署と称して記名は楷書体であった。平安時代に入ると行書から草書へと書体の変遷期に伴って署名の書体にも変化が見えてきた。根本的に署名には個性が要求される。それは他人の模倣を避けて独自の筆勢・筆順の署名を形成することである。草書による署名は草名（そうみょう・そうな）と称したが、次の段階では草名体花押の出現を見て、平安時代中期に花押が発生して次第に花押時代へと進展する。

＊

署名と花押とは発展史の上から観た場合は同一のものが変化したにすぎない。ところが「頼朝（花押）」というような変容が発生してこれが定着する。花押の源流は自署に発するので、当然花押は自筆を本義とするが、鎌倉時代中期の版刻花押の出現によって、花押と印章の判別困難な様相を呈して、中世末期には代筆による花押のほかに、花押の外郭を線刻してそれを押し、外郭線内部を墨を塡めて代用花押とする花押衰退期を迎えた。これが進むと署判よりも印判（印章）が優先する近世に入り、署名押印様式の現代に至った。署判の仕方を文書について観ると以下のようになる。年月日を記した部分の下に書く場合は日下（にっか・ひのした）の署判と称し、年月日の次行の上部に書く奥上署判、年月日次行の下部に書く奥下署判、文書の右端の余白（袖）に花押のみを書く袖判などがある。こうした署判と充所の位置関係は書札礼によって決められている。奥上署判の文書は日下署判・袖判の文書にくらべて、相手に対して鄭重な様式の文書であって、社寺宛の文書などに見られた。室町幕府の奉行人奉書は竪紙と折紙の二様があるが、本奉行・合奉行の連署の複数の署判が多い。竪紙奉書は官名・受領名を書いた官途書であり、折紙は実名書である。折紙は略式署判を意味する。連署による地位の上下は奥（文書の左方）を尊ぶ思想から前後を決めるが、孔子次第は次第不同様式として南北朝以降に行われ、さらには円連判・傘連判などが中世後期から近世にかけて行われた。裏花押という署判様式は平安時代末期から見られる署判様式であって、謙遜による宛先への敬意の具体的表現の様式である。血判も特殊署名であるが、二様式がある。花押に一滴の血液を注いだものと、血書の花押であって、南北朝時代以降に見られた。

［参考文献］荻野三七彦「古文書に現われた血の慣習」（『日本中世古文書の研究』所収）、同「古文書における花押」（『古文書研究』一）

（荻野三七彦）

草名　そうみょう

草書体の署名の意、楷書・行書より一段と略筆・略書した点に特色があって、一歩進むと草名体花押と化する。よって識別困難な点から花押の初見年代は決め難いが、天暦四年（九五〇）の仁和寺寺司「別当大法師」の自署などは花押の早い例である。草名の意義は他人の偽筆を回避することにあったので結果的には判読し難いこととなる。十世紀後半に草名は集中するが、小槻茂助の天徳元年（九五七）太政官牒の草名、藤原師氏（桃園大納言）の康保三年（九六六）書状の草名、筑前の国司藤原乙満の永延元年（九八七）文書の国司国判の草名、「尾張国解文」で有名な藤原元命の九条家本『延喜式』裏文書の永延二年「尾張守（草名）」などがある。草名を書状の書き出しや文中に自己の名を記入する代りに書き入れる風が流行して藤原佐理や藤原行成らは草名体花押を書き入れた。

（荻野三七彦）

袖判　そではん

文書の右端の余白すなわち袖にある花押のことであり、奥上・奥下・日下判に対応する。自筆ならぬ右筆書き文書の内容を自筆文書と変わらぬものと認定する意志を宛先へ具体的に表示するために袖に自筆を染めてする花押のこと。袖判下文・袖判下知状・袖判奉書・袖判御教書・袖判庁宣などがある。大臣・将軍など社会的に地位の高い人、また生活圏内の責任的地位にある人も袖判をした。袖判には次の両面の目的がある。一は発進者の責任表示、二は発給文書受理者への権威の間接的あるいは無言の示達である。袖判は奥上・奥下・日下判よりも尊大な署判の書式であったのはこの謂である。荘園の本所・領家より下司へ発給する領家下文などの領家袖判に上記の両方の意味がある。袖判文書の初見は寛治三年（一〇八九）九月二十二日大宰府庁下文案である。これは案ではあるが、

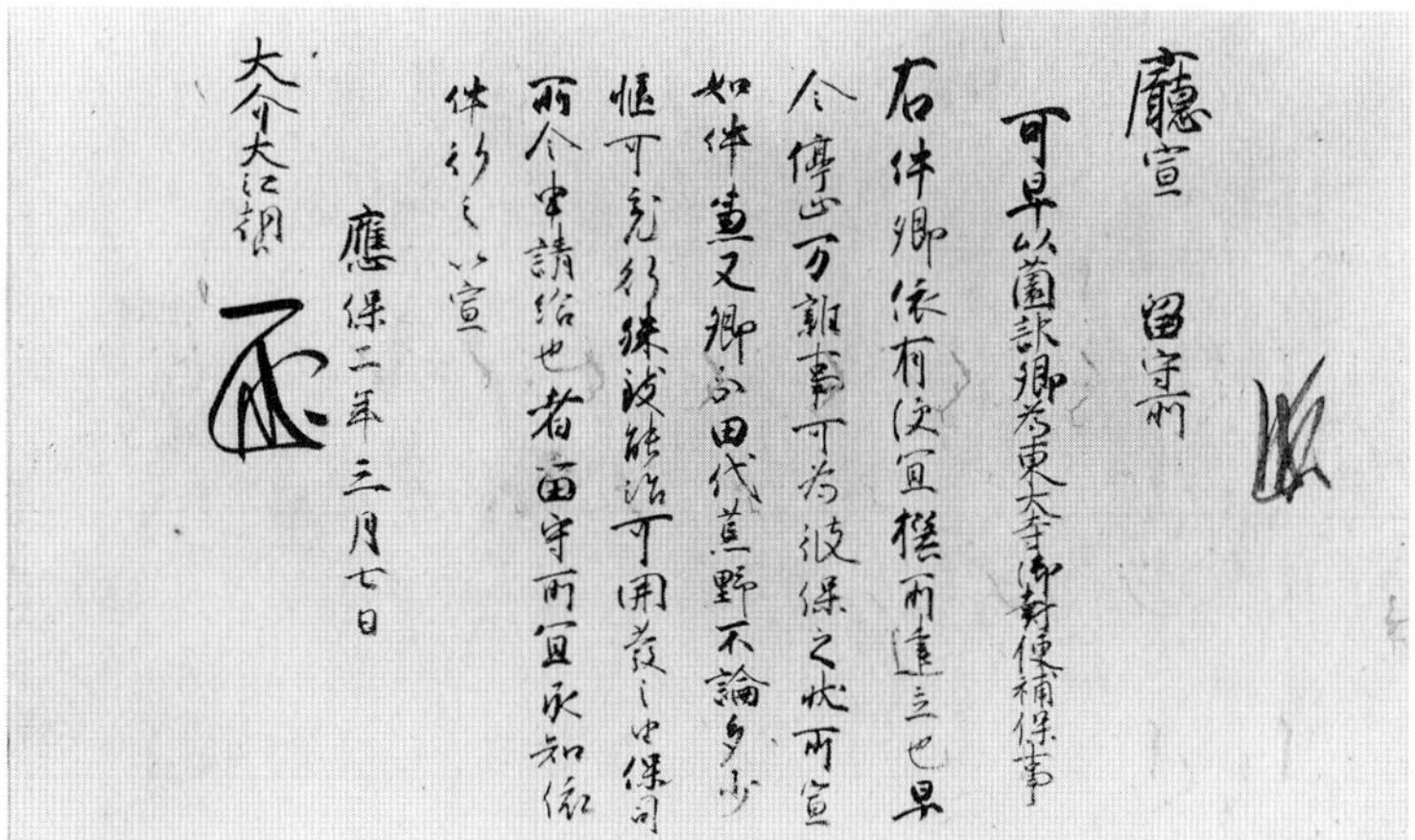

下野国司庁宣（知行国主大江信忠袖判、応保2年3月7日、『東南院文書』）
正倉院宝物

保安元年（一一二〇）の観世音寺進上文書として確認できる。大宰府長官の帥か大弐・少弐この三者中いずれかの一人の袖判である。武家文書の場合では寿永三年（一一八四）五月十八日源頼朝袖判下文の頼朝袖判が初見である。平安時代の国司庁宣などの知行主即領主の袖判文書の様式を頼朝が踏襲したこととなる。永仁三年（一二九五）の版刻花押は袖判として黒印をおした。これを初見に以降花押に代えて印判による袖判も散見した。

［参考文献］相田二郎『日本の古文書』　（荻野三七彦）

庁　宣　ちょうせん

平安時代中期ごろ国司遙任制が一般化するに伴って発生した公家様文書様式。国司に任命された者が、任地に赴かず在京するいわゆる遙任国司が増加したため、在京する国守から任地の国衙に設けられた留守所に文書を発給する必要が生じ、国符に代わって庁宣が使用されるようになった。書式は書出しに「庁宣」と書き、その下に充所を書き、次行に内容の要約をした事書を書き、その次行から本文を書き、書き止め文言は「以宣」と結ぶ。日付の次行に差出人である国守の官職、氏・姓・花押を据える。国名は自明のことであるので、書き出し・差出人いずれにも国名は省略されている。庁宣の充所は、留守所をはじめ目代・在庁官人・郡司などがある。文書の内容は命令の下達、訴訟の裁決、職の補任、所領の安堵・寄進、諸役免除、権利の付与など多種多様である。十二世紀後半知行国守制が発生すると、知行国主が庁宣に袖判を据え、名義上の国司（名国司）が奥上署判を据え、官職名は大介と書くのを例とした。しかし知行国主が袖判を据えてない庁宣もある。九州の統治機関である大宰府の場合も、在京する大宰府の長官から、大宰府の府官に命令を伝達する必要がある場合は、庁宣を発給しているが、十二世紀ごろ以後は、諸国の庁宣と区別するため、「大府宣」という書き出しを用いている。庁宣の初見は『台明寺文書』長久二年（一〇四一）十一月十二日大隅国司庁宣案で、初期の庁宣には国印が捺されていたが、のちには国印は捺されなくなっている。

［参考文献］相田二郎『日本の古文書』、佐藤進一『古文書学入門』　（瀬野精一郎）

判　物　はんもつ

文書の様式の一つ。直状形式の文書の一種類。発給者の判（花押）のある文書で書状以外のものをいう。鎌倉時代以降、守護以下の武士が家務の執行のために下位者に出す直状形式の文書を、下達文書という意味で書下と呼んだ。書下は、書状に下知状の様式が加味されたもので、直状形式である点で奉書と区別される。書状と書下との相違は、内容的に書状が純私務に関わるものであるのに対して、書下は差出者の家務の執行に関わる命令を内容とするところにある。また形式的には、書状の書止め（文書の末尾）が「…候、恐々謹言」などとなるのに対して、書下の書止めは「…也、仍状如件」「…之状如件」などとなる点で、書状と書下は区別される。

＊

南北朝時代以降、将軍から自立する傾向にあった守護が、単に将軍の命令を伝達するだけでなく、みずから土地の給与・安堵、特権の付与・承認などを行うようになるとともに、守護の領国支配の文書として書下はますます重要な意義をもつことになった。さらに戦国時代になると、守護や大名の発給した直状は、直書または判物と呼ばれるようになった。けだし、判すなわち花押の据えられた文書という意味である。

このように判物という言葉が成立したことは、戦国時代になると発給者やその家の印判を花押のかわりに据えた印判状が成立し、それまでの書下の機能の多くが、印判状に吸収されるようになったことと、うらはらの関係にあると思われる。つまり、判物は印判状と区別して特別視されるようになったのである。これ以降、判物は、相手をより丁重にあつかう必要がある場合や、一字書出・感状のように発給者の人格が直接文書に表現される必要のある場合に使用されるようになって、江戸時代に至った。たとえば、一般家臣に対する大名の知行充行状は、黒印状であったが、家老に対しては判物が使用されたような差である。

［参考文献］相田二郎『日本の古文書』、佐藤進一『古文書学入門』、日本歴史学会編『概説古文書学』古代・中世編、近世編

（高木昭作）

奉書　ほうしょ

文書の一形式。書札様文書の特殊様式である。現在の封書の源流である書札様文書は、初行からいきなり要件たる本文を書き出し、本文が終り次第、次行に日付、日付の下に差出書、その次行上段に充名書を配する形式のものである。これは、中国の隋・唐代の啓や状という私信の様式から、日本風に発展を遂げたものであった。日本では、八・九世紀には、私信はまだ中国の書儀に順った純漢文体の啓や状を用いていたが、九世紀にはまだ啓・状を脱しえていないものの、本文・日付・差出書・充名書の位置が後代のごとく固定され始め、十世紀には、文体が「侍」「給」「候」を混える和風漢文体となり、さらに十一世紀ごろには、本文の書止文言が「恐々謹言」系と「執達如件」系の二系統に規格化され、日本の書札様文書が完成される。

＊

書札様文書は、その内容を伝達しようとする当該人が、みずからが差出人としてその名を署する直状と、当該人の意向をうけて代理のものが代理人名を署して発給する文書と、二つに大別できる。後者の場合、真の差出当該人は貴人のことが多く、代理人はその配下の者がこれにあたるから、奉書と呼ばれている。このように、直状に対して、貴人の仰を配下が奉り、配下の名をもって伝える書札様文書を、広義の奉書という。奉書には、貴人の仰を奉って伝達する旨の奉書（奉行）文言が記されていて、直状と区別することができる。それでは、貴人の書札がすべて奉書かというとそうではなく、直状も少なくない。貴人の書札が奉書の形となる要因は、二つ考えられる。一つは、その貴人の書札が、政治的あるいは社会的組織の責任者としてその命を伝える場合であり、他の一つは、書札を伝えようとする充名人が貴人よりも隔たって社会的身分が低い場合である。書札は、公式様文書や下文系の文書と異なり、差出人と充名人との間の身分高下の格差に応じた礼表現の厚薄が伴う文書であり、これを書札礼と呼んでいるが、後者は、この書札礼の法則に従って奉書となる例である。これに対し、前者は、中世の政治あるいは社会組織の発給する公式上の文書として出されるために奉書となったものである。

＊

政治・社会組織の責任者として貴人が発する奉書のうち、貴人が参議ないし三位（公卿）相当以上の高い身分の場合、その奉書を一般に御教書と呼んだ。御教書とは、本来貴人の書札という意味で、奉書という意は含まれておらず、直状であることを排除していない。室町幕府の長の室町殿（多くの場合将軍）が発する御判御教書はその例である。しかし、多くの場合、御教書は奉書の形をとるのが普通であるが、この御教書を含む奉書を広義の奉書といえるとすれ

ば、四位相当以下の者が組織の責任者として発する奉書形式の文書、つまり御教書以外の奉書は、狭義の奉書といえる。御教書には、その発給主体たる組織やその責任者たる貴人によって、それぞれ固有の名称があり、それを識別する奉書文言をもち、差出書に名を署する奉者の立場もほぼ定まっている。その固有の名称を例示すれば、院宣・綸旨・摂政御教書・藤氏長者宣・検非違使別当宣・令旨・関東御教書・室町殿御教書（管領奉）などであり、公卿家および寺社の長吏などの御教書も、〇〇家御教書あるいは長者（長吏・座主・別当など）御教書と称した。

*

公卿相当以上の者が責任者である組織の発する奉書すなわち御教書は、十世紀末から見え始め、十三世紀中ごろに旧来の公式様・下文様系統の文書を駆逐して公文書の主流を占めるようになる。それは、公験である場合も、中間的手続的文書であっても、いずれもそれぞれの公式上の文書である。しかし、前述の御教書が公式上の文書として定着し、様式や発給手続が固定するに従い、新しい時代の体制や事態に順応できない場合が生ずるようになる。そのとき、それぞれの組織の責任者は、内々の意を伝える奉書を新たに出すようになる。ここでは、公卿相当以上の貴人の発する文書として、従来の公式文書としての御教書のほかに、内々の奉書が新しく加わることになる。この時点での御教書に対する内々の奉書を新義の奉書ということができる。この新義の奉書としては、鎌倉・南北朝時代の公家側の伝奏奉書、室町・戦国時代の室町殿の伝奏奉書・奉行人奉書、公家の女房奉書などがある。これら内々の奉書は、時代が降るにつれ公式上の文書と化すが、御教書と呼ばれることはなく、むしろ奉書が公式文書の称と化していくことになる。

［参考文献］相田二郎『日本の古文書』上、中村直勝『日本古文書学』上、佐藤進一『古文書学入門』、日本歴史学会編『概説古文書学』古代・中世編

（富田正弘）

御教書　みぎょうしょ

古文書の形式の一つ。書札様文書のうち三位以上の仰せを奉じた文書の総称。「みきょうじょ」とも読む。武家文書にあっては、位階に関係なく将軍の仰せを奉った書札様文書、さらには直状のものも広く御教書と呼ばれる。もと中国の唐の制度で親王・内親王の命令を伝達する文書を「教」といったが、わが国では三位以上の人の仰せを「教」、その文書を「教書」といい、その上にさらに敬語の「御」という言葉をつけて「御教書」と呼んだといわれる。

*

御教書という言葉は、藤原公任自筆の三条家本『北山抄』の紙背文書の中の長徳・長保ごろのものと思われる備後守某の書状に、「請御教書事、右去二月参日御教書今月八日到来」とみえるのが初見で、御教書はほぼ十世紀後半ごろから使われだしたものと考えられる。奈良時代の私文書は状あるいは啓と呼ばれた。古代のわが国の公文書は、公式令にのっとった公式様文書であるが、この状・啓は公式令にもとづいたものではなく、中国の六朝以来、個人間の往復文書として通用していた状・啓に起源を有するものである。これらの文書ははじめはその書式が固定せず、差出書、宛書、日付、本文の書出し、書止めの書き方によっていくつもの書式があった。しかしやがてわが国独自の発達をとげ、

（本文）…………………
　　月　日　　何某（差出書）
何某（宛書）

のように、初行から本文を書き始め、本文が終

るとその次行に日付を書き、日付の下に差出書、さらに日付の次行の上に宛書を書き、最後に封を加えるという書式が一般化する。これが以後の書札様文書の書式の基本になるものである。こうした書札は差出人本人がみずから筆をとるのが本来であるが、地位の高い人は自分の代わりに侍臣などに命じて文書を作成させた。本人が直接出す文書を直状といい、主人の仰せを侍臣の奉じたものが奉書である。すなわち事実上の発信者の意を奉った者が、形式上の差出人となって発するのが奉書である。したがってこれには書出しに「被仰称…者」、また書止めに「…者仰旨如此、悉此謹言」「…之由被仰下候畢、以此旨可令言上給之状如件」「…者御消息如此」「…之由御消息所候也」「…者御気色如此」「…之由御気色所候也」「…之由所候也」「依仰執達如件」などの主人の意を奉じて書いた旨の文言を入れる。差出人は当然侍臣となる。

*

このような奉書のうちで三位以上の人の意を奉じたものが御教書であるが、その仰せの主体によっていろいろな名称で呼ばれている。すなわち綸旨（天皇の仰せ）、院宣（上皇・法皇の仰せ）、令旨（皇太子・三后・親王・准三后の仰せ）、

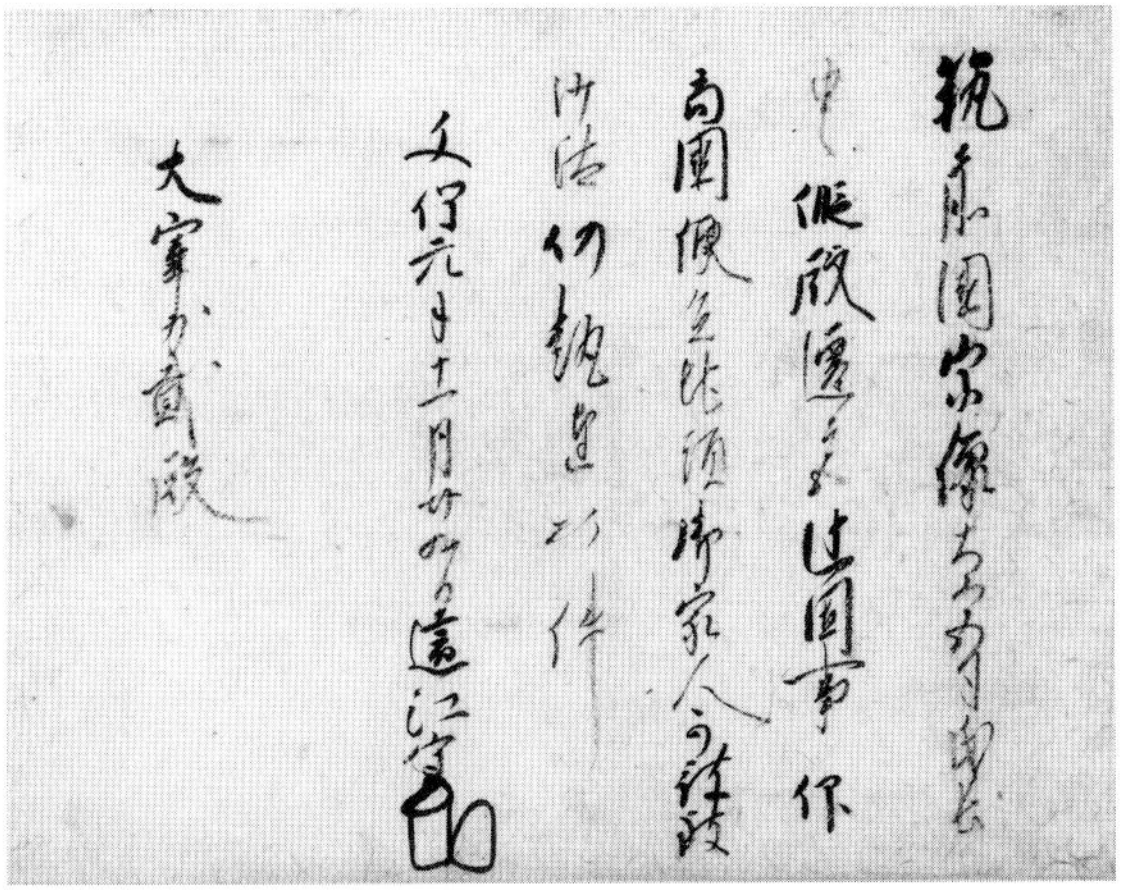

鎮西御教書（文保元年11月29日）　個人蔵

摂政御教書（摂政の仰せで綸旨に代わるもの）、殿下御教書（摂政・関白の個人的な仰せ）、長者宣（藤原氏・源氏などの氏長者の仰せ）、国宣（知行国主の仰せ）、検非違使別当宣（検非違使別当の仰せ）、某御教書（各公卿の仰せ）、某長者（別当・座主）御教書（各寺院の長者などの仰せ）などがあり、降って室町時代の伝奏奉書も御教書と呼ばれている。この場合綸旨にはその書止めに「綸旨如此」「天気所候也」、院宣には「院宣如此」「依院御気色…」などのように仰せの主体を明記することが多い。なお、摂政御教書・殿下御教書などの「御教書」は、綸旨・院宣などに対する言葉で、綸旨・院宣などを含む広い意味の御教書に対して個々のものを指す言葉であって、御教書には広狭二義があった。

*

これら御教書は、はじめは単なる書状＝私文書として出発するが、やがて公文書の地位を得、最後には国家最高の決定を伝える文書となるのである。すなわち御教書は、はじめ天皇その他の私的な用を弁ずるものであったが、十一世紀末の院政の成立とともに、これまで中間的・手続的な文書として使われていた官宣旨・宣旨などの下文様文書が、朝廷の最終決定を伝える公験として用いられるようになると、それに代わって院宣・綸旨などの御教書が公文書として中間的・手続的な文書としての役割を果たすこととなる。そしてほぼ後嵯峨院政期を境として、これまで公験として使われていた官宣旨・宣旨に代わって、これらの御教書が公験としての地位を獲得、所領・所職の安堵、訴訟の裁許、国家的租税の賦課・免除など国家最高の決定を伝達するようになる。一方、武家にあっても鎌倉幕府の初期から簡易な命令・連絡には源頼朝の意を奉ずる奉書が用いられたが、やがて将軍の仰せを執権・連署が奉ずる関東御教書がその用を足すこととなった。かくして御教書は三位以

上の貴人の意を奉るという厳密な規定から外れて、将軍（もちろんこれは三位以上の場合が多いが）の仰せを奉る文書というように広い意味に用いられるようになったのである。

＊

これ以外にも六波羅探題・鎮西探題の発給にかかる六波羅御教書・鎮西御教書があったが、鎌倉幕府にあっては下文・下知状の下文様文書が最高の決定を伝える文書であり、御教書はその補助的な役割しか果たさなかったのは、このころの公家政権の御教書と同じである。室町幕府にあっては最初から御判御教書という将軍がみずから署判を加えた直状形式の書札様文書が用いられた。ここに御教書の意味がさらに変化し、将軍の発給文書に対する敬称ということになった。三代将軍足利義満の時になると、鎌倉幕府最高の文書であった下文・下知状は姿を消し、御判御教書が幕府最高の文書としての地位を獲得する。それはこのころ、室町幕府が一国平均役の賦課・免除の権限をはじめ、公家・寺社に対する所領の安堵権、裁判権など国政上の重要な権限を朝廷から引き継いだことと関連して、御判御教書が院宣・綸旨といった公家の御教書の地位を受け継いだということができる。いずれにしても御教書が中世におけるもっとも重要な国政文書としての役割を果たしたことになる。なお、室町幕府にあって将軍の意を奉じたものとしては、管領奉書・管領施行状・奉行人奉書がある。戦国大名はその領国支配に判物・印判状を用い、江戸幕府の最高の文書は領知判物・朱印状であるが、これらは御判御教書の系譜を引くもので、広い意味の御教書ということができる。

[参考文献]　相田二郎『日本の古文書』、佐藤進一『古文書学入門』、中村直勝『日本古文書学』上、林屋辰三郎「御教書の発生―日本の古文書学と経済的基礎構造との関係―」（『古代国家の解体』所収）

（上島有）

室町将軍家御教書　むろまちしょうぐんけみぎょうしょ

足利将軍をはじめ、将軍の仰を奉じた幕府の諸司の発給した御教書の総称。足利尊氏は元弘三年（一三三三）四月の挙兵後間もなく、本文が「…之状如件」で終り、年月日の下に花押を据え最後に充所を記す書式の文書を発給した。これが御判御教書であって、室町・戦国時代を通じて将軍の命を伝える最高の文書となったものである。これは御教書とはいうものの、奉書ではなく直状であることが注目される。すなわちここでは本来の御教書の意味が失われ、将軍の発給文書に対する敬称になったのである。ただし直状といっても、本文はすべて祐筆（奉行人）の手になるもので、花押は将軍みずからが据えるのが原則であるが、それも祐筆書きのものもみられる。

＊

将軍の直状としてはこれ以外に御内書がある。御内書は御判御教書に比べて非公式的なものであって、書止めは「…候也、（謹言）」、日付は年号を付さないというように（御判御教書は書

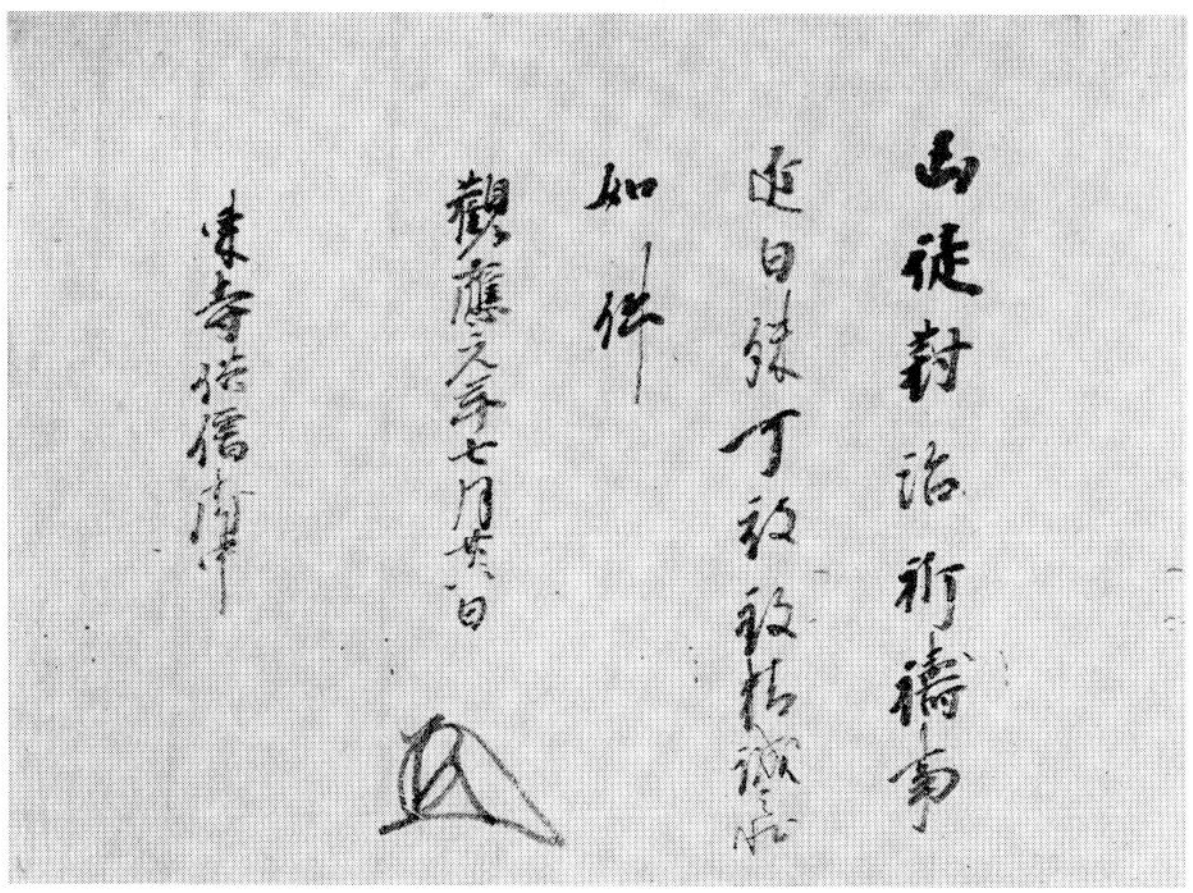

足利尊氏御判御教書（観応元年7月28日、『東寺百合文書』）
京都府立京都学・歴彩館所蔵

下年号）書状に近い。尊氏・義詮および義満の前半期には下文・下知状も用いられ、恩賞給付・訴訟の裁許・所領の安堵などの重要なことがらはこれらの文書で伝えられた。したがって御判御教書は軍勢催促・感状・祈禱命令その他の時限的効力しか有しないことがらに用いられた。しかし、義満の段階に、これまで朝廷が持っていた国家的租税の賦課・免除の権限をはじめ、公家寺社の訴訟の裁許、所領の安堵などの権限を接収、それと相前後して下文・下知状がほとんど使われなくなり、それらの権限は主として御判御教書に引き継がれた。かくして御判御教書は公家・武家を含む所領の安堵、課役免除、訴訟の裁許などを行う最高の文書となった。これらのことがらに用いられたのは御判御教書といっても奥署判あるいは袖判のもので、これは書式・形態を含めて下文あるいは下知状の系譜を引くものである。一方、これまで用いられた日下花押（署判）の御判御教書も引き続き中間的、手続的なことがらに用いられ、両者が相補って将軍の意を伝える文書として機能した。

これに対して、執事・管領をはじめ禅律方頭人・引付頭人が将軍の意を奉じて所務沙汰の遵行をはじめ比較的軽易なことがらについて発する文書があった。これは御判御教書と違って奉書形式の文書であった。しかし、まず禅律方が、ついで引付が廃止されるとともにそれらは管領の奉書に引き継がれていった。かくして管領奉書は同じく管領施行状とともに御判御教書につぐ幕府の重要な支配文書となった。

＊

しかし、御判御教書・管領奉書はほぼ応仁・文明の乱を境に少なくなり、代わって幕府奉行人が将軍の意を奉ずる奉行人奉書が多数みられるようになる。これには竪紙奉書と折紙奉書の二つがあった。竪紙奉書は主としてこれまでの御判御教書あるいは管領奉書の権限を引き継ぐもので、折紙奉書はそれ以外の文書を受け継ぐものであった。なお、室町幕府の文書についてはこれまでその概念規定がはなはだ曖昧で、この室町将軍家御教書についても慣例的にこの言葉が使われているだけで、これを厳密に規定したものはみられない。ここでは足利将軍とその仰を奉じた幕府の諸司の発給した御教書の総称として、そのなかには御判御教書、執事・管領奉書（施行状を含む）、禅律方頭人奉書、引付頭人奉書、奉行人奉書を含むものとしたが、古く室町将軍家御教書といえば、たとえば「将軍家（足利義満）御教書」という個々の文書名が付され、ここでいう管領奉書のことをいう場合が多い。また御判御教書についても、たとえば「将軍足利義満御教書」という文書名をつける場合もあり、はなはだ紛らわしい。それだけではなく、室町将軍家御教書という言葉にはいろいろと問題点があり、最近では室町幕府御教書という言葉が比較的多く使われている。しかしこの室町幕府御教書という言葉も必ずしも適切ではなく、管領奉書とするのが適当と考える。

＊

上述のことでも明らかなように、これまで室町将軍家御教書といった場合にはまず執事・管領奉書を、ついで御判御教書を指す場合が多いが、禅律方頭人奉書・引付頭人奉書・奉行人奉書はこれに含まれないのが普通である。しかし奉じたのが執事・管領か禅律方頭人・引付頭人・奉行人かの違いはあるものの、形式的にはいずれも将軍の意向を奉じたものであることは間違いがない。ここでそれらすべてを含めて室町将軍家御教書としたのはこのためである。しかし室町将軍家御教書という概念そのものが成立するかどうかについても疑問がある。

［参考文献］相田二郎『日本の古文書』、佐藤進一『古文書学入門』、上島有「室町幕府文書」（『日本古文書学講座』四所収）

（上島有）

Ⅱ　花押・印章図集

●五十音索引●

赤橋英時（あかはしひでとき）

鎌倉時代の武将、鎮西探題

生 ？

没 一三三三(正慶二・元弘三)

修理亮

赤橋英時花押

赤橋守時（あかはしもりとき）

鎌倉時代の武将、執権

生 ？

没 一三三三(正慶二・元弘三)

左近将監、讃岐守、武蔵守、相模守、(法)慈光院道本

赤橋守時花押

赤松則祐（あかまつそくゆう）

南北朝時代の武将

生 一三一一(応長元)

没 一三七一(応安四・建徳二)

帥律師妙善、(法)宝林寺自天妙善

赤松則祐花押

赤松範資（あかまつのりすけ）

南北朝時代の武将

生 ？

没 一三五一(観応二・正平六)

信濃守、(法)摸叟世範

赤松範資花押

赤松則村（あかまつのりむら）

鎌倉・南北朝時代の武将

生 一二七七(建治三)

没 一三五〇(観応元・正平五)

次郎、円心、(法)法雲寺月潭円心

赤松則村花押 (1)

赤松則村花押 (2)

赤松政則（あかまつまさのり）

室町時代後期の武将

生 一四五五(康正元)

没 一四九六(明応五)

次郎法師丸、兵部少輔、左京大夫、(法)松泉院無等性雲

赤松政則花押

赤松満祐（あかまつみつすけ）

室町時代前期の武将

生 一三七三(応安六・文中二)

没 一四四一(嘉吉元)

兵部少輔、左京大夫、大膳大夫、(法)性具

赤松満祐花押

赤松光範（あかまつみつのり）

南北朝時代の武将
生 一三二〇（元応二）
没 一三八一（永徳元・弘和元）
信濃守、（法）松林寺

赤松光範花押 (1)

赤松光範花押 (2)

赤松義則（あかまつよしのり）

南北朝・室町時代前期の武将
生 一三五八（延文三・正平十三）
没 一四二七（応永三十四）
（法）竜徳寺延齢性松

赤松義則花押 (1)

赤松義則花押 (2)

赤松義則花押 (3)

赤松義則花押 (4)

赤松義村（あかまつよしむら）

戦国時代の武将
生 一四七二（文明四）
没 一五二一（大永元）
道祖松丸、兵部少輔、（法）祥光院了堂性因

赤松義村花押

秋月種実（あきづきたねざね）

戦国・安土桃山時代の武将
生 一五四五（天文十四）
没 一五九六（慶長元）
黒帽子、筑前守、宗誾

秋月種実花押

明智光秀（あけちみつひで）

安土桃山時代の武将
生 ?
没 一五八二（天正十）
十兵衛、日向守、（法）秀岳宗光

明智光秀花押 (1)

明智光秀花押 (2)

明智光秀印

浅井亮政（あさいすけまさ）

戦国時代の武将
生 ?
没 一五四二（天文十一）
新三郎、備前守、（法）救外宗護

浅井亮政花押

浅井長政（あさいながまさ）

戦国時代の武将
生 一五四五（天文十四）
没 一五七三（天正元）
賢政、新九郎、備前守、（法）養源院天英宗清、文英一雄

浅井長政花押 (1)

浅井長政花押 (2)

朝倉貞景（あさくらさだかげ）

戦国時代の武将
生 一四七三（文明五）
没 一五一二（永正九）
孫次郎、弾正左衛門、（法）天沢宗清

朝倉貞景花押

朝倉孝景（あさくらたかかげ）

室町時代の武将
生 一四二八（正長元）
没 一四八一（文明十三）
小太郎、教景、繁景、敏景、孫右衛門尉、弾正左衛門尉、（法）英林宗雄

朝倉孝景花押 (1)

朝倉孝景花押 (2)

朝倉孝景（あさくらたかかげ）

戦国時代の武将
生 一四九三（明応二）
没 一五四八（天文十七）
孫次郎、弾正左衛門尉、（法）大岫宗淳

朝倉孝景花押

朝倉教景（あさくらのりかげ）

戦国時代の武将
生 一四七四（文明六）
没 一五五五（弘治元）
小太郎、太郎左衛門尉、金吾、照葉宗滴

朝倉教景花押

朝倉義景（あさくらよしかげ）

戦国時代の武将
生 一五三三（天文二）
没 一五七三（天正元）
延景、孫次郎、左衛門督、（法）松雲院大球宗光

朝倉義景花押 (1)

朝倉義景花押 (2)

朝倉義景印 (1)
「庸察監」

朝倉義景印 (2)
「義景」

浅野長晟（あさのながあきら）

江戸時代前期の大名
生 一五八六（天正十四）
没 一六三二（寛永九）
岩松、右兵衛佐、但馬守、（法）洞雲宗仙自得院

浅野長晟印
「長晟」

浅野長政（あさのながまさ）

安土桃山・江戸時代前期の大名
生 一五四七（天文十六）
没 一六一一（慶長十六）
長吉、弥兵衛尉、弾正少弼、（法）伝正院功山道忠

浅野長政花押(1)

浅野長政花押(2)

浅野長政花押(3)

浅野幸長（あさのよしなが）

安土桃山・江戸時代前期の大名
生 一五七六（天正四）
没 一六一三（慶長十八）
長満、長継、長慶、左京大夫、紀伊守、（法）清光院春翁宗雲

浅野幸長花押(1)

浅野幸長花押(2)

浅野幸長花押(3)

浅野幸長印
「幸長」

足利家時（あしかがいえとき）

鎌倉時代後期の武将
生 ？
没 ？
太郎、式部丞、伊予守、（法）報国寺殿義忠（義忍）

足利家時花押

足利氏満（あしかがうじみつ）

南北朝・室町時代の武将、鎌倉公方
生 一三五九（延文四・正平十四）
没 一三九八（応永五）
金王丸、左兵衛督、（法）永安寺壁山道全

足利氏満花押(1)

足利氏満花押(2)

足利貞氏（あしかがさだうじ）

鎌倉時代後期の武将
生 一二七三(文永十)
没 一三三一(元徳三・元弘元)
三郎、太郎、讃岐守、浄妙寺殿、(法)義観

足利貞氏花押(1)

足利貞氏花押(2)

足利成氏（あしかがしげうじ）

室町時代の武将、古河公方
生 一四三八(永享十)
没 一四九七(明応六)
永寿王丸、左馬頭、左兵衛督、(法)乾亨院久山道昌

足利成氏花押

足利尊氏（あしかがたかうじ）

室町幕府初代将軍(一三三八―五八)
生 一三〇五(嘉元三)
没 一三五八(延文三・正平十三)
又太郎、高氏、治部大輔、左兵衛督、武蔵守、参議、権大納言、(法)仁山妙義、等持院殿、長寿寺殿

足利尊氏花押(1)

足利尊氏花押(2)

足利尊氏印
「仁山」

足利高基（あしかがたかもと）

戦国時代の武将、古河公方
生 ?
没 一五三五(天文四)
亀王丸、高氏、左兵衛佐、(法)潜光院高山貴公

足利高基花押(1)

足利高基花押(2)

足利高基花押(3)

足利高基花押(4)

足利直冬（あしかがただふゆ）

南北朝時代の武将、長門探題、鎮西探題
生 ?
没 ?
左兵衛佐、慈恩寺殿、(法)玉渓道昭

足利直冬花押(1)

足利直冬花押(2)

足利直義（あしかがただよし）

南北朝時代の武将
生 一三〇六（徳治元）
没 一三五二（文和元・正平七）
忠義（忠国）、兵部大輔、左馬頭、相模守、左兵衛督、三条殿、錦小路殿、大休寺殿、恵源

足利直義花押(1)

足利直義花押(2)

足利直義花押(3)

足利直義花押(4)

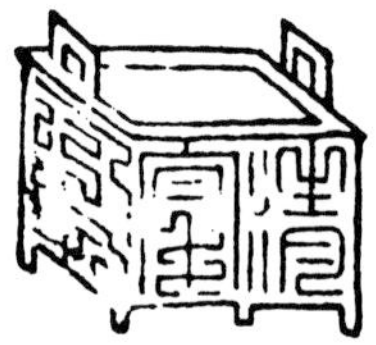
足利直義印(1)

足利直義印(2)
「古山」

足利晴氏（あしかがはるうじ）

戦国時代の武将、古河公方
生 ？
没 一五六〇（永禄三）
亀王丸、左兵衛督、（法）永仙院系山道統

足利晴氏花押(1)

足利晴氏花押(2)

足利政氏（あしかがまさうじ）

戦国時代の武将、古河公方
生 一四六六（文正元）
没 一五三一（享禄四）
左馬頭、（法）甘棠院吉山道長

足利政氏花押

足利政氏印
「吉」

足利政知（あしかがまさとも）

室町時代後期の武将、堀越公方
生 一四三五（永享七）
没 一四九一（延徳三）
左馬頭、左衛門督、（法）勝幢院九山

足利政知花押

足利満兼（あしかがみつかね）

室町時代前期の武将、鎌倉公方
生 一三七八（永和四・天授四）
没 一四〇九（応永十六）
左馬頭、左兵衛督、（法）勝光院泰岳道安

足利満兼花押(1)

足利満兼花押(2)

足利満貞（あしかがみつさだ）

室町時代前期の武将

生 ?

没 一四三九（永享十一）

足利満貞花押

足利満隆（あしかがみつたか）

室町時代前期の武将

生 ?

没 一四一七（応永二十四）

右衛門督、新御堂殿

足利満隆花押

足利満直（あしかがみつなお）

室町時代前期の武将

生 ?

没 一四四〇（永享十二）

足利満直花押

足利持氏（あしかがもちうじ）

室町時代前期の武将、鎌倉公方

生 一三九八（応永五）

没 一四三九（永享十一）

幸王丸、左馬頭、左兵衛督、（法）長春院楊山道継

足利持氏花押(1)

足利持氏花押(2)

足利持氏花押(3)

足利基氏（あしかがもとうじ）

南北朝時代の武将、鎌倉公方

生 一三四〇（暦応三・興国元）

没 一三六七（貞治六・正平二十二）

左馬頭、左兵衛督、（法）玉岩道昕

足利基氏花押

足利義明（あしかがよしあき）

戦国時代の武将

生 ?

没 一五三八（天文七）

雪下殿、右兵衛佐、空然、八正院

足利義明花押

足利義昭（あしかがよしあき）

室町幕府第十五代将軍（一五六八―七三）

生 一五三七（天文六）

没 一五九七（慶長二）

義秋、左馬頭、参議、左近衛権中将、権大納言、覚慶、昌山道休、（法）霊陽院昌山道休

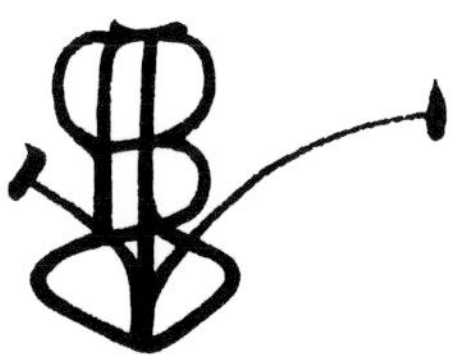

足利義昭花押(1)

足利義昭花押(2)

足利義昭花押(3)

足利義昭印
「義昭宝」

足利義詮（あしかがよしあきら）

室町幕府第二代将軍（一三五八—六七）
生 一三三〇（元徳二）
没 一三六七（貞治六・正平二十二）
千寿王、参議、左近中将、武蔵守、権大納言、坊門殿、（法）宝篋院瑞山道権

足利義詮花押（1）

足利義詮花押（2）

足利義氏（あしかがよしうじ）

鎌倉時代前期の武将
生 一一八九（文治五）
没 一二五四（建長六）
三郎、治部少輔、武蔵守、陸奥守、左馬頭、正義

足利義氏花押

足利義氏（あしかがよしうじ）

戦国時代の武将、古河公方
生 ？
没 一五八三（天正十一）
梅千代王丸、左馬頭、右兵衛佐、（法）香雲院殿長山周善

足利義氏花押（1）

足利義氏花押（2）

足利義氏花押（3）

足利義氏花押（4）

足利義氏印（1）
「大和」（二重捺印）

足利義氏印（2）
「大和」

足利義澄（あしかがよしずみ）

室町幕府第十一代将軍（一四九四—一五〇八）
生 一四八〇（文明十二）
没 一五一一（永正八）
義遐、義高、左馬頭、参議、左近衛中将、清晃、（法）法住院旭山清晃

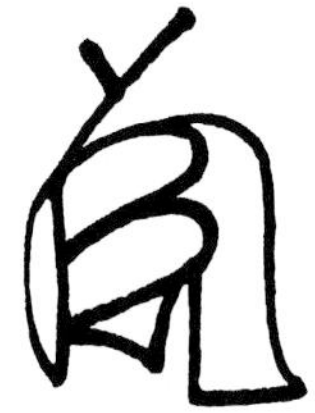

足利義澄花押（1）

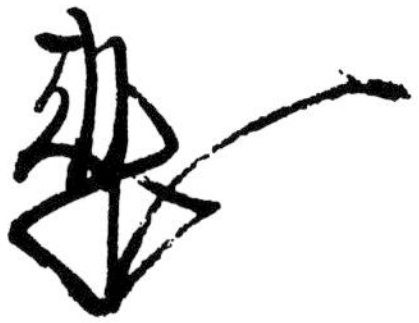

足利義澄花押（2）

足利義澄花押（3）

足利義稙（あしかがよしたね）

室町幕府第十代将軍（一四九〇―九三、一五〇八―二一）

生 一四六六（文正元）

没 一五二三（大永三）

義材、義尹、参議兼左中将、権大納言、（法）恵林院厳山道舜

足利義稙花押(1)

足利義稙花押(2)

足利義輝（あしかがよしてる）

室町幕府第十三代将軍（一五四六―六五）

生 一五三六（天文五）

没 一五六五（永禄八）

菊幢丸、義藤、左馬頭、参議、左近衛中将、（法）光源院融山道円

足利義輝花押

足利義教（あしかがよしのり）

室町幕府第六代将軍（一四二九―四一）

生 一三九四（応永元）

没 一四四一（嘉吉元）

義宣、左馬頭、参議、左近衛中将、権大納言、右近衛大将、内大臣、左大臣、義円、（法）普広院善山道恵

足利義教花押(1)

足利義教花押(2)

足利義晴（あしかがよしはる）

室町幕府第十二代将軍（一五二一―四六）

生 一五一一（永正八）

没 一五五〇（天文十九）

参議、左馬頭、権大納言、右近衛大将、（法）万松院曄山道照

足利義晴花押(1)

足利義晴花押(2)

足利義晴花押(3)

足利義尚（あしかがよしひさ）

室町幕府第九代将軍（一四七三―八九）

生 一四六五（寛正六）

没 一四八九（延徳元）

義熙、参議、左近衛中将、権大納言、内大臣、（法）常徳院悦山道治

足利義尚花押(1)

足利義尚花押(2)

足利義尚花押(3)

足利義政（あしかがよしまさ）

室町幕府第八代将軍（一四四九—七三）

生 一四三五（永享七）
没 一四九〇（延徳二）

三春、義成、左馬頭、参議、左近衛中将、権大納言、右近衛大将、内大臣、左大臣、東山殿、(法)慈照院喜山道慶

足利義政花押(1)

足利義政花押(2)

足利義視（あしかがよしみ）

室町時代後期の武将

生 一四三九（永享十一）
没 一四九一（延徳三）

左馬頭、参議兼左近衛中将、権大納言、今出川殿、義尋、道存、(法)大智院久山道存

足利義視花押

足利義満（あしかがよしみつ）

室町幕府第三代将軍（一三六八—九四）

生 一三五八（延文三・正平十三）
没 一四〇八（応永十五）

春王、左馬頭、参議兼左中将、権大納言、内大臣、左大臣、太政大臣、天山道有、天山道義、(法)鹿苑院天山道義

足利義満花押(1)

足利義満花押(2)

足利義満花押(3)

足利義満花押(4)

足利義満印(1)
「道有」

足利義満印(2)
「天山」

足利義満印(3)
「天山」

足利義持（あしかがよしもち）

室町幕府第四代将軍（一三九四—一四二三）

生 一三八六（至徳三・元中三）
没 一四二八（正長元）

参議、権中納言、権大納言兼右近衛大将、内大臣、道詮、(法)勝定院顕山道詮

足利義持花押(1)

足利義持花押(2)

蘆名盛氏（あしなもりうじ）

戦国時代の武将
生 一五二一（大永元）
没 一五八〇（天正八）
四郎丸、盛治、平四郎、平三郎、修理大夫、止々斎、(法)瑞雲院竹巌宗関大庵主

蘆名盛氏花押(1)

蘆名盛氏花押(2)

蘆名盛氏印
「止々斎」

阿蘇惟武（あそこれたけ）

南北朝時代の武将
生 ？
没 一三七七（永和三・天授三）
八郎次郎

阿蘇惟武花押

阿蘇惟時（あそこれとき）

南北朝時代の武将
生 ？
没 一三五三（文和二・正平八）

阿蘇惟時花押(1)

阿蘇惟時花押(2)

安達時顕（あだちときあき）

鎌倉時代後期の武将
生 ？
没 一三三三（正慶二・元弘三）
加賀兵衛尉、秋田城介、延明

安達時顕花押

安達泰盛（あだちやすもり）

鎌倉時代後期の武将
生 一二三一（寛喜三）
没 一二八五（弘安八）
城九郎、秋田城介、陸奥守、(法)覚真

安達泰盛花押

安達義景（あだちよしかげ）

鎌倉時代中期の武将
生 一二一〇（承元四）
没 一二五三（建長五）
城太郎、秋田城介、願智

安達義景花押

穴山梅雪（あなやまばいせつ）

戦国時代の武将
生 一五四一（天文十）
没 一五八二（天正十）
勝千代、彦六郎、信君、左衛門大夫、玄蕃頭、陸奥守、梅雪斎不白、(法)霊泉寺古道集公居士

穴山梅雪花押(1)

穴山梅雪花押(2)

穴山梅雪印(1)
「栄」

穴山梅雪印(2)
「怡斎図書」

尼子勝久（あまこかつひさ）

安土桃山時代の武将
生 一五五三（天文二二）
没 一五七八（天正六）
孫四郎

尼子勝久花押

尼子経久（あまこつねひさ）

戦国時代の武将
生 一四五八（長禄二）
没 一五四一（天文十）
又四郎、民部少輔、伊予守、(法)興国院月叟省心大居士

尼子経久花押

尼子晴久（あまこはるひさ）

戦国時代の武将
生 一五一四（永正十一）
没 一五六〇（永禄三）
詮久、三郎四郎、民部少輔、修理大夫、(法)天威心勢大居士

尼子晴久花押

尼子義久（あまこよしひさ）

戦国時代の武将
生 ？
没 一六一〇（慶長十五）
三郎四郎、右衛門督、友林、(法)大覚寺殿大円心覚大居士

尼子義久花押

有馬晴信（ありまはるのぶ）

安土桃山・江戸時代前期の大名
生 一五六七（永禄十）
没 一六一二（慶長十七）
十郎、鎮純、鎮貴、久賢、修理大夫

有馬晴信花押

有馬晴信印

安国寺恵瓊（あんこくじえけい）

安土桃山時代の臨済宗の僧、政治家
生 ？
没 一六〇〇（慶長五）
竹若丸、瑤甫、一任斎、正慶

安国寺恵瓊花押

安藤重信（あんどうしげのぶ）

江戸時代前期の大名、老中
生 一五五七（弘治三）
没 一六二一（元和七）
彦十郎、五左衛門尉、対馬守、（法）大誉良善栖岸院

安藤重信花押

安東蓮聖（あんどうれんしょう）

鎌倉時代後期の武士
生 一二三九（延応元）
没 一三二九（元徳元）
平右衛門入道、蓮性、五条

安東蓮聖花押

井伊直孝（いいなおたか）

江戸時代前期の大名
生 一五九〇（天正十八）
没 一六五九（万治二）
掃部助、掃部頭、（法）豪徳天英久昌院

井伊直孝花押(1)

井伊直孝花押(2)

井伊直孝花押(3)

井伊直政（いいなおまさ）

安土桃山時代の武将
生 一五六一（永禄四）
没 一六〇二（慶長七）
万千代、兵部少輔、（法）清涼泰安祥寿院

井伊直政花押

井伊直政印(1)

井伊直政印(2)

伊賀光宗（いがみつむね）

鎌倉時代前期の武将
生 一一七八（治承二）
没 一二五七（正嘉元）
二郎、左衛門尉、式部丞、光西

伊賀光宗花押

池田恒興

安土桃山時代の武将
生 一五三六（天文五）
没 一五八四（天正十二）
勝三郎、紀伊守、勝入、（法）護国院雄岳宗英大居士

池田恒興花押

池田輝政

安土桃山・江戸時代前期の大名
生 一五六四（永禄七）
没 一六一三（慶長十八）
古新、照政、三左衛門尉、（法）国清院泰叟玄高

池田輝政花押(1)

池田輝政花押(2)

池田光政

江戸時代前期の大名
生 一六〇九（慶長十四）
没 一六八二（天和二）
幸隆、新太郎、（諡）芳烈公

池田光政花押(1)

池田光政花押(2)

池田光政花押(3)

生駒一正

安土桃山・江戸時代前期の大名
生 一五五五（弘治元）
没 一六一〇（慶長十五）
三吉、讃岐守

生駒一正花押(1)

生駒一正花押(2)

生駒一正花押(3)

生駒親正

安土桃山時代の武将
生 一五二六（大永六）
没 一六〇三（慶長八）
甚助、正成、近世、近規、近親、（法）海依弘憲

生駒親正花押

石川家成

戦国・安土桃山時代の武将
生 一五三四（天文三）
没 一六〇九（慶長十四）
彦五郎、日向守

石川家成花押

石川家成印
「宝」

石田三成（いしだみつなり）

安土桃山時代の武将
生 一五六〇（永禄三）
没 一六〇〇（慶長五）
佐吉、三也、治部少輔、（法）江東院正岫因公大禅定門

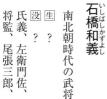

石田三成花押(1)

石田三成花押(2)

石田三成印(1)

石田三成印(2)
「藤原三成」

石塔義房（いしどうよしふさ）

南北朝時代の武将
生 ？
没 ？
宮内少輔四郎、義慶、秀慶

石塔義房花押

石塔頼房（いしどうよりふさ）

南北朝時代の武将
生 ？
没 ？
中務大輔、右馬頭

石塔頼房花押

石橋和義（いしばしかずよし）

南北朝時代の武将
生 ？
没 ？
氏義、左衛門佐、三河守、左近将監、尾張三郎、心勝

石橋和義花押

伊集院忠棟（いじゅういんただむね）

戦国・安土桃山時代の武将
生 ？
没 一五九九（慶長四）
忠金、源太、右衛門大夫、幸侃

伊集院忠棟花押

以心崇伝（いしんすうでん）

江戸時代前期の臨済宗の僧
生 一五六九（永禄十二）
没 一六三三（寛永十）
金地院崇伝、伝長老、（諡）円照本光国師

以心崇伝花押(1)

以心崇伝花押(2)

以心崇伝印(1)
「以心」

以心崇伝印(2)
「崇伝」

以心崇伝印(3)
「以心」

伊勢貞親（いせさだちか）

室町時代後期の武将
生 一四一七(応永二四)
没 一四七三(文明五)
七郎、兵庫助、備中守、伊勢守、聴松軒、(法)常慶悦堂聴松院

伊勢貞親花押

伊勢貞陸（いせさだみち）

室町時代後期の武将
生 ?
没 一五二一(大永元)
七郎、貞隆、兵庫頭、備中守、伊勢守、汲古斎、(法)常照光岳勝蓮院

伊勢貞陸花押(1)

伊勢貞陸花押(2)

伊勢貞陸花押(3)

伊勢貞宗（いせさだむね）

室町時代後期の武将
生 一四四四(文安元)
没 一五〇九(永正六)
七郎、兵庫頭、備中守、伊勢守、全室、常安、(法)金仙寺

伊勢貞宗花押

板倉勝重（いたくらかつしげ）

江戸時代前期の大名
生 一五四五(天文一四)
没 一六二四(寛永元)
甚平、四郎右衛門、伊賀守、香誉宗哲、(法)傑山源英長円寺

板倉勝重花押

板倉重昌（いたくらしげまさ）

江戸時代前期の大名
生 一五八八(天正一六)
没 一六三八(寛永一五)
宇右衛門、主水、内膳正、(法)剣峯源光撈月院

板倉重昌花押

板倉重宗（いたくらしげむね）

江戸時代前期の大名
生 一五八六(天正一四)
没 一六五六(明暦二)
重統、十三郎、五郎八、又右衛門、(法)秀峯源俊松雲院

板倉重宗花押(1)

板倉重宗花押(2)

一翁院豪（いちおういんごう）

鎌倉時代中期の臨済宗の僧

生 一二一〇（承元四）

没 一二八一（弘安四）

（諡）円明仏演禅師

一翁院豪花押(1)

一翁院豪花押(2)

一条兼良（いちじょうかねよし）

室町時代の公卿

生 一四〇二（応永九）

没 一四八一（文明十三）

権中納言、権大納言、右近衛大将、左近衛大将、内大臣、右大臣、左大臣、摂政、太政大臣、関白、桃華老人、三関老人、東斎、後成恩寺殿、覚恵

一条兼良花押(1)

一条兼良花押(2)

一条兼良印(1)
「兼良」

一条兼良印(2)
「桃花」

一条実経（いちじょうさねつね）

鎌倉時代中期の公卿

生 一二二三（貞応二）

没 一二八四（弘安七）

権中納言、右近衛中将、権大納言、左近衛大将、右大臣、左大臣、関白、摂政、行雅、行雄、行祚、円明寺殿

一条実経花押

一条経嗣（いちじょうつねつぐ）

南北朝・室町時代前期の公卿

生 一三五八（延文三・正平十三）

没 一四一八（応永二十五）

左近衛権中将、権中納言、左衛門督、権大納言、左近衛大将、内大臣、左大臣、関白、（法）成恩寺殿

一条経嗣花押

一条冬良（いちじょうふゆよし）

戦国時代の公卿

生 一四六四（寛正五）

没 一五一四（永正十一）

権中納言、右近衛大将、権大納言、内大臣、関白、太政大臣、（法）後妙華寺殿

一条冬良花押(1)

一条冬良花押(2)

一条能保（いちじょうよしやす）

鎌倉時代前期の公卿

生 一一四七（久安三）

没 一一九七（建久八）

参議、左兵衛督、権中納言、保蓮

一条能保花押

一休宗純（いっきゅうそうじゅん）

室町時代前期の臨済宗の僧
生 一三九四（応永元）
没 一四八一（文明十三）
周建、宗順、狂雲子

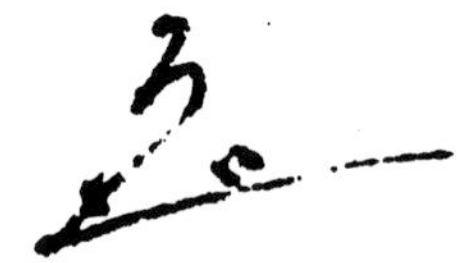

一休宗純花押

一休宗純印
「一休」

一山一寧（いっさんいちねい）

鎌倉時代後期の臨済宗の来朝僧
生 一二四七（淳祐七）
没 一三一七（文保元）
妙慈弘済大師

一山一寧花押

一山一寧印(1)
「一寧」

一山一寧印(2)
「一山」

一色詮範（いっしきあきのり）

室町時代前期の武将
生 ？
没 一四〇六（応永十三）
兵部少輔、右馬頭、左京大夫、信将、（法）長慶寺大勇信将

一色詮範花押(1)

一色詮範花押(2)

一色直氏（いっしきなおうじ）

南北朝時代の武将、九州探題
生 ？
没 ？
宮内少輔、右京権大夫

一色直氏花押(1)

一色直氏花押(2)

一色範氏（いっしきのりうじ）

南北朝時代の武将、九州探題
生 ？
没 一三六九（応安二・正平二十四）
宮内少輔、（法）大興寺殿古峯道猷

一色範氏花押

一色範光（いっしきのりみつ）

南北朝時代の武将
生 一三二五（正中二）
没 一三八八（嘉慶二・元中五）
五郎、右馬権頭、修理権大夫、信伝

一色範光花押

一絲文守（いっしもんじゅ）

江戸時代前期の臨済宗の僧

生 一六〇八（慶長十三）

没 一六四六（正保三）

桐江、丹山、（諡）定慧明光仏頂国師

一絲文守花押

一遍（いっぺん）

鎌倉時代中期の僧、時宗の開祖

生 一二三九（延応元）

没 一二八九（正応二）

松寿丸、随縁、智真、別府七郎左衛門通尚、（諡）円照大師、証誠大師

一遍花押

伊奈忠次（いなただつぐ）

江戸時代前期の大名

生 一五五〇（天文十九）

没 一六一〇（慶長十五）

能蔵、備前守

伊奈忠次印(1)

伊奈忠次印(2)
「竜福宝吉」

伊奈忠次印(3)
「忠次如意」

稲富一夢（いなどめいちむ）

江戸時代前期の砲術家

生 一五五二（天文二十一）

没 一六一一（慶長十六）

直家、祐直、伊賀守

稲富一夢花押(1)

稲富一夢花押(2)

稲葉一鉄（いなばいってつ）

戦国・安土桃山時代の武将

生 一五一六（永正十三）

没 一五八八（天正十六）

彦六、六郎、通以、通朝、貞通、長通、良通、右京亮、伊予守、（法）清光院一鉄宗勢

稲葉一鉄花押

稲葉正勝（いなばまさかつ）

江戸時代前期の大名、老中

生 一五九七（慶長二）

没 一六三四（寛永十一）

千熊、宇右衛門、丹後守、（法）紹大道号古隠

稲葉正勝花押(1)

稲葉正勝花押(2)

稲葉正勝花押(3)

猪苗代兼載（いなわしろけんさい）

室町時代後期の連歌師
生 一四五二（享徳元）
没 一五一〇（永正七）
宗春、相園坊、耕閑軒

猪苗代兼載花押(1)

猪苗代兼載花押(2)

井上正就（いのうえまさなり）

江戸時代前期の大名、老中
生 一五七七（天正五）
没 一六二八（寛永五）
半九郎、主計頭

井上正就花押

飯尾為種（いのおためたね）

室町時代の武士
生 ？
没 一四五八（長禄二）
肥前守、永祥

飯尾為種花押

飯尾元連（いのおもとつら）

室町時代の武士
生 一四三一（永享三）
没 一四九二（明応元）
左衛門尉、大和守、宗勝

飯尾元連花押

茨木長隆（いばらぎながたか）

戦国時代の武将
生 ？
没 ？
伊賀守

茨木長隆花押

今井宗薫（いまいそうくん）

安土桃山・江戸時代前期の茶人
生 一五五二（天文二十一）
没 一六二七（寛永四）
兼久、帯刀左衛門久胤、単丁斎

今井宗薫花押

今川氏（いまがわし）

今川氏印
「調」

今川氏真（いまがわうじざね）

戦国時代の武将
生 一五三八（天文七）
没 一六一四（慶長十九）
五郎、上総介、宗誾、（法）仙岩院殿豊山泰栄大居士

今川氏真花押(1)

今川氏真花押(2)

今川氏真花押(3)

今川氏真印(1)
「氏真」

今川氏真印(2)
「如律令」

今川氏親（いまがわうじちか）

戦国時代の武将

生 一四七三（文明五）
没 一五二六（大永六）

竜王丸、五郎、上総介、修理大夫、紹貴、紹僖、（法）増善寺喬山

今川氏親花押(1)

今川氏親花押(2)

今川氏親印(1)

今川氏親印(2)
「氏親」

今川氏親印(3)
「紹貴」

今川氏輝（いまがわうじてる）

戦国時代の武将

生 一五一三（永正十）
没 一五三六（天文五）

竜王丸、五郎

今川氏輝花押(1)

今川氏輝花押(2)

今川貞臣（いまがわさだおみ）

南北朝時代の武士

生 ？
没 ？

孫松丸、義範、治部少輔、陸奥守、左京大夫、伊予守、持妙院

今川貞臣花押(1)

今川貞臣花押(2)

今川貞世（いまがわさだよ）

南北朝時代の武将、九州探題、歌人

生 一三二六（嘉暦元）
没 ？

左京亮、伊予守、了俊

今川貞世花押

今川仲秋（いまがわなかあき）

南北朝時代の武将
生 ?
没 ?
国泰、頼泰、中務少輔、右衛門佐、仲高

今川仲秋花押(1)

今川仲秋花押(2)

今川範国（いまがわのりくに）

南北朝時代の武将
生 ?
没 一三八四(至徳元・元中元)
五郎、五郎入道、(法)定光寺悟庵心省

今川範国花押

今川範忠（いまがわのりただ）

室町時代前期の武将
生 一四〇八(応永十五)
没 ?
彦五郎、民部大輔、上総介、(法)宝処院不二全公

今川範忠花押

今川範政（いまがわのりまさ）

室町時代の武将、歌人
生 一三六四(貞治三・正平十九)
没 一四三三(永享五)
上総介、(法)今林寺慶堂道賀

今川範政花押

今川義忠（いまがわよしただ）

室町時代の武将
生 一四三六(永享八)
没 一四七六(文明八)
竜王丸、上総介、(法)長保寺桂山宗公

今川義忠花押

今川義元（いまがわよしもと）

戦国時代の武将
生 一五一九(永正十六)
没 一五六〇(永禄三)
治部大輔、梅岳承芳、(法)天沢寺秀峯哲公

今川義元花押(1)

今川義元花押(2)

今川義元印(1)
「承芳」

今川義元印(2)
「義元」

今川義元印(3)
「義元」

今川義元印(4)
「如律令」

今出川晴季（いまでがわはるすえ）

安土桃山・江戸時代前期の公卿
生 一五三九(天文八)
没 一六一七(元和三)
実維、権中納言、右近衛大将、権大納言、左近衛大将、内大臣、右大臣、(法)景光院月叟常空

今出川晴季花押

岩城貞隆（いわきさだたか）

安土桃山・江戸時代前期の大名
生 一五八三(天正十一)
没 一六二〇(元和六)
能化丸、忠次郎、(法)雲山宗竜徹霄院

岩城貞隆花押

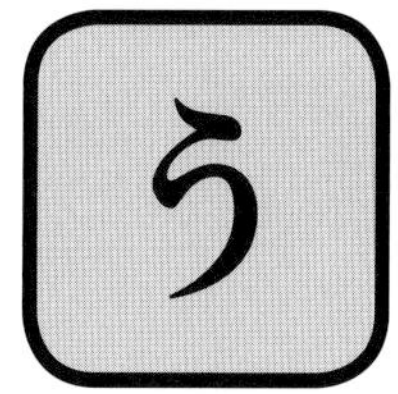

上杉顕定（うえすぎあきさだ）

室町時代後期の武将、関東管領
生 一四五四(享徳三)
没 一五一〇(永正七)
四郎、四郎入道、民部大輔、右馬頭、可諄、(法)海竜寺可諄皓峯

上杉顕定花押(1)

上杉顕定花押(2)

上杉氏憲（うえすぎうじのり）

室町時代前期の武将、関東管領
生 ?
没 一四一七(応永二十四)
右衛門佐、釈迦堂殿、禅秀

上杉氏憲花押

上杉景勝（うえすぎかげかつ）

安土桃山・江戸時代前期の大名
生 一五五五(弘治元)
没 一六二三(元和九)
卯松、顕景、喜平次、弾正少弼、左近衛権少将、参議、権中納言、中納言、(法)覚上院殿空山宗心大居士

上杉景勝花押(1)

上杉景勝花押(2)

上杉景勝花押(3)

上杉景勝花押(4)

上杉景勝花押(5)

上杉景勝花押(6)

上杉景勝印(1)
「円量」

上杉景勝印(2)
「立願勝軍地蔵
摩利支天飯縄明神」

上杉景勝印(3)
「摩利支天月天子勝軍地蔵」

上杉景勝印(4)
「阿弥陀日天弁才天」

上杉景勝印(5)
「森帰掌内」

上杉景勝印(6)
「虚空蔵竜」

上杉景勝印(7)
「森帰掌内」

上杉景勝印(8)
「森帰掌内」

上杉景虎（うえすぎかげとら）

戦国時代の武将

生 ?

没 一五七九（天正七）

三郎、（法）徳源院要山浄玄

上杉景虎花押(1)

上杉景虎花押(2)

上杉景虎印

上杉清方（うえすぎきよかた）

室町時代前期の武将

生 ?

没 一四四六（文安三）

兵庫頭、（法）最勝院笑中道日

上杉清方花押

上杉謙信（うえすぎけんしん）

戦国時代の武将、関東管領

生 一五三〇（享禄三）

没 一五七八（天正六）

虎千代、（長尾）景虎、（上杉）政虎、輝虎、平三、宗心、（法）不識院殿真光謙信

上杉謙信花押(1)

上杉謙信花押(2)

上杉謙信花押(3)

上杉謙信花押(4)

上杉謙信花押(5)

上杉謙信花押(6)

上杉謙信花押(7)

上杉謙信花押(8)

上杉謙信印(1)
「地帝妙」

上杉謙信印(2)

上杉謙信印(3)
「円量」

上杉謙信印(4)
「円量」

上杉謙信印(5)
「梅」

上杉謙信印(6)
「宝在心」

上杉謙信印(7)
「立願勝軍地蔵
摩利支天飯縄明神」

上杉謙信印(8)
「摩利支天月天子勝軍地蔵」

上杉謙信印(9)
「阿弥陀日天弁才天」

上杉定実（うえすぎさだざね）

戦国時代の武将

生 ?

没 一五五〇(天文十九)

兵庫頭、(法)永徳院天仲玄清

上杉定実花押

上杉定正（うえすぎさだまさ）

室町時代後期の武将
生 一四四三（嘉吉三）
没 一四九四（明応三）
修理大夫、範亭、（法）護国院大通範亭

上杉定正花押

上杉重能（うえすぎしげよし）

南北朝時代の武将
生 ？
没 一三四九（貞和五・正平四）
（法）報恩寺秀峯道宏

上杉重能花押

上杉清子（うえすぎせいし）

南北朝時代の女性
生 ？
没 一三四二（康永元・興国三）
錦小路殿、浄妙寺殿雪庭、（法）等持院、果証院殿

上杉清子花押

上杉朝興（うえすぎともおき）

戦国時代の武将
生 一四八八（長享二）
没 一五三七（天文六）
五郎、修理大夫、（法）道興

上杉朝興花押(1)

上杉朝興花押(2)

上杉朝定（うえすぎともさだ）

南北朝時代の武将
生 一三二一（元亨元）
没 一三五二（文和元・正平七）
左近将監、弾正少弼、（法）道禅

上杉朝定花押

上杉朝房（うえすぎともふさ）

南北朝時代の武将、関東管領
生 ？
没 一三九一（明徳二・元中八）
幸松丸、三郎、左馬助、中務少輔、弾正少弼

上杉朝房花押(1)

上杉朝房花押(2)

上杉朝宗（うえすぎともむね）

南北朝・室町時代前期の武将、関東管領
生 ？
没 一四一四（応永二十一）
幸若丸、修理亮、中務少輔、釈迦堂、禅助、（法）徳泉寺道元禅助

上杉朝宗花押

上杉朝良（うえすぎともよし）

室町時代の武将

生 ?

没 一五一八（永正十五）

五郎、治部少輔、（法）建芳

上杉朝良花押(1)

上杉朝良花押(2)

上杉憲顕（うえすぎのりあき）

南北朝時代の武将、関東管領

生 一三〇六（徳治元）

没 一三六八（応安元・正平二十三）

民部大輔、（法）国清寺殿桂山道昌

上杉憲顕花押(1)

上杉憲顕花押(2)

上杉憲方（うえすぎのりかた）

南北朝時代の武将、関東管領

生 一三三五（建武二）

没 一三九四（応永元）

左京亮、安房守、道合、（法）明月院天樹道合

上杉憲方花押

上杉憲定（うえすぎのりさだ）

南北朝・室町時代前期の武将、関東管領

生 一三七五（永和元・天授元）

没 一四一二（応永十九）

右京亮、安房守、佐々入道、（法）光照寺大全長基

上杉憲定花押(1)

上杉憲定花押(2)

上杉憲実（うえすぎのりざね）

室町時代前期の武将、関東管領

生 一四一〇（応永十七）

没 一四六六（文正元）

孔雀丸、四郎、安房守、（法）雲洞庵長棟高岩

上杉憲実花押(1)

上杉憲実花押(2)

上杉憲実印
「長棟」

上杉憲忠（うえすぎのりただ）

室町時代前期の武将、関東管領

生 一四三三（永享五）

没 一四五四（享徳三）

竜忠丸、右京亮、（法）興雲院長釣道洪

上杉憲忠花押

上杉憲春（うえすぎのりはる）

南北朝時代の武将、関東管領

生 ？

没 一三七九（康暦元・天授五）

左近将監、刑部大輔、（法）大沢院高源道珍

上杉憲春花押(1)

上杉憲春花押(2)

上杉憲房（うえすぎのりふさ）

戦国時代の武将、関東管領

生 一四六七（応仁元）

没 一五二五（大永五）

五郎、兵庫頭、（法）竜洞院大成道憲

上杉憲房花押(1)

上杉憲房花押(2)

上杉憲政（うえすぎのりまさ）

戦国時代の武将、関東管領

生 ？

没 一五七九（天正七）

五郎、憲当、（法）臨川寺立山光建

上杉憲政花押(1)

上杉憲政花押(2)

上杉憲政花押(3)

上杉憲政花押(4)

上杉憲基（うえすぎのりもと）

室町時代前期の武将、関東管領

生 一三九二（明徳三）

没 一四一八（応永二五）

右京亮、安房守、佐介殿、（法）宗徳院心元海印

上杉憲基花押(1)

上杉憲基花押(2)

上杉房能（うえすぎふさよし）

室町時代後期の武将

生 ？

没 一五〇七（永正四）

九郎、民部大輔、（法）双碧院陽室常朝

上杉房能花押

上杉持朝（うえすぎもちとも）

室町時代前期の武将

[生]一四一八（応永二五）

[没]一四六七（応仁元）

竹寿丸、三郎、弾正少弼、修理大夫、（法）広感院道朝

上杉持朝花押

上杉能憲（うえすぎよしのり）

南北朝時代の武将、関東管領

[生]一三三三（正慶二・元弘三）

[没]一三七八（永和四・天授四）

三郎、宅間修理亮、左衛門尉、兵部少輔、（法）報恩寺敬堂道謹

上杉能憲花押

宇喜多直家（うきたなおいえ）

戦国時代の武将

[生]一五二九（享禄二）

[没]一五八一（天正九）

八郎、（法）涼雲星友

宇喜多直家花押

宇喜多秀家（うきたひでいえ）

安土桃山時代の武将

[生]一五七二（元亀三）

[没]一六五五（明暦元）

八郎、家氏、参議、権中納言、休福

宇喜多秀家花押(1)

宇喜多秀家花押(2)

宇喜多秀家花押(3)

宇喜多秀家花押(4)

宇喜多秀家印
「豊臣秀家」

宇佐公房（うさのきみふさ）

平安後期・鎌倉時代前期の宇佐八幡宮神官

[生]？

[没]？

宇佐公房花押

氏家卜全（うじいえぼくぜん）

戦国・安土桃山時代の武将

[生]？

[没]一五七一（元亀二）

友国、直元、常陸介、貫心斎卜全

氏家卜全花押

宇都宮氏綱（うつのみやうじつな）

南北朝時代の武将

[生]一三二六（嘉暦元）

[没]一三七〇（応安三・建徳元）

加賀寿丸、四郎、下野守、伊予守、南齢庵、（法）元山禅綱

宇都宮氏綱花押

宇都宮国綱（うつのみやくにつな）

安土桃山時代の武将
生 一五六八（永禄十一）
没 一六〇七（慶長十二）
弥三郎、下野守、（法）大昌院心翁浄安

宇都宮国綱花押

宇都宮頼綱（うつのみやよりつな）

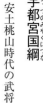

鎌倉時代前期の武将
生 一一七二（承安二）
没 一二五九（正元元）
弥三郎、実信房蓮生

宇都宮頼綱花押

浦上則宗（うらがみのりむね）

室町時代中期の武将
生 一四二九（永享元）
没 一五〇二（文亀二）
美作守

浦上則宗花押

卜部兼方（うらべのかねかた）

鎌倉時代中期の神道家
生 ？
没 ？

卜部兼方花押

卜部兼直（うらべのかねなお）

鎌倉時代前期の神道家
生 ？
没 ？
冷泉歌人

卜部兼直花押

運慶（うんけい）

鎌倉時代初期の仏師
生 ？
没 一二二三（貞応二）

運慶花押

雲章一慶（うんしょういっけい）

室町時代前期の臨済宗の僧
生 一三八六（至徳三・元中三）
没 一四六三（寛正四）
（諡）弘宗禅師

雲章一慶花押

え

永超（えいちょう）

平安時代中期の興福寺の僧
生 一〇一四（長和三）
没 一〇九五（嘉保二）

永超花押

栄朝（えいちょう）

鎌倉時代前期の臨済宗の僧

生 一一六五（永万元）

没 一二四七（宝治元）

釈円房

栄朝花押

益之宗箴（えきしそうしん）

室町時代の臨済宗の僧

生 一四一〇（応永十七）

没 一四八七（長享元）

益之宗箴印（1）
「益之」

益之宗箴印（2）
「帰来軒」

恵信尼（えしんに）

鎌倉時代の僧親鸞の妻

生 一一八二（寿永元）

没 ？

恵信尼花押

円観（えんかん）

鎌倉・南北朝時代の天台宗の僧

生 一二八一（弘安四）

没 一三五六（延文元・正平十一）

慧鎮、五朝戒師、（諡）慈威

円観花押

円爾（えんに）

鎌倉時代中・後期の臨済宗の僧

生 一二〇二（建仁二）

没 一二八〇（弘安三）

辯円、（諡）聖一国師

円爾花押

塩冶高貞（えんやたかさだ）

南北朝時代の武将

生 ？

没 一三四一（暦応四・興国二）

検非違使左衛門尉、隠岐守、近江守、塩冶判官、隠岐大夫判官、（法）頓覚

塩冶高貞花押

お

応其（おうご）

安土桃山時代の高野山の僧

生 一五三六（天文五）

没 一六〇八（慶長十三）

深覚、興山上人

応其花押

横川景三（おうせんけいさん）

室町時代後期の臨済宗の僧
生 一四二九（永享元）
没 一四九三（明応二）
小補、補庵、万年村僧

横川景三花押

大饗正虎（おおあえまさとら）

安土桃山時代の武将
生 一五二〇（永正十七）
没 一五九六（慶長元）
甚四郎、長左衛門尉、式部卿法印、楠長諳

大饗正虎花押

大内惟信（おおうちこれのぶ）

鎌倉時代前期の武将
生 ？
没 ？
帯刀長、駿河大夫判官、駿河左衛門大夫

大内惟信花押

大内輝弘（おおうちてるひろ）

戦国時代末期の武将
生 ？
没 一五六九（永禄十二）

大内輝弘花押

大内教弘（おおうちのりひろ）

室町時代前期の武将
生 一四二〇（応永二七）
没 一四六五（寛正六）
六郎、新介、左京大夫、大膳大夫、（法）闢雲寺殿大基教弘

大内教弘花押(1)

大内教弘花押(2)

大内教弘印(1)
「教弘」

大内教弘印(2)
「多々良教弘」

大内弘世（おおうちひろよ）

南北朝時代の武将
生 ？
没 一三八〇（康暦二・天授六）
孫太郎、周防権介、大内介、（法）正寿院玄峰道階

大内弘世花押(1)

大内弘世花押(2)

大内政弘（おおうちまさひろ）

戦国時代の武将
生 一四四六（文安三）
没 一四九五（明応四）
亀童丸、太郎、周防介、左京大夫、（法）法泉寺殿直翁真正

大内政弘花押

大内持世（おおうちもちよ）

室町時代前期の武将
生 一三九四（応永元）
没 一四四一（嘉吉元）
九郎、大内介、刑部少輔、修理大夫、（法）澄清寺殿道厳正弘

大内持世花押

大内盛見（おおうちもりみ）

室町時代中期の武将
生 一三七七（永和三・天授三）
没 一四三一（永享三）
六郎、（法）道雄、国清寺殿大先徳雄

大内盛見花押(1)

大内盛見花押(2)

大内義興（おおうちよしおき）

戦国時代の武将
生 一四七七（文明九）
没 一五二八（享禄元）
亀童丸、六郎、周防権介、左京大夫、（法）凌雲寺殿傑叟義秀

大内義興花押(1)

大内義興花押(2)

大内義興花押(3)

大内義興花押(4)

大内義興花押(5)

大内義隆（おおうちよしたか）

戦国時代の武将
生 一五〇七（永正四）
没 一五五一（天文二十）
亀童丸、周防介、左京大夫、侍従、兵部卿、（法）竜福寺殿瑞雲珠天

大内義隆花押(1)

大内義隆花押(2)

大内義隆花押(3)

大内義隆花押(4)

大内義隆印(1)
「大宰大弐」

大内義隆印(2)「日本国王之印」

大内義隆印(3)「多々良朝臣」

大内義長（おおうちよしなが）

戦国時代の武将

生 ？

没 一五五七(弘治三)

塩乙丸、晴英、八郎、周防介

大内義長花押(1)

大内義長花押(2)

大内義長花押(3)

大内義長印木印「左京兆亜中大夫多多良義長」

大内義弘（おおうちよしひろ）

室町時代前期の武将

生 一三五六(延文元・正平十一)

没 一三九九(応永六)

孫太郎、周防介、左京権大夫、梅窓、秀山仏実

大内義弘花押(1)

大内義弘花押(2)

大内義弘花押(3)

大内義弘花押(4)

大内義弘花押(5)

大江親広（おおえのちかひろ）

鎌倉時代前期の武将

生 ？

没 ？

左近将監、遠江守、武蔵守、(法)蓮阿

大江親広花押

大江広元（おおえのひろもと）

鎌倉幕府草創期の重臣

生 一一四八(久安四)

没 一二二五(嘉禄元)

左衛門大尉、検非違使、覚阿

大江広元花押(1)

大江広元花押(2)

大江広元花押(3)

大江広元花押(4)

大江広元花押(5)

大江広元花押(6)

大江匡房（おおえのまさふさ）

平安時代後期の政治家、漢文学者

生 一〇四一(長久二)

没 一一一一(天永二)

江都督、江帥、江大府卿、参議、権中納言、大宰権帥、大蔵卿

大江匡房花押

正親町天皇（おおぎまちてんのう）

一五五七―八六在位

生 一五一七(永正十四)

没 一五九三(文禄二)

方仁

正親町天皇花押

大久保忠佐（おおくぼただすけ）

江戸時代前期の大名

生 一五三七(天文六)

没 一六一三(慶長十八)

弥八郎、治右衛門、道喜、(法)日諦源僖院

大久保忠佐花押

大久保忠隣（おおくぼただちか）

江戸時代前期の大名、老中

生 一五五三(天文二十二)

没 一六二八(寛永五)

千丸、忠泰、新十郎、治部少輔、相模守、道白

大久保忠隣花押

大久保長安（おおくぼながやす）

江戸時代前期の武将

生 一五四五(天文十四)

没 一六一三(慶長十八)

藤十郎、十兵衛、石見守、(法)大安院殿正誉一的朝覚大居士

大久保長安花押(1)

大久保長安花押(2)

大久保長安印(1)「道」

大久保長安印(2)

大久保彦左衛門（おおくぼひこざえもん）
江戸時代前期の旗本
生 一五六〇（永禄三）
没 一六三九（寛永十六）
忠雄、忠教、平助、（法）日清

大久保彦左衛門花押

太田牛一（おおたぎゅういち）
安土桃山時代の武士、軍記作者
生 一五二七（大永七）
没 ？
（法）功源院静巌良栄

太田牛一花押

太田資正（おおたすけまさ）
戦国時代の武将
生 一五二二（大永二）
没 一五九一（天正十九）
美濃守、民部大輔、三楽斎道誉、（法）智正院嶽雲道瑞大居士

太田資正花押(1)

太田資正花押(2)

太田資宗（おおたすけむね）
江戸時代前期の大名
生 一六〇〇（慶長五）
没 一六八〇（延宝八）
康資、新六郎、摂津守、備中守、（法）道顕日応瑞華院

太田資宗花押

太田道灌（おおたどうかん）
室町時代の武将
生 一四三二（永享四）
没 一四八六（文明十八）
鶴千代、資長、左衛門大夫、備中守、（法）春苑道灌

太田道灌花押(1)

太田道灌花押(2)

大谷吉継（おおたによしつぐ）
安土桃山時代の武将
生 一五五九（永禄二）
没 一六〇〇（慶長五）
紀之介、刑部少輔

大谷吉継花押

大谷吉継印

大友氏時（おおともうじとき）
南北朝時代の武将
生 ？
没 一三六八（応安元・正平二十三）
宮松丸、刑部大輔、（法）吉祥寺殿神州天祐

大友氏時花押

大友貞載（おおともさだのり）

鎌倉後期・南北朝時代の武将

生 ？

没 一三三六（建武三・延元元）

阿多々丸、立花左近将監

大友貞載花押

大友貞宗（おおともさだむね）

鎌倉時代後期の武将

生 ？

没 一三三三（正慶二・元弘三）

孫太郎、左近将監、近江守、（法）顕孝寺殿直庵具簡

大友貞宗花押

大友宗麟（おおともそうりん）

戦国時代の武将、九州探題

生 一五三〇（享禄三）

没 一五八七（天正十五）

塩法師丸、義鎮、五郎、新太郎、左衛門督、円斎、三非斎、ドン＝フランシスコ、（法）瑞峰院殿瑞峰宗麟大居士

大友宗麟花押(1)

大友宗麟花押(2)

大友宗麟花押(3)

大友宗麟花押(4)

大友宗麟花押(5)

大友宗麟花押(6)

大友宗麟花押(7)

大友宗麟花押(8)

大友宗麟花押(9)

大友宗麟印(1)
「非」

大友宗麟印(2)
「非」

大友宗麟印(3)
「FRCO」

大友宗麟印(4)

大友宗麟印(5)
「IHS FRCO」

大友親世（おおともちかよ）

南北朝時代の武将
生 ？
没 一四一八（応永二五）
千代松丸、修理大夫、（法）瑞光寺殿勝幢祖高

大友親世花押(1)

大友親世花押(2)

大友義鑑（おおともよしあき）

戦国時代の武将
生 一五〇二（文亀二）
没 一五五〇（天文十九）
塩法師丸、親安、親敦、次郎、五郎、修理大夫、（法）到明寺殿松山紹康

大友義鑑花押(1)

大友義鑑花押(2)

大友義鑑花押(3)

大友義鑑花押(4)

大友能直（おおともよしなお）

鎌倉時代前期の武将
生 一一七二（承安二）
没 一二二三（貞応二）
一法師丸、豊前守、（法）勝光寺殿二豊太守能蓮大禅定門

大友能直花押

大友義統（おおともよしむね）

安土桃山時代の武将
生 一五五八（永禄元）
没 一六〇五（慶長十）
長寿丸、吉統、五郎、左兵衛督、豊後侍従、宗巌、中庵、コンスタンチノ、（法）法鐘院中庵宗巌

大友義統花押(1)

大友義統花押(2)

大友義統花押(3)

大友義統花押(4)

大友義統花押(5)

大友義統花押(6)

大友義統花押(7)

大友義統花押(8)

大友義統花押(9)

大友義統花押(10)

大友義統花押(11)

大友義統花押(12)

大友義統印

大友頼泰（おおともよりやす）

鎌倉時代後期の武将

生 一二二二(貞応元)

没 一三〇〇(正安二)

薬師丸、泰直、太郎、大炊助、丹後守、出羽守、兵庫頭、常楽寺、(法)道忍

大友頼泰花押(1)

大友頼泰花押(2)

大野治長（おおのはるなが）

安土桃山時代の武将

生 ？

没 一六一五(元和元)

修理亮

大野治長花押(1)

大野治長花押(2)

大村純忠（おおむらすみただ）

戦国時代の武将

生 一五三三(天文二)

没 一五八七(天正十五)

勝童丸、バルトロメウ、丹後守、民部大輔、理専、(法)純忠公円通院殿前戸部侍郎理仙日融大居士

大村純忠花押

大村由己（おおむらゆうこ）

安土桃山時代の儒僧、軍記作者

生 ？

没 一五九六（慶長元）

梅庵、藻虫斎

大村由己花押

小笠原貞宗（おがさわらさだむね）

南北朝時代の武将

生 一二九二（正応五）

没 一三四七（貞和三・正平二）

豊松丸、彦五郎、右馬介、治部大輔、信濃守、（法）泰山正宗

小笠原貞宗花押

小笠原貞慶（おがさわらさだよし）

安土桃山時代の武将

生 一五四六（天文十五）

没 一五九五（文禄四）

右近大夫、（法）以清宗得大隆寺

小笠原貞慶花押

小笠原貞慶印

小笠原長時（おがさわらながとき）

戦国時代の武将

生 一五一四（永正十一）

没 一五八三（天正十一）

信濃守護、大膳大夫、（法）麒翁正麟長時院

小笠原長時花押

小笠原長基（おがさわらながもと）

南北朝時代の武将

生 ？

没 ？

兵庫助、信濃守

小笠原長基花押

小笠原秀政（おがさわらひでまさ）

安土桃山・江戸時代初期の大名

生 一五六九（永禄十二）

没 一六一五（元和元）

幸松丸、貞政、上野介、信濃守、兵部大輔、（法）義叟宗玄両選院

小笠原秀政花押(1)

小笠原秀政花押(2)

小笠原秀政印(1)
「政」

小笠原秀政印(2)
「弌剣平天下」

小笠原秀政印(3)
「書」

小笠原秀政印(4)
「書」

大仏維貞（おさらぎこれさだ）

鎌倉時代後期の武将、連署
生 一二八六(弘安九)
没 一三二七(嘉暦二)
貞宗、式部少丞、右馬助、陸奥守、修理大夫、慈昭

大仏惟貞花押

大仏宗宣（おさらぎむねのぶ）

鎌倉時代後期の武将、執権
生 一二五九(正元元)
没 一三一二(正和元)
雅楽允、式部少丞、上野介、陸奥守、順昭

大仏宗宣花押

小田孝朝（おだたかとも）

南北朝・室町時代前期の武将
生 一三三七(建武四・延元二)
没 一四一四(応永二十一)
讃岐守、(法)宝昌院恵尊覚山

小田孝朝花押

織田長益（おだながます）

安土桃山・江戸時代前期の武将、茶人
生 一五四七(天文十六)
没 一六二一(元和七)
源五、源五郎、侍従、有楽斎如庵

織田長益花押(1)

織田長益花押(2)

織田長益花押(3)

織田長益花押(4)

織田信雄（おだのぶお）

安土桃山・江戸時代前期の武将
生 一五五八(永禄元)
没 一六三〇(寛永七)
茶箋丸、具豊、三介、侍従、左近衛権中将、権中納言、内大臣、常真、(法)徳源院実巌常真

織田信雄花押(1)

織田信雄花押(2)

織田信雄花押(3)

織田信雄花押(4)

織田信雄花押(5)

織田信雄花押(6)

織田信雄花押(7)

織田信雄印
「威加海内」

織田信孝（おだのぶたか）

安土桃山時代の武将
生 一五五八（永禄元）
没 一五八三（天正十一）
三七、三七郎、侍従、（法）高巌徳公

織田信孝花押(1)

織田信孝花押(2)

織田信孝花押(3)

織田信孝印(1)
「弌剣平天下」

織田信孝印(2)
「信孝」

織田信忠（おだのぶただ）

安土桃山時代の武将
生 一五五七（弘治三）
没 一五八二（天正十）
奇妙丸、菅九郎、左近衛権中将、（法）大雲院仙巌

織田信忠花押(1)

織田信忠花押(2)

織田信忠花押(3)

織田信長（おだのぶなが）

戦国・安土桃山時代の武将
生 一五三四（天文三）
没 一五八二（天正十）
吉法師、三郎、上総介、参議、権大納言兼右近衛大将、内大臣、右大臣、（法）総見院泰巌安公

織田信長花押(1)

織田信長花押(2)

織田信長花押(3)

織田信長花押(4)

織田信長花押(5)

織田信長花押(6)

織田信長花押(7)

織田信長花押(8)

織田信長花押(9)

織田信長花押(10)

織田信長花押(11)

織田信長花押(12)

織田信長花押(13)

織田信長印(1)
「天下布武」

織田信長印(2)
「天下布武」

織田信長印(3)
「天下布武」

織田信長印(4)
「天下布武」

織田信長印(5)
「宝」

織田信長印(6)

織田信秀（おだのぶひで）
戦国時代の武将
生一五一一（永正八）
没一五五二（天文二十一）
三郎、弾正忠、備後守、（法）桃巌道見

織田信秀花押

織田秀信（おだひでのぶ）

安土桃山時代の武将
生 一五八〇（天正八）
没 一六〇五（慶長十）
三法師、侍従、権中納言、（法）大善院圭巖松貞

織田秀信花押(1)

織田秀信花押(2)

小槻季継（おづきのすえつぐ）

鎌倉時代中期の官人
生 一一九二（建久三）
没 一二四四（寛元二）
官務、紀伊守、筑前守

小槻季継花押

小槻隆職（おづきのたかもと）

平安時代後期の官人
生 一一三五（保延元）
没 一一九八（建久九）
官務、伊賀守、修理大仏長官

小槻隆職花押(1)

小槻隆職花押(2)

小槻広房（おづきのひろふさ）

鎌倉時代前期の官人
生 ？
没 一二〇二（建仁二）
右大史、算博士、主税権助、日向守、官務、河内守、玄蕃頭、房蓮

小槻広房花押(1)

小槻広房花押(2)

小野道風（おののみちかぜ）

平安時代中期の書家
生 八九四（寛平六）
没 九六六（康保三）
非蔵人、木工頭、内蔵頭

小野道風花押

小幡景憲（おばたかげのり）

江戸時代前期の甲州流兵学者
生 一五七二（元亀三）
没 一六六三（寛文三）
熊千代、孫七郎、勘兵衛、（法）道牛

小幡景憲花押

小山朝政（おやまともまさ）

平安・鎌倉時代の武士
生 ？
没 一二三八（暦仁元）
小四郎、右兵衛尉、左右衛門尉、検非違使、下野守、生西

小山朝政花押

小山義政（おやまよしまさ）

南北朝時代の武将
生 ?
没 一三八二（永徳二・弘和二）
小四郎、五郎、左馬助、下野守、永賢

小山義政花押

か

快川紹喜（かいせんじょうき）

戦国・安土桃山時代の臨済宗の僧
生 ?
没 一五八二（天正十）
大通智勝（国師）

快川紹喜花押

快川紹喜印
「快川」

甲斐常治（かいつねはる）

室町時代前期の武将
生 ?
没 一四五九（長禄三）
八郎、美濃入道

甲斐常治花押

貝原益軒（かいばらえっけん）

江戸時代の儒学者、本草家
生 一六三〇（寛永七）
没 一七一四（正徳四）
篤信、子誠、助三郎、久兵衛、柔斎、損軒

貝原益軒印(1)
「貝原篤信」

貝原益軒印(2)
「子誠之印」

海北友松（かいほうゆうしょう）

安土桃山・江戸時代前期の画家
生 一五三三（天文二）
没 一六一五（元和元）
紹益

海北友松花押

雅縁（がえん）

鎌倉時代初期の興福寺の僧
生 一一三八（保延四）
没 一二二三（貞応二）
二条僧正

雅縁花押

覚恵（かくえ）

鎌倉時代の浄土真宗の僧
生 ?
没 一三〇七（徳治二）
光寿、宗恵、専証

覚恵花押

覚海（かくかい）

平安・鎌倉時代前期の真言宗の僧
生 一一四二（康治元）
没 一二二三（貞応二）
南証房、和泉法橋

覚海花押

覚憲（かくけん）

鎌倉時代初期の法相宗の僧
生 一一三一（天承元）
没 一二一二（建暦二）
壺坂僧正

覚憲花押

廓山（かくざん）

江戸時代初期の浄土宗の僧
生 一五七二（元亀三）
没 一六二五（寛永二）
一実、定蓮社正誉

廓山花押

覚恕（かくじょ）

戦国時代の天台宗の僧
生 一五二一（大永元）
没 一五七四（天正二）
金蓮院准后

覚恕花押

覚盛（かくじょう）

鎌倉時代の律宗の僧
生 一一九四（建久五）
没 一二四九（建長元）
学律房、窮情房、（諡）大悲菩薩

覚盛花押

覚信尼（かくしんに）

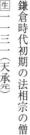

鎌倉時代の浄土真宗の尼僧
生 一二二四（元仁元）
没 一二八三（弘安六）
わうごぜん、兵衛督局

覚信尼花押(1)

覚信尼花押(2)

覚如（かくにょ）

鎌倉時代の浄土真宗の僧、本願寺創建者
生 一二七〇（文永七）
没 一三五一（観応二・正平六）
光仙、宗昭、毫摂

覚如花押

覚仁（かくにん）

平安時代末期の東大寺の僧
生 ？
没 ？

覚仁花押

覚鑁（かくばん）

平安時代後期の真言宗の僧
生 一〇九五（嘉保二）
没 一一四三（康治二）
（諡）自性大師、興教大師

覚鑁花押

覚法法親王（かくほうほっしんのう）

白河上皇の第四皇子
生 一〇九一（寛治五）
没 一一五三（仁平三）
高野御室、真行、行真

覚法法親王花押

葛西晴信（かさいはるのぶ）

戦国時代の武将
生 ？
没 ？
信清、左京大夫

葛西晴信印（1）

葛西晴信印（2）
「晴信」

花山院忠雅（かざんいんただまさ）

平安時代後期の公卿
生 一一二四（天治元）
没 一一九三（建久四）
参議、権中納言、右兵衛督、左兵衛督、中納言、権大納言、大納言、右近衛大将、内大臣、太政大臣、理覚、理智覚、覚智

花山院忠雅花押

花山院長親（かざんいんながちか）

南北朝・室町時代前期の公卿、歌人
生 ？
没 一四二九（永享元）
左衛門督、右近衛大将、内大臣、子晋明魏、耕雲

花山院長親花押

花山院師賢（かざんいんもろかた）

鎌倉時代後期の公卿
生 一三〇一（正安三）
没 一三三二（正慶元・元弘二）
参議、権中納言、右衛門督、弾正尹、権大納言、大納言、素貞、（諡）文貞公

花山院師賢花押

花山院師信（かざんいんもろのぶ）

鎌倉時代後期の公卿
生 一二七四（文永十一）
没 一三二一（元亨元）
後花山院内大臣、参議、権中納言、権大納言、兵部卿、春宮大夫、大納言、内大臣

花山院師信花押（1）

花山院師信花押（2）

峨山韶碩（がざんしょうせき）

南北朝時代の曹洞宗の僧

生 一二七五（建治元）

没 一三六六（貞治五・正平二十一）

峨山韶碩花押(1)

峨山韶碩花押(2)

勧修寺経顕（かじゅうじつねあき）

南北朝時代の公卿

生 一二九八（永仁六）

没 一三七三（応安六・文中二）

忠定、参議、右衛門督、権中納言、検非違使別当、左京大夫、権中納言、中納言、権大納言、内大臣

勧修寺経顕花押

勧修寺光豊（かじゅうじみつとよ）

江戸時代前期の公卿

生 一五七五（天正三）

没 一六一二（慶長十七）

参議、権中納言、権大納言

（法）真徴（真徹）

勧修寺光豊花押(1)

勧修寺光豊花押(2)

勧修寺光豊花押(3)

梶原景時（かじわらかげとき）

鎌倉時代前期の武将

生 ？

没 一二〇〇（正治二）

平三

梶原景時花押

春日局（かすがのつぼね）

徳川第三代将軍家光の乳母

生 一五七九（天正七）

没 一六四三（寛永二十）

お福、麟祥院、（法）麟祥院殿仁淵了義

春日局花押

片桐且元（かたぎりかつもと）

安土桃山・江戸時代初期の大名

生 一五五六（弘治二）

没 一六一五（元和元）

助作、直倫、直盛、且盛、東市正、（法）顕孝院殿東市令三英宗元居士

片桐且元花押

加藤清正（かとうきよまさ）

安土桃山・江戸時代前期の武将

生 一五六二（永禄五）

没 一六一一（慶長十六）

夜叉丸、虎之助、（法）浄池院殿永運日乗大居士

加藤清正花押(1)

加藤清正花押(2)

加藤清正花押(3)

加藤清正花押(4)

加藤清正印(1)
「履」

加藤清正印(2)
「履道応乾」

加藤清正印(3)

加藤清正印(4)

加藤忠広（かとうただひろ）

江戸時代前期の大名
生 一六〇一(慶長六)
没 一六五三(承応二)
虎之助、虎松、虎藤、肥後守、(法)帝光院殿澄誠覚日源、盛徳院殿最乗日源

加藤忠広印

加藤光泰（かとうみつやす）

安土桃山時代の武将
生 一五三七(天文六)
没 一五九三(文禄二)
作内、景教、遠江守、(法)剛園宗勝曹渓院

加藤光泰花押

加藤光泰印

加藤嘉明（かとうよしあき）

安土桃山・江戸時代前期の武将
生 一五六三(永禄六)
没 一六三一(寛永八)
茂勝、孫六、左馬助、侍従、(法)三明院宣興、松苑(寂)院殿拾遺道誉大禅定門

加藤嘉明花押(1)

加藤嘉明花押(2)

金森長近（かなもりながちか）

安土桃山・江戸時代前期の大名
生 一五二四(大永四)
没 一六〇八(慶長十三)
五郎八、可近、兵部卿法印素玄、(法)金竜院要仲素玄

金森長近花押(1)

金森長近花押(2)

金森可重（かなもりよししげ）

江戸時代前期の大名
生 一五五八（永禄元）
没 一六一五（元和元）
喜蔵、出雲守、雲峯閑公、（法）徳応院雲峯閑公

金森可重花押

金沢顕時（かねざわあきとき）

鎌倉時代の武将
生 一二四八（宝治二）
没 一三〇一（正安三）
時方、越後四郎、越後入道、赤橋殿、左近大夫将監、越後守、恵日

金沢顕時花押

金沢貞顕（かねざわさだあき）

鎌倉時代末期の武将、執権
生 一二七八（弘安元）
没 一三三三（正慶二・元弘三）
左近将監、中務大輔、越後守、右馬権頭、武蔵守、修理権大夫、谷殿、崇顕

金沢貞顕花押(1)

金沢貞顕花押(2)

金沢実時（かねざわさねとき）

鎌倉時代中期の武将
生 一二二四（元仁元）
没 一二七六（建治二）
太郎、陸奥掃部助、越後守、称名寺殿、金沢侍所、正慧

金沢実時花押

金沢実政（かねざわさねまさ）

鎌倉時代の武将、鎮西探題
生 一二四九（建長元）
没 一三〇二（乾元元）
前上総介、上総前司

金沢実政花押

懐良親王（かねよししんのう）

後醍醐天皇の皇子
生 ？
没 一三八三（永徳三・弘和三）

懐良親王花押

狩野永徳（かのうえいとく）

安土桃山時代の画家
生 一五四三（天文十二）
没 一五九〇（天正十八）
州信（重信）、源四郎

狩野永徳花押

狩野山楽（かのうさんらく）

安土桃山・江戸時代前期の画家
生 一五五九（永禄二）
没 一六三五（寛永十二）
平三、光頼、修理亮

狩野山楽花押

狩野元信（かのうもとのぶ）

室町・戦国時代の画家
生 一四七六（文明八）
没 一五五九（永禄二）
四郎二郎、大炊助、越前守、法眼、（法）善巧院元信法眼日到大居士

狩野元信花押

上泉信綱（かみいずみのぶつな）

戦国時代の剣術家、軍敗家
生 ？
没 一五七三（天正元）
秀綱、伊勢守、武蔵守

上泉信綱花押

亀井茲矩（かめいこれのり）

安土桃山・江戸時代初期の大名
生 一五五七（弘治三）
没 一六一二（慶長十七）
之子、真矩、新十郎、武蔵守、琉球守、（法）中山道月大居士

亀井茲矩花押

亀井茲矩印(1)
「宝畜」

亀井茲矩印(2)

亀井政矩（かめいまさのり）

江戸時代前期の大名
生 一五九〇（天正十八）
没 一六一九（元和五）
新十郎、右兵衛佐、豊前守、（法）悟叟浄頓大居士

亀井政矩花押(1)

亀井政矩花押(2)

亀井政矩花押(3)

蒲生氏郷（がもううじさと）

安土桃山時代の武将
生 一五五六（弘治二）
没 一五九五（文禄四）
鶴千代、賦秀、忠三郎、飛騨守、侍従、左近衛少将、レオン、（法）昌林院殿高岩忠公大禅定門

蒲生氏郷花押(1)

蒲生氏郷花押(2)

蒲生氏郷花押(3)

蒲生賢秀（がもうかたひで）

戦国・安土桃山時代の武将
生 一五三四（天文三）
没 一五八四（天正十二）
左兵衛大夫、（法）天英恵林大徳

蒲生賢秀花押(1)

蒲生賢秀花押(2)

蒲生忠知

江戸時代前期の大名

生 一六〇五（慶長十）

没 一六三四（寛永十一）

鶴松丸、中務大輔、侍従、（法）興聖院殿華岳宗栄居士

蒲生忠知印

蒲生秀行

安土桃山・江戸時代初期の大名

生 一五八三（天正十一）

没 一六一二（慶長十七）

鶴千代、秀隆、藤三郎、飛騨守、侍従、（法）弘真院殿前拾遺覚山静雲

蒲生秀行花押

蒲生秀行印(1)
「秀隆」

蒲生秀行印(2)
「秀行」

烏丸豊光

室町時代前期の公卿

生 一三七八（永和四・天授四）

没 一四二九（永享元）

参議、権中納言、左衛門督、検非違使別当、祐通、（法）乗林院殿

烏丸豊光花押

烏丸光広

江戸時代前期の公卿

生 一五七九（天正七）

没 一六三八（寛永十五）

参議、左大弁、権中納言、権大納言、（法）法雲院泰翁宗山

烏丸光広花押(1)

烏丸光広花押(2)

烏丸光康

戦国・安土桃山時代の公卿

生 一五一三（永正十）

没 一五七九（天正七）

参議、左大弁、権中納言、権大納言、（法）後蓮光院了覚

烏丸光康花押

河尻秀隆

戦国・安土桃山時代の武将

生 一五二七（大永七）

没 一五八二（天正十）

重遠、重吉（鎮吉）、与兵衛、肥前守、（法）長蔵寺殿洞水端雲

河尻秀隆印

閑室元佶

安土桃山・江戸時代前期の臨済宗の僧

生 一五四八（天文十七）

没 一六一二（慶長十七）

佶長老、三要

閑室元佶花押(1)

閑室元佶花押(2)

閑室元佶印(1)
「元佶」

閑室元佶印(2)
「元吉」

閑室元佶印(3)
「復斎」

閑室元佶印(4)
「閑室」

閑室元佶印(5)

寛助(かんじょ)

平安時代後期の真言宗の僧
生 一〇五七(天喜五)
没 一一二五(天治二)
法関白、成就院大僧正

寛助花押

寛信(かんしん)

平安時代後期の真言宗の僧
生 一〇八五(応徳二)
没 一一五三(仁平三)

寛信花押

観世信光(かんぜのぶみつ)

室町時代の能役者、能作者
生 一四三五(永享七)
没 一五一六(永正十三)
小次郎、次郎、宗松

観世信光花押

観世元忠(かんぜもとただ)

戦国・安土桃山時代の能役者
生 一五〇九(永正六)
没 一五八三(天正十一)
左近、一安斎宗節

観世元忠花押

寛遍(かんぺん)

平安時代末期の真言宗の僧
生 一一〇〇(康和二)
没 一一六六(仁安元)
尊勝院大僧正、忍辱山大僧正

寛遍花押

甘露寺親長(かんろじちかなが)

室町時代後期の公卿
生 一四二四(応永三十一)
没 一五〇〇(明応九)
参議、権中納言、権大納言、蓮空

甘露寺親長花押(1)

甘露寺親長花押(2)

甘露寺親長花押(3)

き

規庵祖円（きあんそえん）

鎌倉時代後期の臨済宗の僧

[生] 一二六一（弘長元）

[没] 一三一三（正和二）

（諡）南院国師

規庵祖円花押

義演（ぎえん）

安土桃山・江戸時代初期の真言宗の僧

[生] 一五五八（永禄元）

[没] 一六二六（寛永三）

義演花押

菊池重朝（きくちしげとも）

室町時代の武将

[生] 一四四九（宝徳元）

[没] 一四九三（明応二）

藤菊丸、月松屋形（館）、（法）梅屋祥英

菊池重朝花押

菊池武重（きくちたけしげ）

南北朝時代の武将

[生] ？

[没] ？

次郎、肥後守、（法）観喜

菊池武重花押

菊池武時（きくちたけとき）

鎌倉時代後期の武将

[生] ？

[没] 一三三三（正慶二・元弘三）

正竜丸、次郎、（法）寂阿

菊池武時花押

菊池武敏（きくちたけとし）

南北朝時代の武将

[生] ？

[没] ？

掃部助、（法）空阿

菊池武敏花押

菊池武朝（きくちたけとも）

南北朝時代後期の武将

[生] 一三六三（貞治二・正平十八）

[没] 一四〇七（応永十四）

賀々丸、武興、右京大夫、（法）玄徹常朝

菊池武朝花押(1)

菊池武朝花押(2)

菊池武朝花押(3)

菊池武朝花押(4)

菊池武政（きくちたけまさ）

南北朝時代の武将

生 一三四二(康永元・興国三)

没 一三七四(応安七・文中三)

次郎、(法)志行

菊池武政花押

菊池武光（きくちたけみつ）

南北朝時代の武将

生 ?

没 一三七三(応安六・文中二)

豊田十郎、肥後守、(法)聖厳

菊池武光花押

菊池為邦（きくちためくに）

室町時代の武将

生 一四三〇(永享二)

没 一四八八(長享二)

犬丸、(法)尖活仍勢居士

菊池為邦花押(1)

菊池為邦花押(2)

菊池為邦花押(3)

菊池為邦花押(4)

菊池為邦花押(5)

菊池能運（きくちよしかず）

室町時代後期の武将

生 一四八二(文明十四)

没 一五〇四(永正元)

宮菊丸、武運、(法)儀天明綱

菊池能運花押(1)

菊池能運花押(2)

季弘大叔（きこうだいしゅく）

室町時代の臨済宗の僧
生 一四二一（応永二八）
没 一四八七（長享元）
竹谷、蕉庵、蕉軒

季弘大叔花押

木沢長政（きざわながまさ）

戦国時代の武将
生 ？
没 一五四二（天文十一）
左京亮

木沢長政花押

希世霊彦（きせいれいげん）

室町時代の五山文学僧
生 一四〇三（応永十）
没 一四八八（長享二）
村庵、（諡）慧鑑明照禅師

希世霊彦印（1）
「希世有」

希世霊彦印（2）
「希世」

希世霊彦印（3）
「希世」

希世霊彦印（4）
「邨菴子」

希世霊彦印（5）
「霊彦」

亀泉集証（きせんしゅうしょう）

室町時代中期の臨済宗の僧
生 一四二四（応永三十一）
没 一四九三（明応二）
松泉、（老人）

亀泉集証花押

木曽義昌（きそよしまさ）

安土桃山時代の武将
生 ？
没 一五九五（文禄四）
伊予守、左馬頭、玄徹、（法）玉山東禅寺

木曽義昌印（1）

木曽義昌印（2）

北畠顕家（きたばたけあきいえ）

南北朝時代の公卿、武将
生 一三一八（文保二）
没 一三三八（暦応元・延元三）
参議、左近衛中将、陸奥守、鎮守府将軍、右衛門督、検非違使別当、権中納言

北畠顕家花押（1）

北畠顕家花押（2）

北畠顕信（きたばたけあきのぶ）

南北朝時代の武将

生 ？

没 ？

近衛中将、陸奥介、鎮守府将軍

北畠顕信花押(1)

北畠顕信花押(2)

北畠顕信花押(3)

北畠顕能（きたばたけあきよし）

南北朝時代の武将

生 ？

没 ？

権大納言、准后

北畠顕能花押

北畠親房（きたばたけちかふさ）

鎌倉時代末期・南北朝時代の公卿

生 一二九三(永仁元)

没 一三五四(文和三・正平九)

参議、左近衛中将、左兵衛督、検非違使別当、権中納言、中納言、右衛門督、権大納言、大納言、宗玄、覚空

北畠親房花押(1)

北畠親房花押(2)

北畠親房花押(3)

北畠親房花押(4)

北畠具教（きたばたけとものり）

戦国時代の武将

生 一五二八(享禄元)

没 一五七六(天正四)

参議、権中納言

北畠具教花押

吉川経家（きっかわつねいえ）

安土桃山時代の武将

生 一五四七(天文十六)

没 一五八一(天正九)

千熊丸、小太郎、式部少輔、(法)平等院前吏部寂輔空心大禅定門

吉川経家花押

吉川広家（きっかわひろいえ）

安土桃山時代の武将

生 一五六一(永禄四)

没 一六二五(寛永二)

才寿丸、経言、次郎五郎、又次郎、民部少輔、蔵人、如券、如兼、(法)全光院中巌如兼

吉川広家花押(1)

吉川広家花押(2)

吉川広家花押(3)

吉川広家花押(4)

吉川広家花押(5)

吉川広家花押(6)

吉川広家花押(7)

吉川広家花押(8)

吉川広家花押(9)

吉川元長（きつかわもとなが）

安土桃山時代の武将
生 一五四八（天文十七）
没 一五八七（天正十五）
鶴寿丸、元資、少輔次郎、治部少輔、（法）万徳院中翁空山

吉川元長花押(1)

吉川元長花押(2)

吉川元春（きつかわもとはる）

戦国時代の武将
生 一五三〇（享禄三）
没 一五八六（天正十四）
少輔次郎、治部少輔、駿河守、（法）随浪院海翁正恵

吉川元春花押(1)

吉川元春花押(2)

吉川元春花押(3)

吉川元春花押(4)

吉川元春花押(5)

義天玄詔（ぎてんげんしょう）

室町時代前期の臨済宗の僧
生 一三九三(明徳四)
没 一四六二(寛正三)
明詔、玄承、(諡)大慈慧光

義天玄詔花押

義堂周信（ぎどうしゅうしん）

南北朝時代の五山文学僧
生 一三二五(正中二)
没 一三八八(嘉慶二・元中五)
空華道人

義堂周信花押

義堂周信印
「義堂」

木下家定（きのしたいえさだ）

安土桃山時代の武将
生 一五四三(天文十二)
没 一六〇八(慶長十三)
肥後守、中納言、浄英、(法)常光院殿茂叔浄英法印

木下家定花押

木下家定印(1)

木下家定印(2)

木下家定印(3)
「栄」

木下家定印(4)

木下長嘯子（きのしたちょうしょうし）

安土桃山・江戸時代前期の雅人
生 一五六九(永禄十二)
没 一六四九(慶安二)
勝俊、式部大輔、若狭守、少将、(法)天哉長嘯大成院

木下長嘯子花押(1)

木下長嘯子花押(2)

京極高次（きょうごくたかつぐ）

安土桃山時代の武将
生 一五六三(永禄六)
没 一六〇九(慶長十四)
小法師、小兵衛、若狭守、参議、(法)泰雲院殿徹宗道閑

京極高次花押

京極高知(きょうごくたかとも)

安土桃山・江戸時代前期の大名
生 一五七二(元亀三)
没 一六二二(元和八)
長寿、生双、修理亮、修理大夫、丹後守、羽柴伊奈侍従、ジョアン、(法)瑞泰院真巌道可

京極高知花押(1)

京極高知花押(2)

京極高知花押(3)

京極高知花押(4)

京極高知花押(5)

京極高知花押(6)

京極高知印(1)
「福」

京極高知印(2)

京極忠高(きょうごくただたか)

江戸時代前期の大名
生 一五九三(文禄二)
没 一六三七(寛永十四)
若狭守、左近衛権少将、(法)玄要寺殿天慶道長

京極忠高花押

京極為兼(きょうごくためかね)

鎌倉時代後期の公卿、歌人
生 一二五四(建長六)
没 一三三二(正慶元・元弘二)
参議、右兵衛督、右衛門督、権中納言、権大納言、蓮覚、静覚

京極為兼花押(1)

京極為兼花押(2)

京極為兼花押(3)

京極持清(きょうごくもちきよ)

室町時代の武将
生 一四〇七(応永十四)
没 一四七〇(文明二年)
生観、(法)宝生寺月林生観

京極持清花押

教如（きょうにょ）

本願寺第十二世

生 一五五八（永禄元）

没 一六一四（慶長十九）

茶々丸、光寿、信浄院

教如花押(1)

教如花押(2)

巧如（ぎょうにょ）

本願寺第六世

生 一三七六（永和二・天授二）

没 一四四〇（永享十二）

光多賀麿、玄康、大納言、証定閣

巧如花押

凝然（ぎょうねん）

鎌倉時代の東大寺の学僧

生 一二四〇（仁治元）

没 一三二一（元亨元）

示観房

凝然花押

堯然入道親王（ぎょうねんにゅうどうしんのう）

後陽成天皇の第六皇子

生 一六〇二（慶長七）

没 一六六一（寛文元）

六宮、常嘉、（諡）慈音院

堯然入道親王花押(1)

堯然入道親王花押(2)

行遍（ぎょうへん）

鎌倉時代の真言宗の僧

生 一一八一（養和元）

没 一二六四（文永元）

三河僧正、尊勝院僧正

行遍花押

岐陽方秀（ぎようほうしゅう）

室町時代前期の五山文学僧

生 一三六一（康安元・正平十六）

没 一四二四（応永三十一）

岐山、琴川、不二道人

岐陽方秀花押

玉畹梵芳（ぎょくえんぼんぽう）

室町時代前期の臨済宗の僧

生 一三四八（貞和四・正平三）

没 ？

玉桂

玉畹梵芳印(1)
「梵芳」

玉畹梵芳印(2)
「玉畹」

玉畹梵芳印(3)
「少林」

玉畹梵芳印(4)
「知足軒」

玉畹梵芳印(5)

玉畹梵芳印(6)

玉畹梵芳印(7)

玉畹梵芳印(8)
「梵芳」

玉畹梵芳印(9)

玉畹梵芳印(10)
「玉畹」

玉畹梵芳印(11)
「少林」

玉畹梵芳印(12)
「少林」

玉畹梵芳印(13)
「釈印」

玉畹梵芳印(14)

玉畹梵芳印(15)
「玉畹」

玉畹梵芳印(16)
「玉畹」

玉畹梵芳印(17)
「少林」

玉畹梵芳印(18)

清原国賢（きよはらのくにかた）
安土桃山・江戸時代初期の儒学者
生 一五四四（天文十三）
没 一六一四（慶長十九）

清原国賢花押

清原国賢印
「国賢」

清原業忠（きよはらのなりただ）
室町時代前期の儒学者
生 一四〇九（応永十六）
没 一四六七（応仁元）
良宣、環翠軒、常忠

清原業忠花押

清原宣賢（きよはらののぶかた）
戦国時代の儒学者
生 一四七五（文明七）
没 一五五〇（天文十九）
環翠軒、宗尤

清原宣賢花押

清原教隆（きよはらののりたか）
鎌倉時代中期の儒学者
生 一一九九（正治元）
没 一二六五（文永二）
仲光

清原教隆花押

清原良賢（きよはらのよしかた）
南北朝時代の儒学者
生 ？
没 一四三二（永享四）
文翁、常宗

清原良賢花押

清原頼業（きよはらのよりなり）
平安時代後期の儒学者
生 一一二二（保安三）
没 一一八九（文治五）
顕長、頼滋

清原頼業花押

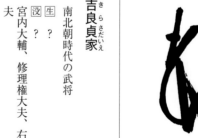

吉良貞家（きらさだいえ）
南北朝時代の武将
生 ？
没 ？
宮内大輔、修理権大夫、右京大夫

吉良貞家花押(1)

吉良貞家花押(2)

吉良貞家花押(3)

吉良貞家花押(4)

吉良貞家花押(5)

吉良満貞（きらみつさだ）

南北朝時代の武将
生 ?
没 一三八四(至徳元・元中元)
上総三郎、治部大輔、左兵衛佐、省堅

吉良満貞花押(1)

吉良満貞花押(2)

吉良満義（きらみつよし）

南北朝時代の武将
生 ?
没 一三五六(延文元・正平十一)
三郎、左兵衛佐、中務大輔、左京大夫、寂光寺

吉良満義花押(1)

吉良満義花押(2)

く

空谷明応（くうこくみょうおう）

南北朝・室町時代初期の五山文学僧
生 一三二八(嘉暦三)
没 一四〇七(応永十四)
孫太郎、若虚、(諡)仏日常光国師

空谷明応花押

空谷明応印
「空谷」

九鬼守隆（くきもりたか）

安土桃山・江戸時代前期の大名
生 一五七三(天正元)
没 一六三二(寛永九)
友隆、光隆、長門守、(法)心月善光松嶽院

九鬼守隆花押(1)

九鬼守隆花押(2)

九鬼嘉隆（くきよしたか）

安土桃山時代の武将
生 一五四二(天文十一)
没 一六〇〇(慶長五)
右馬允、大隅守、(法)隆興寺殿泰叟常安

九鬼嘉隆花押

九条兼実（くじょうかねざね）

平安・鎌倉時代初期の公卿
生 一一四九(久安五)
没 一二〇七(承元元)
月輪殿、後法性寺殿、播磨介、権中納言、右近衛大将、権大納言、内大臣、左近衛大将、右大臣、太政大臣、摂政、関白、円証

九条兼実花押(1)

九条兼実花押(2)

九条稙通（くじょうたねみち）

戦国・安土桃山時代の公卿
生 一五〇七(永正四)
没 一五九四(文禄三)
権中納言、権大納言、左近衛大将、内大臣、関白、行空、恵空、玖山、江南漢翁、(法)東光院殿

九条稙通花押

九条経教（くじょうつねのり）

南北朝・室町時代初期の公卿
生 一三三一(元徳三・元弘元)
没 一四〇〇(応永七)
権中納言、左衛門督、春宮権大夫、権大納言、右大臣、左大臣、関白、祐円、(法)後報恩院

九条経教花押(1)

九条経教花押(2)

九条教実（くじょうのりざね）

鎌倉時代中期の公卿
生 一二一一(建暦元)
没 一二三五(嘉禎元)
牛丸、洞院摂政、権中納言、右近衛中将、左近衛大将、権大納言、右大臣、左大臣、関白、摂政

九条教実花押

九条政基（くじょうまさもと）

室町時代後期の公卿
生 一四四五(文安二)
没 一五一六(永正十三)
左近衛中将、権中納言、権大納言、右大臣、左近衛大将、左大臣、関白、(法)慈眼院

九条政基花押

九条道家（くじょうみちいえ）

鎌倉時代の公卿
生 一一九三(建久四)
没 一二五二(建長四)
播磨介、右近衛中将、権中納言、左近衛大将、中納言、権大納言、内大臣、右大臣、左大臣、摂政、関白、光明峰寺殿、峰殿、行恵

九条道家花押(1)

九条道家花押(2)

九条道教（くじょうみちのり）

鎌倉末期・南北朝時代初期の公卿

生 一三一五(正和四)

没 一三四九(貞和五・正平四)

権中納言、権大納言、右近衛大将、左近衛大将、右大臣、左大臣、関白、円恵、(法)三縁院殿、已心院殿

九条道教花押

九条光経（くじょうみつつね）

鎌倉時代後期の公卿

生 ?

没 ?

参議、権中納言、民部卿、右衛門督、検非違使別当、権大納言

九条光経花押

九条良経（くじょうよしつね）

鎌倉時代前期の公卿、摂政

生 一一六九(嘉応元)

没 一二〇六(建永元)

後京極殿、権中納言、権大納言、左近衛大将、内大臣、左大臣、摂政、太政大臣

九条良経花押(1)

九条良経花押(2)

楠木正成（くすのきまさしげ）

南北朝時代の武将

生 ?

没 一三三六(建武三・延元元)

兵衛尉、左衛門尉

楠木正成花押(1)

楠木正成花押(2)

楠木正成花押(3)

楠木正行（くすのきまさつら）

南北朝時代の武将

生 ?

没 一三四八(貞和四・正平三)

帯刀、左衛門尉

楠木正行花押

楠木正儀（くすのきまさのり）

南北朝時代の武将

生 ?

没 ?

左衛門尉、左兵衛督、左馬頭、中務大輔、参議

楠木正儀花押(1)

楠木正儀花押(2)

楠木正儀花押(3)

楠木正儀花押(4)

楠木正儀花押(5)

久世広周（くぜひろちか）

江戸時代末期の大名、老中

生 一八一九(文政二)

没 一八六四(元治元)

隠岐守、出雲守、大和守

久世広周花押

愚中周及（ぐちゅうしゅうきゅう）

南北朝・室町時代初期の臨済宗の僧

生 一三二三(元亨三)

没 一四〇九(応永十六)

高沙弥、愚庵、岳松子、(諡)仏徳大通禅師

愚中周及花押

熊谷直実（くまがいなおざね）

鎌倉時代前期の武士

生 一一四一(永治元)

没 一二〇八(承元二)

次郎、法力房蓮生

熊谷直実花押

黒田長政（くろだながまさ）

安土桃山・江戸時代初期の大名

生 一五六八(永禄十一)

没 一六二三(元和九)

松寿、吉兵衛、甲斐守、筑前守、(法)興雲院古心道卜

黒田長政花押(1)

黒田長政花押(2)

黒田長政印(1)

黒田長政印(2)
「Curo NGMS」

黒田長政印(3)

黒田孝高（くろだよしたか）

安土桃山時代の武将

生 一五四六(天文十五)

没 一六〇四(慶長九)

万吉、孝隆、政成、官兵衛、勘解由、如水軒円清居士、シメオン、(法)竜光院如水円清

黒田孝高花押(1)

黒田孝高花押(2)

黒田孝高花押(3)

黒田孝高印(1)

黒田孝高印(2)
「Simeon Josui」

桑山重晴（くわやましげはる）

安土桃山時代の武将
生　？
没　一六〇六(慶長十一)
修理太夫、果報院宗栄、治部卿法印

桑山重晴花押(1)

桑山重晴花押(2)

け

慶運（けいうん）

鎌倉・南北朝時代の歌僧
生　？
没　？

慶運花押

瑩山紹瑾（けいざんじょうきん）

鎌倉時代後期の曹洞宗の僧
生　一二六八(文永五)
没　一三二五(正中二)
(諡)弘徳円明国師、常済大師

瑩山紹瑾花押(1)

瑩山紹瑾花押(2)

瑩山紹瑾花押(3)

景徐周麟（けいじょしゅうりん）

室町・戦国時代の臨済宗の僧
生　一四四〇(永享十二)
没　一五一八(永正十五)
宜竹、半隠、対松

景徐周麟花押

景徐周麟印(1)
「景徐」

景徐周麟印(2)

景徐周麟印(3)
「周麟」

景徐周麟印(4)
「周麟」

景徐周麟印(5)
「景徐」

景徐周麟印(6)
「景徐」

景川宗隆（けいせんそうりゅう）

室町・戦国時代の臨済宗の僧
生 一四二五（応永三十二）
没 一五〇〇（明応九）
（諡）本如実性禅師

景川宗隆花押(1)

景川宗隆花押(2)

月翁周鏡（げつおうしゅうきょう）

室町時代の五山文学僧
生 ？
没 一五〇〇（明応九）
江介、交蘆、三蘆

月翁周鏡花押

玄慧（げんえ）

鎌倉・南北朝時代の天台宗の学僧
生 ？
没 一三五〇（観応元・正平五）
玄恵、独清軒、健叟

玄慧花押

元海（げんかい）

平安時代後期の真言宗の僧
生 一〇九三（寛治七）
没 一一五六（保元元）
松橋大僧都

元海花押

源空（げんくう）

平安時代末の僧、浄土宗開祖
生 一一三三（長承二）
没 一二一二（建暦二）
法然、黒谷上人
（諡）円光大師

源空花押

賢俊（けんしゅん）

南北朝時代の真言宗の僧
生 一二九九（正安元）
没 一三五七（延文二・正平十二）
菩提寺大僧正

賢俊花押(1)

賢俊花押(2)

賢俊花押(3)

賢俊花押(4)

賢俊花押(5)

憲淳（けんじゅん）

鎌倉時代後期の真言宗の僧
生 一二五八（正嘉二）
没 一三〇八（延慶元）
国師僧正

憲淳花押(1)

憲淳花押(2)

顕昭（けんしょう）

平安・鎌倉時代前期の歌人、歌学者
生 ？
没 ？
亮公

顕昭花押

憲深（けんじん）

鎌倉時代前・中期の真言宗の僧
生 一一九二（建久三）
没 一二六三（弘長三）
極楽房

憲深花押

釼阿（けんな）

鎌倉時代中・後期の真言密教僧
生 一二六一（弘長元）
没 一三三八（暦応元・延元三）
明忍房

釼阿花押(1)

釼阿花押(2)

釼阿花押(3)

釼阿花押(4)

釼阿花押(5)

釼阿花押(6)

顕如（けんにょ）

本願寺第十一世
生 一五四三（天文十二）
没 一五九二（文禄元）
茶々、光佐、（諡）信楽院

顕如花押

乾峯士曇（けんぼうしどん）

南北朝時代前期の五山禅僧
生 一二八五（弘安八）
没 一三六一（康安元・正平十六）
少雲、（諡）広智国師

乾峯士曇花押(1)

乾峯士曇花押(2)

乾峯士曇印
「士曇」

こ

小出秀政（こいでひでまさ）

江戸時代初期の大名
生 一五四〇（天文九）
没 一六〇四（慶長九）
甚左衛門、播磨守、（法）陽雲日政本光院

小出秀政花押

小出吉政（こいでよしまさ）

江戸時代前期の大名
生 一五六五（永禄八）
没 一六一三（慶長十八）
小才次、信濃守、大和守、播磨守

小出吉政花押(1)

小出吉政花押(2)

興意法親王（こういほっしんのう）

陽光院太上天皇の第五皇子
生 一五七六（天正四）
没 一六二〇（元和六）
五宮、道勝、（諡）浄珊寺

興意法親王花押

公海（こうかい）

江戸時代前期の天台宗の僧
生 一六〇七（慶長十二）
没 一六九五（元禄八）
久遠寿院

公海花押(1)

公海花押(2)

光格天皇（こうかくてんのう）

一七七九—一八一七在位
生 一七七一（明和八）
没 一八四〇（天保十一）
祐宮、師仁、兼仁

光格天皇花押(1)

光格天皇花押(2)

光格天皇花押(3)

江月宗玩（こうげつそうがん）

江戸時代前期の臨済宗の僧
生 一五七四（天正二）
没 一六四三（寛永二十）
欠伸子、懵袋子、赫々子、（諡）大梁興宗禅師

江月宗玩花押(1)

江月宗玩花押(2)

光厳天皇（こうごんてんのう）

一三三一—一三三三在位
生 一三一三（正和二）
没 一三六四（貞治三・正平十九）
量仁、無範和尚、（法）勝光智、光智

光厳天皇花押(1)

光厳天皇花押(2)

光厳天皇花押(3)

高台院（こうだいいん）

豊臣秀吉の夫人
生 一五四九（天文十八）
没 一六二四（寛永元）
ねね（禰々）、吉子、寧子、北政所、（法）高台院湖月心公

高台院印(1)

高台院印(2)

後宇多天皇（ごうだてんのう）

一二七四—一二八七在位
生 一二六七（文永四）
没 一三二四（正中元）
世仁、金剛性

後宇多天皇花押

厚東武実（こうとうたけざね）

鎌倉・南北朝時代の武将

生 ？

没 一三四八（貞和四・正平三）太郎左衛門尉、（法）浄名寺殿天庵崇西

厚東武実花押

興然（こうねん）

平安・鎌倉時代初期の真言宗の僧

生 一一二一（保安二）

没 一二〇三（建仁三）智海、理明房

興然花押

河野通信（こうのみちのぶ）

鎌倉時代前期の武将

生 一一五六（保元元）

没 一二二三（貞応二）四郎、観光

河野通信花押

河野通春（こうのみちはる）

室町時代後期の武将

生 ？

没 一四八二（文明十四）伊予守

河野通春花押

河野通盛（こうのみちもり）

鎌倉末・南北朝時代の武将

生 ？

没 一三六四（貞治三・正平十九）通治、九郎、対馬守、善恵、（法）善応寺殿前対州大守日照善恵大禅定門

河野通盛花押

高師直（こうのもろなお）

南北朝時代の武将

生 ？

没 一三五一（観応二・正平六）右衛門尉、三河守、武蔵守

高師直花押

高師冬（こうのもろふゆ）

南北朝時代の武将、関東管領

生 ？

没 一三五一（観応二・正平六）左衛門尉、三河守、播磨守

高師冬花押

高師泰（こうのもろやす）

南北朝時代の武将

生 ？

没 一三五一（観応二・正平六）越後守

高師泰花押(1)

高師泰花押(2)

光明皇后（こうみょうこうごう）

聖武天皇の皇后

生 七〇一(大宝元)

没 七六〇(天平宝字四)

安宿媛、光明子、中台天平応真仁正皇太后

光明皇后印(1)
「積善藤家」

光明皇后印(2)
「内家私印」

光明天皇（こうみょうてんのう）

一三三六—四八在位

生 一三二一(元亨元)

没 一三八〇(康暦二・天授六)

豊仁、真常恵

光明天皇花押

高力忠房（こうりきただふさ）

江戸時代前期の大名

生 一五八四(天正十二)

没 一六五五(明暦元)

忠長、左近、左近大夫、摂津守、(法)儕岑道英禅林院

高力忠房花押

後円融天皇（ごえんゆうてんのう）

一三七一—八二在位

生 一三五八(延文三・正平十三)

没 一三九三(明徳四)

緒仁、光浄

後円融天皇花押(1)

後円融天皇花押(2)

古岳宗亘（こがくそうこう）

戦国時代の臨済宗の僧

生 一四六五(寛正六)

没 一五四八(天文十七)

宗亘、生苕、苕波、(諡)仏心正統禅師、正法大聖国師

古岳宗亘花押

後柏原天皇（ごかしわばらてんのう）

一五〇〇—二六在位

生 一四六四(寛正五)

没 一五二六(大永六)

勝仁

後柏原天皇花押

久我長通（こがながみち）

鎌倉・南北朝時代の公卿

生 一二八〇(弘安三)

没 一三五三(文和二・正平八)

参議、権中納言、権大納言、大納言、左近衛大将、内大臣、右大臣、太政大臣、後中院

久我長通花押(1)

久我長通花押(2)

久我通光（こがみちみつ）

鎌倉時代前・中期の公卿

生 一一八七（文治三）

没 一二四八（宝治二）

権中納言、左衛門督、中納言、権大納言、右近衛大将、大納言、内大臣、太政大臣、後久我太政大臣

久我通光花押

虎関師錬（こかんしれん）

鎌倉時代後期の五山文学僧

生 一二七八（弘安元）

没 一三四六（貞和二・正平元）

（諡）本覚国師

虎関師錬花押

古渓宗陳（こけいそうちん）

戦国・安土桃山時代の臨済宗の僧

生 一五三二（天文元）

没 一五九七（慶長二）

蒲庵、（諡）大慈広照禅師

古渓宗陳花押

後光厳天皇（ごこうごんてんのう）

一三五二—七一在位

生 一三三八（暦応元・延元三）

没 一三七四（応安七・文中三）

弥仁、光融

後光厳天皇花押(1)

後光厳天皇花押(2)

後光厳天皇花押(3)

後光厳天皇花押(4)

後光明天皇（ごこうみょうてんのう）

一六四三—五四在位

生 一六三三（寛永十）

没 一六五四（承応三）

素鵞宮、紹仁

後光明天皇花押

後小松天皇（ごこまつてんのう）

一三八二—一四一二在位

生 一三七七（永和三・天授三）

没 一四三三（永享五）

幹仁、素行智

後小松天皇花押(1)

後小松天皇花押(2)

後小松天皇花押(3)

後小松天皇花押(4)

後西天皇（ごさいてんのう）

一六五四—六三在位
生 一六三七（寛永十四）
没 一六八五（貞享二）
秀宮、良仁

後西天皇花押(1)

後西天皇花押(2)

後西天皇花押(3)

五条頼元（ごじょうよりもと）

鎌倉・南北朝時代の武将
生 一二九〇（正応三）
没 一三六七（貞治六・正平二十二）
加賀守、備中守、少納言、勘解由次官、無礙宗性

五条頼元花押(1)

五条頼元花押(2)

五条頼元花押(3)

五条頼元花押(4)

後崇光院（ごすこういん）

室町時代前期の親王
生 一三七二（応安五・文中元）
没 一四五六（康正二）
貞成、道欽

後崇光院花押(1)

後崇光院花押(2)

後崇光院花押(3)

後醍醐天皇（ごだいごてんのう）

一三一八—三九在位
生 一二八八（正応元）
没 一三三九（暦応二・延元四）
尊治

後醍醐天皇花押(1)

後醍醐天皇花押(2)

兀庵普寧(ごったんふねい)

鎌倉時代の臨済宗の来朝僧
[生]一一九七(慶元三)
[没]一二七六(至元十三)
(諡)宗覚禅師

兀庵普寧花押(1)

兀庵普寧花押(2)

兀庵普寧花押(3)

後土御門天皇(ごつちみかどてんのう)

一四六四―一五〇〇在位
[生]一四四二(嘉吉二)
[没]一五〇〇(明応九)
成仁

後土御門天皇花押

古幢周勝(ことうしゅうしょう)

室町時代前期の臨済宗の僧
[生]一三七〇(応安三・建徳元)
[没]一四三三(永享五)
愛問叟、離幻道人、(諡)鏡智法明禅師

古幢周勝花押

後鳥羽天皇(ごとばてんのう)

一一八三―九八在位
[生]一一八〇(治承四)
[没]一二三九(延応元)
尊成、隠岐院、金剛理、良然、(諡)顕徳院

後鳥羽天皇花押

後奈良天皇(ごならてんのう)

一五二六―五七在位
[生]一四九六(明応五)
[没]一五五七(弘治三)
知仁

後奈良天皇花押(1)

後奈良天皇花押(2)

後奈良天皇花押(3)

小西行長(こにしゆきなが)

安土桃山時代の武将
[生] ?
[没]一六〇〇(慶長五)
弥九郎、摂津守、アグスチノ

小西行長花押

小西行長印
「豊臣行長印章」

近衛家実（このえいえざね）

鎌倉時代の公卿

生 一一七九（治承三）

没 一二四二（仁治三）

権中納言、左近衛大将、権大納言、右大臣、左大臣、摂政、関白、太政大臣、猪隈（熊）殿、猪隈（熊）関白、円心

近衛家実花押

近衛兼経（このえかねつね）

鎌倉時代の公卿

生 一二一〇（承元四）

没 一二五九（正元元）

権中納言、権大納言、内大臣、右大臣、左近衛大将、左大臣、摂政、太政大臣、関白、岡屋殿、岡屋関白、真理

近衛兼経花押(1)

近衛兼経花押(2)

近衛前久（このえさきひさ）

戦国・安土桃山時代の公卿

生 一五三六（天文五）

没 一六一二（慶長十七）

晴嗣、前嗣、権中納言、権大納言、右近衛大将、左近衛大将、内大臣、右大臣、関白、左大臣、太政大臣、（法）東求院竜山空誉

近衛前久花押(1)

近衛前久花押(2)

近衛前久花押(3)

近衛前久花押(4)

近衛稙家（このえたねいえ）

戦国時代の公卿

生 一五〇三（文亀三）

没 一五六六（永禄九）

権中納言、権大納言、左近衛大将、右大臣、関白、左大臣、太政大臣、（法）恵雲院覚天大円

近衛稙家花押

近衛信尹（このえのぶただ）

安土桃山時代の公卿

生 一五六五（永禄八）

没 一六一四（慶長十九）

信基、信輔、権中納言、権大納言、内大臣、左大臣、関白、三藐院、（法）三藐院同徹大初

近衛信尹花押(1)

近衛信尹花押(2)

近衛信尋（このえのぶひろ）

江戸時代前期の公卿
生 一五九九（慶長四）
没 一六四九（慶安二）
二宮、権中納言、権大納言、左近衛大将、内大臣、右大臣、左大臣、関白、応山、梧、（法）本源自性院応山大云

近衛信尋花押

近衛道嗣（このえみちつぐ）

南北朝時代の公卿
生 一三三二（正慶元・元弘二）
没 一三八七（嘉慶元・元中四）
堀川関白、後深心院、権中納言、権大納言、右近衛大将、内大臣、左近衛大将、右大臣、左大臣、関白

近衛道嗣花押

近衛基熙（このえもとひろ）

江戸時代前・中期の公卿
生 一六四八（慶安元）
没 一七二二（享保七）
多治丸、権中納言、権大納言、右近衛大将、内大臣、左近衛大将、右大臣、左大臣、関白、太政大臣、悠見、悠、菊、（法）応円満院悠山証岳

近衛基熙花押

後花園天皇（ごはなぞのてんのう）

一四二八―六四在位
生 一四一九（応永二十六）
没 一四七〇（文明二）
彦仁、（法）円満智

後花園天皇花押（1）

後花園天皇花押（2）

後花園天皇花押（3）

後花園天皇花押（4）

小早川隆景（こばやかわたかかげ）

戦国・安土桃山時代の武将
生 一五三三（天文二）
没 一五九七（慶長二）
徳寿丸、又四郎、中務大輔、左衛門佐、侍従、権中納言、（法）泰雲紹閑

小早川隆景花押（1）

小早川隆景花押（2）

小早川秀秋（こばやかわひであき）

安土桃山時代の武将
生 一五八二（天正十）
没 一六〇二（慶長七）
辰之助、秀俊、秀詮、金吾、参議、右衛門督、権中納言、左衛門督、丹波中納言、（法）瑞雲院秀巌日詮

小早川秀秋花押（1）

小早川秀秋花押（2）

小早川秀秋花押(3)

小早川秀秋印(1)
「秀穐」

小早川秀秋印(2)

古筆了佐(こひつりょうさ)

江戸時代初期の古筆鑑定家
生 一五七二(元亀三)
没 一六六二(寛文二)
平沢節世、弥四郎、正覚庵櫟材

古筆了佐花押

後深草天皇(ごふかくさてんのう)

一二四六―五九在位
生 一二四三(寛元元)
没 一三〇四(嘉元二)
久仁、素実

後深草天皇花押(1)

後深草天皇花押(2)

後深草天皇花押(3)

後伏見天皇(ごふしみてんのう)

一二九八―一三〇一在位
生 一二八八(正応元)
没 一三三六(建武三・延元元)
胤仁、理覚

後伏見天皇花押(1)

後伏見天皇花押(2)

後伏見天皇花押(3)

小堀遠州(こぼりえんしゅう)

江戸時代前期の大名、茶人
生 一五七九(天正七)
没 一六四七(正保四)
作介、政一、正一、遠江守、大有、宗甫、孤篷庵

小堀遠州花押(1)

小堀遠州花押(2)

小堀遠州花押(3)

後村上天皇（ごむらかみてんのう）

一三三九―六八？在位
生 一三二八（嘉暦三）
没 一三六八（応安元・正平二十三）
義良、憲良

後村上天皇花押(1)

後村上天皇花押(2)

後村上天皇花押(3)

後陽成天皇（ごようぜいてんのう）

一五八六―一六一一在位
生 一五七一（元亀二）
没 一六一七（元和三）
和仁、周仁

後陽成天皇花押(1)

後陽成天皇花押(2)

後陽成天皇花押(3)

後陽成天皇花押(4)

後陽成天皇花押(5)

後陽成天皇花押(6)

後陽成天皇花押(7)

後陽成天皇花押(8)

後陽成天皇花押(9)

後陽成天皇花押(10)

後陽成天皇花押(11)

後陽成天皇花押(12)

後陽成天皇花押(13)

後陽成天皇花押(14)

後陽成天皇印(1)
「金竜」

後陽成天皇印(2)
「雅輔」

後陽成天皇印(3)
「周仁」

金春禅竹（こんぱるぜんちく）

室町時代前期の能役者・能作者
生 一四〇五(応永十二)
没 ？
貫氏、氏信、式部大夫、竹田大夫、竹翁、賢翁

金春禅竹花押(1)

金春禅竹花押(2)

金春安照（こんぱるやすてる）

安土桃山・江戸時代前期の能役者
生 一五四九(天文十八)
没 一六二一(元和七)
七郎、八郎、大大夫、(法)誰庵禅曲居士

金春安照花押

さ

西園寺公経（さいおんじきんつね）

鎌倉時代中期の公卿
生 一一七一(承安元)
没 一二四四(寛元二)
参議、権中納言、右衛門督、左衛門督、中納言、権大納言、中宮大夫、大納言、内大臣、太政大臣、覚勝

西園寺公経花押(1)

西園寺公経花押(2)

西園寺公経花押(3)

西園寺公衡（さいおんじきんひら）

鎌倉時代後期の公卿
生 一二六四(文永元)
没 一三一五(正和四)
参議、権中納言、中宮大夫、中納言、権大納言、右近衛大将、大納言、内大臣、右大臣、左大臣、静勝、(法)竹林院、竹中殿

西園寺公衡花押(1)

西園寺公衡花押(2)

西園寺公衡花押(3)

西園寺公衡花押(4)

西園寺実兼（さいおんじさねかね）

鎌倉時代後期の公卿

生 一二四九(建長元)

没 一三二二(元亨二)

権中納言、左衛門督、権大納言、春宮大夫、大納言、右近衛大将、内大臣、太政大臣、空性

西園寺実兼花押(1)

西園寺実兼花押(2)

西園寺実兼花押(3)

西園寺実兼花押(4)

西園寺実兼花押(5)

西園寺実兼花押(6)

西園寺実俊（さいおんじさねとし）

南北朝時代の公卿

生 一三三五(建武二)

没 一三八九(康応元・元中六)

実名、権中納言、左衛門督、権大納言、右近衛大将、内大臣、右大臣

西園寺実俊花押

西園寺実衡（さいおんじさねひら）

鎌倉時代後期の公卿

生 一二九〇(正応三)

没 一三二六(嘉暦元)

権中納言、左衛門督、権大納言、中宮大夫、大納言、右近衛大将、内大臣

西園寺実衡花押(1)

西園寺実衡花押(2)

西園寺実衡花押(3)

斎藤竜興（さいとうたつおき）

戦国時代の武将

生 一五四八(天文十七)

没 一五七三(天正元)

喜太郎、右兵衛大夫、(法)瑞雲院竜貞居士

斎藤竜興花押

斎藤道三（さいとうどうさん）

戦国時代の武将

生 ?

没 一五五六(弘治二)

峰丸、庄五郎、庄九郎、(西村勘九郎)正利、(長井新九郎)規秀、秀竜、(斎藤新九郎)利政、斎藤左近大夫、法蓮房

斎藤道三花押

斎藤道三印
「斎藤山城」

斎藤妙椿（さいとうみょうちん）

室町時代後期の武将
[生]一四一一(応永十八)
[没]一四八〇(文明十二)
持是院従三位法印妙椿、(法)開善院権大僧都妙椿

斎藤妙椿花押

斎藤基恒（さいとうもとつね）

室町時代前期の武将
[生]一三九四(応永元)
[没]一四七一(文明三)
基世、民部丞、遠江守、玄良

斎藤基恒花押

斎藤義竜（さいとうよしたつ）

戦国時代の武将
[生]一五二七(大永七)
[没]一五六一(永禄四)
利尚、高政、新九郎、左京大夫、治部大輔、范可、(法)雲峯玄竜居士

斎藤義竜花押

酒井家次（さかいいえつぐ）

安土桃山・江戸時代初期の大名
[生]一五六四(永禄七)
[没]一六一八(元和四)
小五郎、宮内大輔、左衛門尉、(法)梅林院崇慶公

酒井家次花押

酒井忠次（さかいただつぐ）

戦国・安土桃山時代の武将
[生]一五二七(大永七)
[没]一五九六(慶長元)
小平次、小五郎、左衛門尉、左衛門督、一智、(法)天誉高月縁心先求院

酒井忠次花押

酒井忠世（さかいただよ）

江戸時代前期の大名、老中
[生]一五七二(元亀三)
[没]一六三六(寛永十三)
万千代、与四郎、右兵衛大夫、侍従、(法)発向源真隆興院

酒井忠世花押

榊原康政（さかきばらやすまさ）

安土桃山時代の武将
[生]一五四八(天文十七)
[没]一六〇六(慶長十一)
小平太、式部大輔、(法)養林院殿前大守職上誉見向大禅定門

榊原康政花押(1)

榊原康政花押(2)

榊原康政印
「寿福」

相良前頼（さがらさきより）

南北朝時代の武将
生 ？
没 一三九四（応永元）
近江守、（法）立阿

相良前頼花押(1)

相良前頼花押(2)

相良為続（さがらためつぐ）

室町時代後期の武将
生 一四四七（文安四）
没 一五〇〇（明応九）
（法）西華蓮船

相良為続花押

相良長毎（さがらながつね）

安土桃山・江戸時代前期の大名
生 一五七四（天正二）
没 一六三六（寛永十三）
頼房、四郎次郎、左兵衛佐、
（法）天叟玄高瑞祥院

相良長毎花押

策彦周良（さくげんしゅうりょう）

戦国時代の臨済宗の僧
生 一五〇一（文亀元）
没 一五七九（天正七）
謙斎

策彦周良花押

策彦周良印(1)
「策彦」

策彦周良印(2)
「策彦」

佐久間信盛（さくまのぶもり）

戦国・安土桃山時代の武将
生 一五二七（大永七）
没 一五八一（天正九）
牛助、出羽介、右衛門尉、宗盛、
（法）宗祐

佐久間信盛花押(1)

佐久間信盛花押(2)

佐久間信盛花押(3)

佐久間盛政（さくまもりまさ）

安土桃山時代の武将
生 一五五四（天文二十三）
没 一五八三（天正十一）
理助、修理亮、玄蕃允、鬼玄蕃、
（法）善俊

佐久間盛政花押

佐々木氏頼（ささきうじより）

南北朝時代の武将
生 一三二六（嘉暦元）
没 一三七〇（応安三・建徳元）
左衛門尉、検非違使、雪江崇永

佐々木氏頼花押

佐々木氏頼花押

佐々木高氏（ささきたかうじ）

南北朝時代の武将
生 一二九六（永仁四）
没 一三七三（応安六・文中二）
佐渡守、検非違使、佐渡大夫判官入道、道誉、（法）勝楽寺徳翁導誉

佐々木高氏花押

佐々木高秀（ささきたかひで）

南北朝時代の武将
生 ？
没 一三九一（明徳二・元中八）
左衛門尉、治部少輔、能登守、大膳大夫

佐々木高秀花押

佐々木信綱（ささきのぶつな）

鎌倉時代前期の武将
生 一一八一（養和元）
没 一二四二（仁治三）
四郎、左近将監、右衛門尉、左衛門尉、近江守、虚仮

佐々木信綱花押

佐々木秀綱（ささきひでつな）

南北朝時代の武将
生 ？
没 一三五三（文和二・正平八）
佐衛門尉、検非違使、近江守

佐々木秀綱花押

佐竹貞義（さたけさだよし）

鎌倉・南北朝時代の武将
生 一二八七（弘安十）
没 一三五二（文和元・正平七）
駿河守、遠江守、上総介、常陸介、道源

佐竹貞義花押（1）

佐竹貞義花押（2）

佐竹義敦（さたけよしあつ）

江戸時代中期の大名
生 一七四八（寛延元）
没 一七八五（天明五）
義直、秀丸、次郎、右京大夫、侍従、曙山、（法）源通院殿泰岳良清大居士

佐竹義敦印（1）
「Segvtter vol Beminnen」

佐竹義敦印（2）
「Zwaar wit」

佐竹義敦印(3)
「Siozan Schildereÿ」

佐竹義重（さたけよししげ）

戦国・江戸時代前期の武将
生 一五四七（天文十六）
没 一六一二（慶長十七）
徳寿丸、次郎、常陸介、（法）知足院殿通庵闐信大居士

佐竹義重花押(1)

佐竹義重花押(2)

佐竹義重花押(3)

佐竹義宣（さたけよしのぶ）

安土桃山・江戸時代前期の大名
生 一五七〇（元亀元）
没 一六三三（寛永十）
徳寿丸、次郎、右京大夫、左中将、（法）浄光院殿傑堂天英大居士

佐竹義宣花押(1)

佐竹義宣花押(2)

佐竹義宣花押(3)

佐竹義人（さたけよしひと）

室町時代中期の武将
生 一四〇〇（応永七）
没 一四六七（応仁元）
竜保丸、義憲、右馬助、左馬助、左衛門佐、右京大夫、（法）耕山寺竹堂本晃

佐竹義人花押(1)

佐竹義人花押(2)

佐竹義人花押(3)

佐々成政（さっさなりまさ）

安土桃山時代の武将
生 一五三九（天文八）
没 一五八八（天正十六）
内蔵助、（法）道閑

佐々成政花押(1)

佐々成政花押(2)

里見氏（さとみし）

里見氏印(1)
「里見」

里見氏印(2)
「久栄」

里見忠義（さとみただよし）

江戸時代前期の大名
生 一五九四（文禄三）
没 一六二二（元和八）
梅鶴丸、安房守、侍従、（法）雲晴院殿心叟賢涼居士

里見忠義印
「宝字」

里見義堯（さとみよしたか）

戦国時代の武将
生 一五〇七（永正四）
没 一五七四（天正二）
権七郎、岱叟院正五、（法）東陽院殿岱叟正五沙弥

里見義堯花押

里見義弘（さとみよしひろ）

戦国時代の武将
生 一五二五（大永五）
没 一五七八（天正六）
義舜、太郎、左馬頭、（法）瑞竜院殿在天高存居士

里見義弘花押

里見義康（さとみよしやす）

安土桃山時代の武将
生 一五七三（天正元）
没 一六〇三（慶長八）
左衛門督、侍従、（法）竜潜院殿傑山芳英居士

里見義康花押

里見義康印(1)
「義康」

里見義康印(2)
「義康」

里見義頼（さとみよしより）

戦国・安土桃山時代の武将
生 ？
没 一五八七（天正十五）
義継、（法）大勢院殿勝岩泰英居士

里見義頼花押

里見義頼印(1)
「義頼」

里見義頼印(2)
「義頼」

里村紹巴（さとむらじょうは）

戦国・安土桃山時代の連歌師
生 一五二五（大永五）
没 一六〇二（慶長七）
臨江斎、（法）臨江紹巴法眼大徳

里村紹巴花押

真田信之（さなだのぶゆき）

安土桃山・江戸時代前期の大名
生 一五六六（永禄九）
没 一六五八（万治元）
源三郎、信幸、伊豆守、一当斎、（法）大鋒院殿徹巌一当大居士

真田信之印(1)

真田信之印(2)

真田信之印(3)

真田昌幸（さなだまさゆき）

安土桃山時代の武将
生 一五四七（天文十六）
没 一六一一（慶長十六）
源五郎、喜兵衛、安房守、（法）一翁干（閑）雪大居士

真田昌幸花押(1)

真田昌幸花押(2)

真田昌幸花押(3)

真田昌幸印(1)

真田昌幸印(2)

真田幸村（さなだゆきむら）

安土桃山・江戸時代前期の武将
生 一五六七（永禄十）
没 一六一五（元和元）
御弁丸、信繁、源次郎、左衛門佐、好白、（法）大光院殿月山伝心大居士

真田幸村花押(1)

真田幸村花押(2)

真田幸村花押(3)

三条公忠（さんじょうきんただ）

南北朝時代の公卿
生 一三二四（正中元）
没 一三八三（永徳三・弘和三）
権中納言、権大納言、内大臣、後押小路内大臣

三条公忠花押

三条実房（さんじょうさねふさ）

平安時代末・鎌倉時代前期の公卿
生 一一四七（久安三）
没 一二二五（嘉禄元）
権中納言、中納言、権大納言、大納言、右近衛大将、左近衛大将、右大臣、左大臣、大恩教主御房、静空

三条実房花押

三条西公条（さんじょうにしきんえだ）

戦国時代の公卿

生 一四八七（長享元）

没 一五六三（永禄六）

参議、権中納言、権大納言、大宰権帥、神宮伝奏、権大納言、内大臣、右大臣、仍覚、称名院

三条西公条花押(1)

三条西公条花押(2)

三条西公条花押(3)

三条西公条印
「公条」

三条西実枝（さんじょうにしさねき）

戦国・安土桃山時代の公卿、歌人

生 一五一一（永正八）

没 一五七九（天正七）

実世、実澄、参議、権中納言、神宮伝奏、権大納言、大納言、内大臣、豪空、三光院

三条西実枝花押

三条西実隆（さんじょうにしさねたか）

室町・戦国時代の公卿、文化人

生 一四五五（康正元）

没 一五三七（天文六）

公世、公延、参議、権中納言、侍従、権大納言、内大臣、尭空、耕隠、逍遙院

三条西実隆花押

慈円（じえん）

鎌倉時代前期の天台宗の僧

生 一一五五（久寿二）

没 一二二五（嘉禄元）

道快、無動寺法印、吉水僧正、（諡）慈鎮

慈円花押(1)

慈円花押(2)

慈円花押(3)

慈円花押(4)

竺雲等連（じくうんとうれん）

室町時代の臨済宗の僧
生 一三八三（永徳三・弘和三）
没 一四七一（文明三）
自彊、小朶子、重艮叟

竺雲等連花押

竺仙梵僊（じくせんぼんせん）

鎌倉時代末の臨済宗の来朝僧
生 一二九二（至元二九）
没 一三四八（貞和四・正平三）
来来禅子、最勝幢、思帰叟

竺仙梵僊花押

四条隆蔭（しじょうたかかげ）

南北朝時代の公卿
生 一二九七（永仁五）
没 一三六四（貞治三・正平十九）
参議、権中納言、侍従、中納言、権大納言、（法）歓乗

四条隆蔭花押(1)

四条隆蔭花押(2)

四条隆蔭花押(3)

四条隆資（しじょうたかすけ）

南北朝時代の公卿
生 一二九二（正応五）
没 一三五二（文和元・正平七）
参議、大蔵卿、左兵衛督、右衛門督、権中納言、権大納言

四条隆資花押(1)

四条隆資花押(2)

四条隆資花押(3)

四条隆資花押(4)

四条隆資花押(5)

四条隆衡（しじょうたかひら）

鎌倉時代の公卿
生 一一七二（承安二）
没 一二五四（建長六）
長雅、参議、右衛門督、権中納言、大宰権帥、権大納言、按察使

四条隆衡花押(1)

四条隆衡花押(2)

四条隆衡花押(3)

実尊（じつそん）

鎌倉時代前期の興福寺の僧
生 一一八〇(治承四)
没 一二三六(嘉禎二)

実尊花押

実導（じつどう）

南北朝時代の浄土宗の学僧
生 一三〇九(延慶二)
没 一三八八(嘉慶二・元中五)
仁空、(諡)円応

実導花押

実如（じつにょ）

本願寺第九世
生 一四五八(長禄二)
没 一五二五(大永五)
光養、光兼、教恩院

実如花押

篠原長房（しのはらながふさ）

戦国時代の武将
生 ?
没 一五七二(元亀三)
大和守、右京進、弾正少弼、(法)岫雲

篠原長房花押(1)

篠原長房花押(2)

篠原長房花押(3)

斯波家兼（しばいえかね）

南北朝時代の武将
生 一三〇八(延慶元)
没 一三五六(延文元・正平十一)
千世鶴丸、時家、彦三郎、式部丞、伊予守、左京権大夫、(法)円承

斯波家兼花押(1)

斯波家兼花押(2)

斯波家長（しばいえなが）

南北朝時代の武将、関東管領
生 ?
没 一三三七(建武四・延元二)
尾張弥三郎、陸奥守

斯波家長花押(1)

斯波家長花押(2)

斯波家長花押(3)

斯波氏経（しばうじつね）

南北朝時代の武将、九州探題
生 ？
没 ？
民部少輔、左京大夫、(法)道栄

斯波氏経花押

柴田勝家（しばたかついえ）

安土桃山時代の武将
生 ？
没 一五八三(天正十一)
権六、修理亮

柴田勝家花押

柴田勝家印

斯波高経（しばたかつね）

南北朝時代の武将
生 一三〇五(嘉元三)
没 一三六七(貞治六・正平二十二)
孫三郎、尾張守、修理大夫、玉堂、道朝

斯波高経花押

斯波義淳（しばよしあつ）

室町時代前期の武将、管領
生 一三九七(応永四)
没 一四三三(永享五)
治部大輔、左兵衛佐

斯波義淳花押

斯波義廉（しばよしかど）

室町時代後期の武将、管領
生 ？
没 ？
治部大輔、左兵衛佐

斯波義廉花押

斯波義敏（しばよしとし）

室町時代後期の武将
生 ？
没 一五〇八(永正五)
左兵衛佐、左兵衛督、道海、深叟

斯波義敏花押

斯波義教（しばよしのり）

室町時代前期の武将、管領
生 一三七一(応安四・建徳二)
没 一四一八(応永二十五)
義重、治部大輔、左衛門佐、右兵衛督、道孝

斯波義教花押

斯波義将（しばよしまさ）

南北朝・室町時代前期の武将、執事・管領
生 一三五〇(観応元・正平五)
没 一四一〇(応永十七)
治部大輔、左衛門佐、右衛門督、勘解由小路殿、法苑寺道将、雪渓、玉堂

斯波義将花押(1)

斯波義将花押(2)

渋川満頼（しぶかわみつより）

室町時代前期の武将、九州探題

生 一三七二(応安五・文中元)

没 一四四六(文安三)

右兵衛佐、左近大夫、瑞祥院、(法)秀岳道鎮

渋川満頼花押

渋川義俊（しぶかわよしとし）

室町時代前期の武将、九州探題

生 一四〇〇(応永七)

没 一四三四(永享六)

左近将監

渋川義俊花押

渋川義行（しぶかわよしゆき）

南北朝時代の武将、鎮西管領(九州探題)

生 一三四八(貞和四・正平三)

没 一三七五(永和元・天授元)

右兵衛佐、武蔵守、(法)道祐

渋川義行花押

島井宗室（しまいそうしつ）

安土桃山時代の豪商・茶人

生 ?

没 一六一五(元和元)

茂勝、端翁宗室(宗叱)、虚白軒、瑞雲庵

島井宗室花押

島津家久（しまづいえひさ）

安土桃山時代の武将

生 一五四七(天文十六)

没 一五八七(天正十五)

又七郎、中務大輔

島津家久花押(1)

島津家久花押(2)

島津家久（しまづいえひさ）

江戸時代初期の大名

生 一五七六(天正四)

没 一六三八(寛永十五)

米菊丸、忠恒、又八郎、陸奥守、薩摩守、権中納言、大隅守、(法)慈眼院花心琴月大居士

島津家久花押(1)

島津家久花押(2)

島津家久花押(3)

島津家久花押(4)

島津家久花押(5)

島津家久花押(6)

島津家久花押(7)

島津家久花押(8)

島津家久印(1)

島津家久印(2)

島津氏久（しまづうじひさ）

南北朝時代の武将

生 一三二八（嘉暦三）

没 一三八七（嘉慶元・元中四）

又三郎、三郎左衛門尉、修理亮、越後守、陸奥守、（法）玄久齢岳

島津氏久花押

島津伊久（しまづこれひさ）

南北朝時代の武将

生 一三四七（貞和三・正平二）

没 一四〇七（応永十四）

上総介、（法）久哲、道哲

島津伊久花押(1)

島津伊久花押(2)

島津伊久花押(3)

島津伊久花押(4)

島津貞久（しまづさだひさ）

鎌倉・南北朝時代の武将

生 一二六九（文永六）

没 一三六三（貞治二・正平十八）

三郎左衛門尉、上総介、（法）道鑑

島津貞久花押(1)

島津貞久花押(2)

島津貴久（しまづたかひさ）

戦国時代の武将

生 一五一四（永正十一）

没 一五七一（元亀二）

虎寿丸、又三郎、三郎左衛門尉、修理大夫、陸奥守、伯囿

島津貴久花押(1)

島津貴久花押(2)

島津忠国（しまづただくに）

室町時代の武将
生 一四〇三（応永十）
没 一四七〇（文明二）
貴久、又三郎、修理大夫、陸奥守、（法）大岳玄誉

島津忠国花押(1)

島津忠国花押(2)

島津忠国花押(3)

島津忠国花押(4)

島津忠久（しまづただひさ）

鎌倉時代前期の武将
生 ？
没 一二二七（安貞元）
左兵衛尉、左衛門尉、豊後守、（法）得仏

島津忠久花押

島津忠昌（しまづただまさ）

室町時代後期の武将
生 一四六三（寛正四）
没 一五〇八（永正五）
武久、陸奥守

島津忠昌花押(1)

島津忠昌花押(2)

島津忠良（しまづただよし）

戦国時代の武将
生 一四九二（明応元）
没 一五六八（永禄十一）
菊三郎、三郎左衛門尉、相模守、日新斎

島津忠良花押

島津久経（しまづひさつね）

鎌倉時代後期の武将
生 一二二五（嘉禄元）
没 一二八四（弘安七）
久時、修理亮、下野守、（法）道忍

島津久経花押

島津元久（しまづもとひさ）

室町時代前期の武将
生 一三四三（康永二・興国四）
没 一四一一（応永十八）
孝久、又三郎、陸奥守、（法）玄忠

島津元久花押(1)

島津元久花押(2)

島津師久（しまづもろひさ）

南北朝時代の武将
生 一三二五(正中二)
没 一三七六(永和二・天授二)
左衛門少尉、上総介、(法)定山道貞

島津師久花押(1)

島津師久花押(2)

島津義久（しまづよしひさ）

安土桃山・江戸時代前期の武将
生 一五三三(天文二)
没 一六一一(慶長十六)
虎寿丸、忠良、義辰、又三郎、三郎左衛門尉、修理大夫、竜伯、(法)貫明存忠庵主妙国寺殿

島津義久花押(1)

島津義久花押(2)

島津義久花押(3)

島津義久印
「義久」

島津義弘（しまづよしひろ）

戦国・江戸時代前期の武将
生 一五三五(天文四)
没 一六一九(元和五)
又四郎、忠平、義珍、兵庫頭、侍従、惟新、(法)松齢自貞庵主

島津義弘花押(1)

島津義弘花押(2)

島津義弘花押(3)

島津義弘花押(4)

島津義弘花押(5)

島津義弘花押(6)

島津義弘花押(7)

島津義弘花押(8)

島津義弘花押(9)

島津義弘花押(10)

島津義弘印(1)

島津義弘印(2)

島津義弘印(3)
「惟新」

島津義弘印(4)
「惟新」

島津義弘印(5)
「惟」

島津義弘印(6)
「惟新」

島津義弘印(7)
「藤原惟新」

慈猛（じみょう）

鎌倉時代の僧
生 一二一一(建暦元)
没 一二七七(建治三)
良賢、密厳上人、薬師寺長老、留興長老、入仏房空阿

慈猛花押

寂室元光（じゃくしつげんこう）

鎌倉・南北朝時代の臨済宗の僧
生 一二九〇(正応三)
没 一三六七(貞治六・正平二十二)
鉄船、(諡)円応禅師

寂室元光花押(1)

寂室元光花押(2)

綽如（しゃくにょ）

本願寺第五世
生 一三五〇(観応元・正平五)
没 一三九三(明徳四)
光徳丸、時芸、堯雲、周円

綽如花押

宗峯妙超（しゅうほうみょうちょう）

鎌倉・南北朝時代初期の臨済宗の僧

生 一二八二（弘安五）

没 一三三七（建武四・延元二）

（諡）（興禅）大燈国師

宗峯妙超花押(1)

宗峯妙超花押(2)

授翁宗弼（じゅおうそうひつ）

南北朝時代の臨済宗の僧

生 一二九六（永仁四）

没 一三八〇（康暦二・天授六）

（諡）円鑑国師、微妙大師

授翁宗弼花押

守覚法親王（しゅかくほっしんのう）

平安・鎌倉時代前期の真言宗の僧

生 一一五〇（久安六）

没 一二〇二（建仁二）

喜多院（北院）御室、守性

守覚法親王花押

春屋妙葩（しゅんおくみょうは）

鎌倉時代・南北朝時代の五山禅僧

生 一三一一（応長元）

没 一三八八（嘉慶二・元中五）

芥室、不軽子、西河潜子

春屋妙葩花押(1)

春屋妙葩花押(2)

春屋妙葩花押(3)

春屋妙葩印(1)
「芥室」

春屋妙葩印(2)
「春屋」

春屋妙葩印(3)
「釈妙葩印」

准如（じゅんにょ）

本願寺第十二世

生 一五七七（天正五）

没 一六三〇（寛永七）

阿茶、光昭、理光院（理門）、本行寺、（諡）信光院

准如花押(1)

准如花押(2)

定海（じょうかい）

平安時代後期の真言宗の僧
生 一〇七四(承保元)
没 一一四九(久安五)
三宝院大僧正、上生僧正

定海花押

貞慶（じょうけい）

鎌倉時代前期の法相宗の学僧
生 一一五五(久寿二)
没 一二一三(建保元)
解脱房、笠置寺上人、解脱上人、侍従已講

貞慶花押

証賢（しょうけん）

鎌倉・南北朝時代の浄土宗の僧
生 一二六五(文永二)
没 一三四五(貞和元・興国六)
向阿、是心

証賢花押

成賢（じょうげん）

平安・鎌倉時代の真言宗の僧
生 一一六二(応保二)
没 一二三一(寛喜三)
宰相僧正、遍智院僧正

成賢花押

定豪（じょうごう）

鎌倉時代前期の真言宗の僧
生 一一五二(仁平二)
没 一二三八(暦仁元)
弁僧正、今熊野僧正

定豪花押(1)

定豪花押(2)

称光天皇（しょうこうてんのう）

一四一二―二八在位
生 一四〇一(応永八)
没 一四二八(正長元)
躬仁、実仁、(法)大宝寿

称光天皇花押

聖守（しょうしゅ）

鎌倉時代中期の三論・真言宗の僧
生 一二一五(建保三)
没 一二九一(正応四)
寛乗、中道、中道上人

聖守花押(1)

聖守花押(2)

聖守花押(3)

聖尋（しょうじん）

鎌倉・南北朝時代の真言宗の僧

生 ？
没 ？

聖尋花押

少弐貞経（しょうにさだつね）

鎌倉・南北朝時代の武将

生 一二七三（文永十）
没 一三三六（建武三・延元元）
大宰少弐、筑後守、（法）高鑑妙恵

少弐貞経花押(1)

少弐貞経花押(2)

少弐貞頼（しょうにさだより）

室町時代前期の武将

生 一三七二（応安五・文中元）
没 一四〇四（応永十一）
大宰少弐、（法）怡雲本恵

少弐貞頼花押(1)

少弐貞頼花押(2)

少弐資能（しょうにすけよし）

鎌倉時代の武将

生 一一九八（建久九）
没 一二八一（弘安四）
豊前守、筑後守、大宰少弐、（法）覚恵

少弐資能花押

少弐資頼（しょうにすけより）

鎌倉時代前期の武将

生 一一六〇（永暦元）
没 一二二八（安貞二）
大宰少弐、筑後守、（法）覚仏

少弐資頼花押(1)

少弐資頼花押(2)

少弐経資（しょうにつねすけ）

鎌倉時代の武将

生 一二二九（寛喜元）
没 一二九二（正応五）
大宰少弐、（法）浄恵

少弐経資花押

少弐冬資（しょうにふゆすけ）

南北朝時代の武将
生 一三三三（正慶二・元弘三）
没 一三七五（永和元・天授元）
孫二郎、大宰少弐、（法）天岸存覚

少弐冬資花押(1)

少弐冬資花押(2)

少弐冬尚（しょうにふゆひさ）

戦国時代の武将
生 ？
没 一五五九（永禄二）
松法師丸

少弐冬尚花押

少弐政資（しょうにまさすけ）

室町時代の武将
生 一四四一（嘉吉元）
没 一四九七（明応六）
頼忠、政尚、大宰少弐

少弐政資花押

少弐頼尚（しょうによりひさ）

鎌倉・南北朝時代の武将
生 一二九四（永仁二）
没 一三七一（応安四・建徳二）
大宰少弐、筑後守、（法）梅渓本通

少弐頼尚花押(1)

少弐頼尚花押(2)

少弐頼尚花押(3)

証如（しょうにょ）

本願寺第十世
生 一五一六（永正十三）
没 一五五四（天文二十三）
光仙、光養、光教、信受院

証如花押

肖柏（しょうはく）

室町・戦国時代の歌人、連歌師
生 一四四三（嘉吉三）
没 一五二七（大永七）
夢庵、牡丹花、弄花軒

肖柏花押

静遍（じょうへん）

鎌倉時代前期の真言・浄土宗の僧
生 一一六六（仁安元）
没 一二二四（元仁元）
心円房、心聞房、真蓮房

静遍花押

浄弁（じょうべん）

鎌倉・南北朝時代の天台宗の歌僧
[生] ?
[没] ?

浄弁花押

心慧（しんえ）

鎌倉時代後期の律宗の僧
[生] ?
[没] 一三〇六(徳治元)
智海、道照房

心慧花押

心越興儔（しんえつこうちゅう）

江戸時代の曹洞宗の来朝僧
[生] 一六三九(崇禎十二)
[没] 一六九五(元禄八)
兆隠、樵雲、越道人、東皐

心越興儔印(1)
「華落家童未掃
鳥啼山客猶眠」

心越興儔印(2)
「放情物外」

心越興儔印(3)
「東明枕漱石長嘯臥煙霞」

心敬（しんけい）

室町時代の連歌作家・歌人
[生] 一四〇六(応永十三)
[没] 一四七五(文明七)
心恵、連海(蓮海)

心敬花押

深賢（じんけん）

鎌倉時代の真言宗の僧
[生] ?
[没] 一二六一(弘長元)
浄林(静林、乗琳)、按察法印、地蔵院法印

深賢花押

新庄直頼（しんじょうなおより）

戦国・江戸時代前期の大名
[生] 一五三八(天文七)
[没] 一六一二(慶長十七)
新三郎、駿河守、宮内卿法印、(法)月海晟珊総寧寺

新庄直頼花押

真盛（しんせい）

室町時代の天台宗の僧
[生] 一四四三(嘉吉三)
[没] 一四九五(明応四)
宝珠丸、(諡)円戒国師、慈摂大師

真盛花押

真相（しんそう）

室町・戦国時代の水墨画家
[生] ?
[没] 一五二五(大永五)
相阿弥、鑑岳

真相花押

尋尊（じんそん）

室町時代の興福寺の僧、大乗院門跡

生 一四三〇（永享二）

没 一五〇八（永正五）

尋尊花押

真慧（しんね）

室町・戦国時代の浄土真宗の僧

生 一四三四（永享六）

没 一五一二（永正九）

真慧花押

親鸞（しんらん）

鎌倉時代の僧、浄土真宗開祖

生 一一七三（承安三）

没 一二六二（弘長二）

綽空、善信、範宴少納言公、愚禿、藤井善信、（諡）見真大師

親鸞花押(1)

親鸞花押(2)

陶晴賢（すえはるかた）

戦国時代の武将

生 一五二一（大永元）

没 一五五五（弘治元）

五郎、隆房、中務権大輔、尾張守、（法）呂翁全薑大居士

陶晴賢花押(1)

陶晴賢花押(2)

陶晴賢花押(3)

陶晴賢花押(4)

陶弘護（すえひろもり）

室町・戦国時代の武将

生 一四五五（康正元）

没 一四八二（文明十四）

鶴寿丸、五郎、越前守、尾張権守、（法）昌竜院殿建忠孝勲大居士

陶弘護花押

菅原在良（すがわらのありよし）

平安時代後期の漢詩人・歌人

生 一〇四三（長久四）

没 一一二二（保安三）

文章博士、摂津守、式部大輔

菅原在良花押

菅原為長（すがわらのためなが）

鎌倉時代前期の儒学者

生 一一五八（保元三）

没 一二四六（寛元四）

文章博士、備後権守、大蔵卿、式部大輔、参議、勘解由長官

菅原為長花押

崇光天皇（すこうてんのう）

一三四八—五一在位

生 一三三四（建武元）

没 一三九八（応永五）

益仁、興仁、勝円心

崇光天皇花押(1)

崇光天皇花押(2)

角倉素庵（すみのくらそあん）

江戸時代初期の思想家

生 一五七一（元亀二）

没 一六三二（寛永九）

玄之、貞順、子元、与一

角倉素庵花押(1)

角倉素庵花押(2)

角倉了以（すみのくらりょうい）

安土桃山・江戸時代前期の豪商

生 一五五四（天文二十三）

没 一六一四（慶長十九）

光好、与七

角倉了以花押

諏訪真性（すわしんしょう）

鎌倉時代の武将

生 ？

没 ？

盛経、三郎左衛門尉

諏訪真性花押

諏訪頼重（すわよりしげ）

戦国時代の武将

生 一五一六（永正十三）

没 一五四二（天文十一）

宮増丸、刑部大輔、（法）頼重院一気道洪禅定門

諏訪頼重花押

諏訪頼忠（すわよりただ）

戦国・安土桃山時代の武将

生 一五三六（天文五）

没 一六〇五（慶長十）

諏訪頼忠花押(1)

諏訪頼忠花押(2)

せ

世阿弥（ぜあみ）

室町時代前期の能役者・能作者

生 ？

没 ？

鬼夜叉、藤若、元清、三郎、至翁、善芳、世阿弥陀仏

世阿弥花押

西笑承兌（せいしょうじょうたい）

安土桃山・江戸時代初期の臨済宗の僧

生 一五四八(天文十七)

没 一六〇七(慶長十二)

兌長老

西笑承兌花押(1)

西笑承兌花押(2)

西笑承兌印(1)
「西笑」

西笑承兌印(2)
「西笑」

済信（せいじん）

平安時代中期の真言宗の僧

生 九五四(天暦八)

没 一〇三〇(長元三)

済信花押

清拙正澄（せいせつしょうちょう）

鎌倉時代後期の臨済宗の来朝僧

生 一二七四(咸淳十)

没 一三三九(暦応二・延元四)

(諡)大鑑禅師

清拙正澄花押(1)

清拙正澄花押(2)

成尊（せいそん）

平安時代中期の真言宗の僧

生 一〇一二(長和元)

没 一〇七四(承保元)

小野僧都

成尊花押

勢誉（せいよ）

江戸時代初期の真言宗の僧

生 ？

没 一六一二(慶長十七)

勢誉花押

絶海中津（ぜっかいちゅうしん）

室町時代前期の臨済宗の僧

生 一三三六(建武三・延元元)

没 一四〇五(応永十二)

要関、蕉堅道人、(諡)仏智広照国師、浄印翊聖国師

絶海中津花押(1)

絶海中津花押(2)

絶海中津印(1)
「釈中津印」

絶海中津印(2)
「絶海」

絶海中津印(3)
「明水」

雪江宗深（せっこうそうしん）

室町時代の臨済宗の僧

生 一四〇八(応永十五)

没 一四八六(文明十八)

(諡)仏日真照禅師

雪江宗深花押(1)

雪江宗深花押(2)

雪舟等楊（せっしゅうとうよう）

室町時代の禅僧画家

生 一四二〇(応永二十七)

没 ？

雪舟等楊花押

雪舟等楊印(1)
「雪舟」

雪舟等楊印(2)
「雪舟」

雪舟等楊印(3)
「等楊」

仙石秀久（せんごくひでひさ）

戦国・安土桃山時代の武将

生 一五五一（天文二十）

没 一六一四（慶長十九）

秀康、盛長、権兵衛、越前守、（法）円覚院宝誉道樹

仙石秀久花押(1)

仙石秀久花押(2)

仙石秀久花押(3)

仙石秀久花押(4)

仙石秀久花押(5)

仙石秀久花押(6)

仙石秀久印(1)

仙石秀久印(2)
「永楽国通宝」

仙石秀久印(3)
「富貴」

仙石秀久印(4)

禅助（ぜんじょ）

鎌倉時代後期の真言宗の僧

生 一二四七（宝治元）

没 一三三〇（元徳二）

真光院大僧正

禅助花押

禅爾（ぜんに）

鎌倉時代後期の華厳・律宗の僧

生 一二五二（建長四）

没 一三二五（正中二）

円戒房中一

禅爾花押

善如（ぜんにょ）

本願寺第四世

生 一三三三（正慶二・元弘三）

没 一三八九（康応元・元中六）

光養丸、俊玄、宗康、伯耆守、大納言、法印権大僧都

善如花押

千少庵（せんのしょうあん）

安土桃山・江戸時代初頭の茶湯者
生 一五四六（天文十五）
没 一六一四（慶長十九）
四郎左衛門、宗淳

千少庵花押(1)

千少庵花押(2)

千少庵花押(3)

千少庵花押(4)

千利休（せんのりきゅう）

室町・安土桃山時代の茶湯者
生 一五二二（大永二）
没 一五九一（天正十九）
与四郎、宗易、（法）抛筌斎利休
宗易居士

千利休花押

専誉（せんよ）

安土桃山時代の真言宗の僧
生 一五三〇（享禄三）
没 一六〇四（慶長九）
宮賢房、小池坊

専誉花押

増基（ぞうき）

平安時代中期の僧侶歌人
生 ？
没 ？

増基花押

蔵山順空（ぞうざんじゅんくう）

鎌倉時代の臨済宗の僧
生 一二三三（天福元）
没 一三〇八（延慶元）
広照、（諡）円鑑禅師

蔵山順空花押

宗性（そうしょう）

鎌倉時代中期の学僧

生 一二〇二(建仁二)
没 一二七八(弘安元)

宗性花押(1)

宗性花押(2)

宗長（そうちょう）

室町・戦国時代の連歌師

生 一四四八(文安五)
没 一五三二(天文元)
宗歓、柴屋軒

宗長花押

双峯宗源（そうほうそうげん）

鎌倉時代後期の臨済宗の僧

生 一二六三(弘長三)
没 一三三五(建武二)
逢源、双峯禅師、(諡)双峯国師

双峯宗源花押

相馬重胤（そうましげたね）

鎌倉・南北朝時代の武将

生 ?
没 一三三六(建武三・延元元)
孫五郎、(法)天叟

相馬重胤花押

相馬親胤（そうまちかたね）

南北朝時代の武将

生 ?
没 ?
孫次郎、出羽守、聖心、(法)月洞聖心

相馬親胤花押

宗義調（そうよししげ）

戦国・安土桃山時代の武将

生 一五三二(天文元)
没 一五八八(天正十六)
熊太郎、彦七、義親、刑部少輔、讃岐守、御西殿、閑斎一鷗、(法)椿齢宗寿長寿院

宗義調花押(1)

宗義調花押(2)

宗義智（そうよしとし）

安土桃山・江戸時代前期の大名

生 一五六八(永禄十一)
没 一六一五(元和元)
彦三、彦七、昭景、対馬守、侍従

宗義智花押

宗義盛（そうよしもり）

室町時代後期の武将
生 一四七六（文明八）
没 一五二〇（永正十七）
盛順、彦七、讃岐守

宗義盛花押

十河一存（そごうかずまさ）

戦国時代の武将
生 ？
没 一五六一（永禄四）
左衛門督、讃岐守、（法）清光院殿春月宗円禅定門

十河一存花押

尊円入道親王（そんえんにゅうどうしんのう）

伏見天皇の第五皇子
生 一二九八（永仁六）
没 一三五六（延文元・正平十一）

尊円入道親王花押(1)

尊円入道親王花押(2)

尊円入道親王花押(3)

尊円入道親王花押(4)

尊円入道親王花押(5)

尊円入道親王花押(6)

存覚（ぞんかく）

南北朝時代の浄土真宗の僧
生 一二九〇（正応三）
没 一三七三（応安六・文中二）
興親、親恵、光玄、中納言

存覚花押

尊照（そんしょう）

安土桃山・江戸時代前期の浄土宗の僧
生 一五六二（永禄五）
没 一六二〇（元和六）
行蓮社満誉九花

尊照花押

尊朝法親王（そんちょうほっしんのう）

戦国・安土桃山時代の皇族
生 一五五二（天文二十一）
没 一五九七（慶長二）
（諡）竜池院

尊朝法親王花押

存如（ぞんにょ）

本願寺第七世
生 一三九六（応永三）
没 一四五七（長禄元）
円兼、中納言

存如花押

た

大岳周崇（だいがくしゅうそう）

室町時代前期の臨済宗の僧
生 一三四五（貞和元・興国六）
没 一四二三（応永三十）

大岳周崇花押

大休正念（だいきゅうしょうねん）

鎌倉時代中期の臨済宗の来朝僧
生 一二一五（嘉定八）
没 一二八九（正応二）
（諡）仏源禅師

大休正念花押

大休宗休（だいきゅうそうきゅう）

室町時代後期の臨済宗の僧
生 一四六八（応仁二）
没 一五四九（天文十八）

大休宗休花押(1)

大休宗休花押(2)

太源宗真（たいげんそうしん）

南北朝時代の曹洞宗の僧
生 ？
没 一三七〇（応安三・建徳元）

太源宗真花押

太原崇孚（たいげんそうふ）

戦国時代の臨済宗の僧
生 一四九六（明応五）
没 一五五五（弘治元）
九英承菊、雪斎、（諡）宝珠護国禅師

太原崇孚花押

退耕行勇（たいこうぎょうゆう）

鎌倉時代の真言・臨済宗の僧
生 一一六三（長寛元）
没 一二四一（仁治二）
荘厳房

退耕行勇花押

大智（だいち）

鎌倉・南北朝時代の曹洞宗の僧

生 一二九〇（正応三）

没 一三六六（貞治五・正平二十一）

大智花押(1)

大智花押(2)

大道寺政繁（だいどうじまさしげ）

戦国時代の武将

生 一五三三（天文二）

没 一五九〇（天正十八）

孫九郎、駿河守、（法）爽炫院殿光月浄清大居士、松雲院殿江月常清大居士

大道寺政繁花押(1)

大道寺政繁花押(2)

大道寺政繁花押(3)

大道寺政繁印

平清盛（たいらのきよもり）

平安時代末期の武将

生 一一一八（元永元）

没 一一八一（養和元）

平相国、平禅門、六波羅殿（入道）、肥後守、安芸守、播磨守、大宰大弐、参議、内大臣、太政大臣、（法）清蓮、静（浄）海

平清盛花押(1)

平清盛花押(2)

平忠盛（たいらのただもり）

平安時代後期の武将

生 一〇九六（永長元）

没 一一五三（仁平三）

検非違使、伯耆守、越前守、備前守、中務大輔、美作守、尾張守、播磨守、内蔵頭、刑部卿

平忠盛花押

平親範（たいらのちかのり）

平安・鎌倉時代前期の公卿

生 一一三七（保延三）

没 一二二〇（承久二）

蔵人、弁官、蔵人頭、参議、民部卿、相蓮房（惣蓮房・想蓮房）円智

平親範花押

平経高（たいらのつねたか）

鎌倉時代中期の公卿

生 一一八〇（治承四）

没 一二五五（建長七）

蔵人、右少弁、右大弁、蔵人頭、参議、民部卿

平経高花押

平経盛（たいらのつねもり）

平安時代末期の武将

生 一一二四（天治元）

没 一一八五（文治元）

安芸守、常陸守、伊賀守、若狭守、参議

平経盛花押

平時忠（たいらのときただ）

平安時代末期の公卿

生 ？

没 一一八九（文治五）

参議、右衛門督、権中納言、中納言、権大納言

平時忠花押(1)

平時忠花押(2)

平信範（たいらののぶのり）

平安時代後期の公卿

生 一一一二（天永三）

没 一一八七（文治三）

平能、蔵人頭、権右中弁、兵部卿

平信範花押(1)

平信範花押(2)

平教盛（たいらののりもり）

平安時代末期の武将

生 一一二八（大治三）

没 一一八五（文治元）

淡路守、大和守、越中守、常陸守、能登守、内蔵頭、左馬権頭、参議、中納言、門脇中納言

平教盛花押

平通盛（たいらのみちもり）

平安時代末期の武将

生 ？

没 一一八四（元暦元）

中務大輔、左兵衛佐、中宮亮、常陸介、能登守、越前守、越前三位

平通盛花押

平宗盛（たいらのむねもり）

平安時代末期の武将

生 一一四七（久安三）

没 一一八五（文治元）

遠江守、参議、権中納言、右衛門督、右近衛大将、権大納言、内大臣

平宗盛花押

平盛時（たいらのもりとき）

鎌倉時代前期の幕府吏僚

生 ？

没 ？

民部丞

平盛時花押

平盛俊（たいらのもりとし）

平安時代末期の武将

生 ？

没 一一八四(元暦元)

越中守

平盛俊花押

平頼綱（たいらのよりつな）

鎌倉時代後期の武将

生 ？

没 一二九三(永仁元)

左衛門尉、平禅門、(法)果円、または果円・果然

平頼綱花押

平頼盛（たいらのよりもり）

平安・鎌倉時代初期の武将

生 一一三二(長承元)

没 一一八六(文治二)

池殿、池大納言、常陸守、安芸守、三河守、尾張守、参議、右衛門督、中納言、権大納言、(法)重蓮

平頼盛花押

高倉光守（たかくらみつもり）

南北朝時代初期の廷臣

生 ？

没 ？

勘解由次官、記録所寄人、右中弁

高倉光守花押(1)

高倉光守花押(2)

高倉光守花押(3)

高階為章（たかしなのためあき）

平安時代の廷臣

生 一〇五九(康平二)

没 一一〇三(康和五)

越後守、但馬守、加賀守、丹波守、木工頭

高階為章花押

高階業遠（たかしなのなりとお）

平安時代中期の廷臣

生 九六五(康保二)

没 一〇一〇(寛弘七)

越中守、丹波守、春宮権亮

高階業遠花押

高階泰経（たかしなのやすつね）

平安・鎌倉時代前期の公卿

生 一一三〇(大治五)

没 一二〇一(建仁元)

河内守、出羽守、摂津守、少納言、右京大夫、大蔵卿、皇后宮亮

高階泰経花押(1)

高階泰経花押(2)

多賀高忠（たがたかただ）

室町時代の武将
生 一四二五（応永三十二）
没 一四八六（文明十八）
新左衛門、豊後守、大源、（法）宗本

多賀高忠花押

鷹司兼平（たかつかさかねひら）

鎌倉時代の公卿
生 一二二八（安貞二）
没 一二九四（永仁二）
権中納言、権大納言、右近衛大将、内大臣、右大臣、左大臣、摂政、太政大臣、関白、称（照）念院殿、覚理

鷹司兼平花押

高橋元種（たかはしもとたね）

安土桃山・江戸時代前期の武将
生 ？
没 ？
九郎、右近大夫

高橋元種花押(1)

高橋元種花押(2)

高橋元種花押(3)

高山右近（たかやまうこん）

安土桃山・江戸時代前期の武将
生 一五五二（天文二十一）
没 一六一五（元和元）
彦五郎、友祥、長房、右近大夫、右近允、南坊、等伯、ジュスト（寿子・重出）

高山右近花押

滝川一益（たきがわかずます）

安土桃山時代の武将
生 一五二五（大永五）
没 一五八六（天正十四）
左近将監、伊予守、入庵、（法）道栄

滝川一益花押(1)

滝川一益花押(2)

滝川雄利（たきがわかつとし）

安土桃山時代の武将
生 一五四三（天文十二）
没 一六一〇（慶長十五）
友足、一盛、勝雅、雄親、雅利、三郎兵衛、下総守、兵部少輔、刑部卿法印、一路

滝川雄利花押

沢庵宗彭（たくあんそうほう）

江戸時代前期の臨済宗の僧
生 一五七三（天正元）
没 一六四五（正保二）
秀喜

沢庵宗彭花押

竹崎季長（たけざきすえなが）

鎌倉時代の武士
生 一二四六（寛元四）
没 ？
法喜

竹崎季長花押(1)

竹崎季長花押(2)

武田氏（たけだ）（甲斐）

武田氏印(1)「伝馬」

武田氏印(2)「船」

武田勝頼（たけだかつより）

戦国・安土桃山時代の武将
生 一五四六（天文十五）
没 一五八二（天正十）
四郎、大膳大夫、諏訪神勝頼、
（法）玉山竜公大禅門

武田勝頼花押

武田勝頼印(1)

武田勝頼印(2)「晴信」

武田勝頼印(3)

武田勝頼印(4)

武田勝頼印(5)「勝頼」

武田勝頼印(6)「五大力菩薩」

武田信玄（たけだしんげん）

戦国時代の武将
生 一五二一（大永元）
没 一五七三（天正元）
太郎、勝千代、晴信、左京大夫、大膳大夫、信濃守、法性院、徳栄軒、（法）恵林寺殿機山玄公大居士

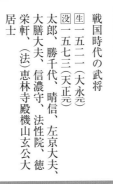

武田信玄花押(1)

武田信玄花押(2)

武田信玄印(1)

武田信玄印(2)

武田信玄印(3)

武田信玄印(4)
「晴信」

武田信玄印(5)
「晴信」

武田信虎（たけだのぶとら）

戦国時代の武将
生 一四九四(明応三)
没 一五七四(天正二)
五郎、信直、左京大夫、陸奥守、道因、無人斎、(法)大泉寺殿泰雲存公庵主

武田信虎花押(1)

武田信虎花押(2)

武田信虎印(1)
「信虎」

武田信虎印(2)

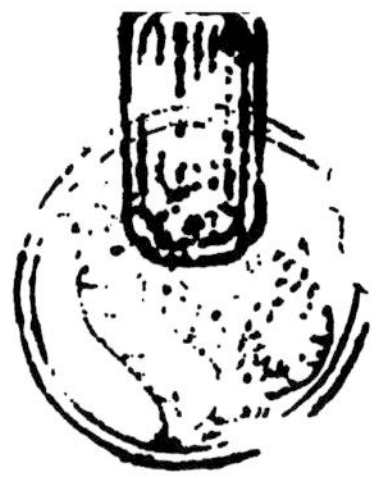

武田信虎印(3)

武田信虎印(4)
「信」

武田信満（たけだのぶみつ）

室町時代前期の武将
生 ?
没 一四一七(応永二十四)
次郎、安芸守、(法)明庵道光、棲雲寺殿明庵光公大居士

武田信満花押

武田元信（たけだもとのぶ）

戦国時代の武将
生 ?
没 一五二一(大永元)
彦次郎、伊豆守、大膳大夫、透関斎、(法)紹壮

武田元信花押

竹中重治（たけなかしげはる）

戦国時代の武将
生 一五四四(天文十三)
没 一五七九(天正七)
重虎、半兵衛

竹中重治花押(1)

竹中重治花押(2)

武野紹鷗（たけのじょうおう）

室町時代末期の茶湯者

生 一五〇二(文亀二)

没 一五五五(弘治元)

松菊丸、仲材、新五郎、一閑、大黒庵

武野紹鷗花押

立花宗茂（たちばなむねしげ）

安土桃山・江戸時代前期の大名

生 ?

没 一六四二(寛永十九)

宗虎、統虎、正成、親成、尚政、左近将監、侍従、飛騨守、(法)大円院松隠宗茂

立花宗茂花押(1)

立花宗茂花押(2)

立花宗茂花押(3)

立花宗茂花押(4)

立花宗茂花押(5)

立花宗茂花押(6)

立花宗茂印
「fida」

伊達稙宗（だてたねむね）

戦国時代の武将

生 一四八八(長享二)

没 一五六五(永禄八)

次郎、左京大夫、直山、受天、(法)直山円入智松院殿

伊達稙宗花押(1)

伊達稙宗花押(2)

伊達稙宗花押(3)

伊達稙宗花押(4)

伊達稙宗花押(5)

伊達稙宗印
「社」

伊達綱宗（だて つなむね）

江戸時代前期の大名

生 一六四〇（寛永十七）
没 一七一一（正徳元）

巳之助、藤次郎、侍従美作守、左近衛権少将、陸奥守、若狭守、嘉心、品川隠公、（法）雄山全威見性院殿

伊達綱宗印
「藤原綱宗」

伊達綱村（だて つなむら）

江戸時代前期の大名

生 一六五九（万治二）
没 一七一九（享保四）

亀千代、総次郎、綱基、左近衛権少将、陸奥守、左近衛権中将、上総介、東門居士、麻布老公、（法）肯山全提大年寺殿

伊達綱村印(1)
「綱村」

伊達綱村印(2)
「藤原綱村」

伊達輝宗（だて てるむね）

戦国・安土桃山時代の武将

生 一五四四（天文十三）
没 一五八五（天正十三）

彦太郎、総次郎、左京大夫、受心、（法）性山受心覚範寺殿

伊達輝宗花押(1)

伊達輝宗花押(2)

伊達輝宗印

伊達晴宗（だて はるむね）

戦国時代の武将

生 一五一九（永正十六）
没 一五七七（天正五）

次郎、左京大夫、奥州探題、道祐、（法）乾徳院殿保山道祐居士

伊達晴宗花押(1)

伊達晴宗花押(2)

伊達晴宗印
「与」

伊達政宗（だて まさむね）

室町時代の武将

生 一三五三（文和二・正平八）
没 一四〇五（応永十二）

兵部権少輔、大膳大夫、円孝、（法）儀山円孝東光寺殿

伊達政宗花押(1)

伊達政宗花押(2)

伊達政宗花押(3)

伊達政宗（だてまさむね）

安土桃山・江戸時代初期の大名
生 一五六七（永禄十）
没 一六三六（寛永十三）
梵天丸、藤次郎、美作守、侍従、越前守、右近衛権少将、陸奥守、参議、権中納言、（法）瑞巌寺貞山禅利大居士

伊達政宗花押(1)

伊達政宗花押(2)

伊達政宗花押(3)

伊達政宗花押(4)

伊達政宗花押(5)

伊達政宗花押(6)

伊達政宗花押(7)

伊達政宗花押(8)

伊達政宗花押(9)

伊達政宗花押(10)

伊達政宗花押(11)

伊達政宗花押(12)

伊達政宗花押(13)

伊達政宗花押(14)

伊達政宗花押(15)

伊達政宗花押(16)

伊達政宗花押(17)

伊達政宗花押(18)

伊達政宗花押(19)

伊達政宗花押(20)

伊達政宗花押(21)

伊達政宗印(1)
「竜納」

伊達政宗印(2)
「政宗」

伊達政宗印(3)

伊達政宗印(4)
「威伝」

伊達政宗印(5)

伊達政宗印(6)

伊達政宗印(7)

伊達政宗印(8)

伊達政宗印(9)
「政宗」

伊達持宗（だてもちむね）

室町時代前期の武将

生 一三九三（明徳四）

没 一四六九（文明元）

松犬丸、兵部少輔、大膳大夫、円宗、（法）天海円宗真常院殿

伊達持宗花押

伊達行朝（だてゆきとも）

南北朝時代の武将

生 一二九一（正応四）

没 一三四八（貞和四・正平三）

行宗、左近将監、宮内大輔、念海、（法）円如延明院殿

伊達行朝花押

田中吉政（たなかよしまさ）

安土桃山・江戸時代前期の大名
生 一五四八（天文十七）
没 一六〇九（慶長十四）
宗政、長政、兵部大輔

田中吉政花押(1)

田中吉政花押(2)

田中吉政印(1)

田中吉政印(2)

田村清顕（たむらきよあき）

戦国時代の武将
生 ？
没 一五八六（天正十四）
大膳大夫、侍従、（法）雲岳松公長雲寺

田村清顕花押

湛睿（たんえい）

鎌倉・南北朝時代の学僧
生 一二七一（文永八）
没 一三四六（貞和二・正平元）
本如房

湛睿花押(1)

湛睿花押(2)

湛睿花押(3)

丹波雅忠（たんばのまさただ）

平安時代中期の医家
生 一〇二一（治安元）
没 一〇八八（寛治二）
侍医、掃部頭、外記、丹波守、典薬頭、施薬院使、侍従

丹波雅忠花押

ち

千種忠顕（ちくさただあき）

南北朝時代の公卿、武将
生 ？
没 一三三六（建武三・延元元）
蔵人頭、左近衛中将、弾正大弼、丹波守、参議

千種忠顕花押(1)

千種忠顕花押(2)

千葉兼胤（ちばかねたね）

室町時代前期の武将
生 一三九二(明徳三)
没 一四三〇(永享二)
修理大夫、千葉介

千葉兼胤花押

仲方円伊（ちゅうほうえんい）

南北朝・室町時代前期の臨済宗の僧
生 一三五四(文和三・正平九)
没 一四一三(応永二十)
懶室、懶囝子

仲方円伊印(1)
「円伊」

仲方円伊印(2)
「仲方図書」

仲方円伊印(3)
「西来単伝」

重源（ちょうげん）

鎌倉時代前期の浄土宗の僧
生 一一二一(保安二)
没 一二〇六(建永元)
俊乗、南無阿弥陀仏

重源花押

長宗我部元親（ちょうそがべもとちか）

戦国時代の武将
生 一五三八(天文七)
没 一五九九(慶長四)
弥三郎、宮内少輔、羽柴土佐侍従、(法)雪蹊恕三大禅定門

長宗我部元親花押(1)

長宗我部元親花押(2)

長宗我部元親印(1)
「元親」

長宗我部元親印(2)
「長元親」

長宗我部盛親（ちょうそがべもりちか）

安土桃山時代の武将
生 一五七五(天正三)
没 一六一五(元和元)
千熊丸、右衛門太郎、土佐守、大岩祐夢、(法)源翁宗本

長宗我部盛親花押(1)

長宗我部盛親花押(2)

長宗我部盛親印
「盛親」

椿庭海寿（ちんていかいじゅ）

南北朝時代の臨済宗の僧

[生]一三一八（文保二）

[没]一四〇一（応永八）

椿庭海寿花押

つ

通翁鏡円（つうおうきょうえん）

鎌倉時代後期の臨済宗の僧

[生]一二五八（正嘉二）

[没]一三二五（正中二）

普照大光国師

通翁鏡円花押

通幻寂霊（つうげんじゃくれい）

南北朝時代の曹洞宗の僧

[生]一三二二（元亨二）

[没]一三九一（明徳二・元中八）

通幻寂霊花押(1)

通幻寂霊花押(2)

通幻寂霊花押(3)

通幻寂霊花押(4)

通幻寂霊花押(5)

津軽為信（つがるためのぶ）

江戸時代前期の大名

[生]一五五〇（天文十九）

[没]一六〇七（慶長十二）

右京亮、右京大夫、（法）瑞祥院殿天室源棟大居士

津軽為信花押

津田宗及（つだそうぎゅう）

安土桃山時代の豪商

[生]？

[没]一五九一（天正十九）

助五郎、天信、更幽斎

津田宗及花押

土御門定通（つちみかどさだみち）

鎌倉時代の公卿

[生]一一八八（文治四）

[没]一二四七（宝治元）

参議、左衛門督、検非違使別当、権中納言、中納言、権大納言、大納言、内大臣

土御門定通花押

筒井順慶（つついじゅんけい）

安土桃山時代の武将
生 一五四九（天文十八）
没 一五八四（天正十二）
藤勝、藤政、陽舜房順慶

筒井順慶花押(1)

筒井順慶花押(2)

筒井順慶花押(3)

筒井順慶花押(4)

筒井順慶花押(5)

筒井順慶花押(6)

て

徹通義介（てっつうぎかい）

鎌倉時代の曹洞宗の僧
生 一二一九（承久元）
没 一三〇九（延慶二）
義价、義鑑

徹通義介花押(1)

徹通義介花押(2)

徹通義介花押(3)

徹翁義亨（てっとうぎこう）

鎌倉・南北朝時代の臨済宗の僧
生 一二九五（永仁三）
没 一三六九（応安二・正平二十四）

徹翁義亨花押

寺井肇（てらいはじめ）

江戸時代後期の故実家
生 一七八七（天明七）
没 一八五四（安政元）
寛吾、淑俊、吉利、志修、槌屋、復古堂、求古堂

寺井肇印
「槌屋」

寺沢広高（てらざわひろたか）

安土桃山・江戸時代前期の大名
生 一五六三（永禄六）
没 一六三三（寛永十）
正成、広忠、忠次郎、志摩守、（法）宗可

寺沢広高花押

天隠竜沢（てんいんりゅうたく）

室町時代の臨済宗の僧
生 一四二二（応永二十九）
没 一五〇〇（明応九）
天岩、黙雲

天隠竜沢花押

天海（てんかい）

安土桃山・江戸時代前期の天台宗の僧
生 ？
没 一六四三（寛永二十）
南光坊、随風、（諡）慈眼大師

天海花押

天岸慧広（てんがんえこう）

鎌倉時代後期の臨済宗の僧
生 一二七三（文永十）
没 一三三五（建武二）
（諡）仏乗禅師

天岸慧広印（1）
「天岸」

天岸慧広印（2）
「慧広」

と

土井利忠（どいとしただ）

江戸時代後期の大名
生 一八一一（文化八）
没 一八六八（明治元）
能登守

土井利忠印
「T.S.T.D.」

洞院公賢（とういんきんかた）

鎌倉・南北朝時代の公卿
生 一二九一（正応四）
没 一三六〇（延文五・正平十五）
参議、権中納言、左兵衛督、春宮大夫、権大納言、内大臣、右大臣、左大臣、太政大臣、中園入道相国、遍昭光院、（法）空元

洞院公賢花押（1）

洞院公賢花押（2）

洞院公賢花押（3）

洞院公定（とういんきんさだ）

南北朝・室町時代前期の公卿
生 一三四〇（暦応三・興国元）
没 一三九九（応永六）
参議、権中納言、権大納言、左近衛大将、内大臣、右大臣、左大臣、中園左大臣、（法）元貞

洞院公定花押（1）

洞院公定花押（2）

洞院実雄（とういんさねかつ）

鎌倉時代中期の公卿
生 一二一七（建保五）
没 一二七三（文永十）
参議、権中納言、権大納言、内大臣、右大臣、左大臣、山階左大臣、（法）浄覚、経学

洞院実雄花押(1)

洞院実雄花押(2)

洞院実熙（とういんさねひろ）

室町時代前期の公卿
生 一四〇九（応永十六）
没 ？
実博、権中納言、権大納言、右近衛大将、内大臣、左近衛大将、右大臣、左大臣、東山左府、（法）元鏡

洞院実熙花押

洞院実世（とういんさねよ）

鎌倉・南北朝時代の公卿
生 一三〇八（延慶元）
没 一三五八（延文三・正平十三）
参議、権中納言、右衛門督、検非違使別当、権大納言、右近衛大将

洞院実世花押(1)

洞院実世花押(2)

洞院実世花押(3)

東巌慧安（とうがんえあん）

鎌倉時代中期の臨済宗の僧
生 一二二五（嘉禄元）
没 一二七七（建治三）
（諡）宏覚禅師

東巌慧安花押

東巌慧安印(1)

東巌慧安印(2)
「慧安」

道教（どうきょう）

鎌倉時代中期の真言宗の僧
生 一二〇〇（正治二）
没 一二三六（嘉禎二）
遍智院大僧都

道教花押

道元（どうげん）

鎌倉時代の僧、日本曹洞宗の開祖
生 一二〇〇（正治二）
没 一二五三（建長五）
仏法房、希玄、（諡）仏性伝東国師、承陽大師

道元花押

桃源瑞仙（とうげんずいせん）

室町時代の臨済宗の僧
生 一四三〇（永享二）
没 一四八九（延徳元）
春雨、亦庵、卍庵、蕉雨、蕉了

桃源瑞仙花押(1)

桃源瑞仙花押(2)

桃源瑞仙印
「桃源」

道光（どうこう）

鎌倉時代後期の浄土宗の僧
生 一二四三（寛元元）
没 ？
了慧、望西楼、蓮華堂

道光花押(1)

道光花押(2)

道興（どうこう）

室町時代後期の天台宗・修験道の僧
生 一四三〇（永享二）
没 一五〇一（文亀元）

道興花押(1)

道興花押(2)

道助入道親王（どうじょにゅうどうしんのう）

鎌倉時代の真言宗の僧
生 一一九六（建久七）
没 一二四九（建長元）
長仁

道助入道親王花押(1)

道助入道親王花押(2)

東常縁（とうつねより）

室町時代の武家、歌人
生 一四〇一（応永八）
没 ？
左近将監、素伝、昼錦居士

東常縁花押(1)

東常縁花押(2)

東常縁花押(3)

藤堂高虎（とうどうたかとら）

江戸時代前期の大名
生 一五五六（弘治二）
没 一六三〇（寛永七）
与吉、与右衛門、佐渡守、和泉守、少将、高山公、（法）寒松院殿道賢高山権大僧都

藤堂高虎花押(1)

藤堂高虎花押(2)

東明慧日（とうみょうえにち）

鎌倉時代後期の曹洞宗の来朝僧
生 一二七二（咸淳八）
没 一三四〇（暦応三・興国元）

東明慧日花押

富樫政親（とがしまさちか）

室町時代後期の武将
生 一四五五（康正元）
没 一四八八（長享二）
富樫介、二郎

富樫政親花押

富木常忍（ときじょうにん）

鎌倉時代の日蓮宗檀越
生 一二一六（建保四）
没 一二九九（正安元）
五郎、日常

富木常忍花押(1)

富木常忍花押(2)

土岐持頼（ときもちより）

室町時代の武将
生 ？
没 一四四〇（永享十二）
刑部少輔、大膳大夫、竜源寺春岩

土岐持頼花押

土岐康政（ときやすまさ）

室町時代の武将
生 ？
没 一四一八（応永二十五）
左馬助、大膳大夫、（法）勝善院文岩善昌

土岐康政花押

土岐康行（ときやすゆき）

南北朝時代の武将
生 ？
没 一四〇四（応永十一）
義行、左馬助、大膳大夫、（法）法雲院笑岩善喜

土岐康行花押

土岐頼遠（ときよりとお）

南北朝時代の武将
生 ？
没 一三四二（康永元・興国三）
弾正少弼、（法）乗船寺覚然大悟

土岐頼遠花押

土岐頼芸（ときよりなり）

戦国時代の武将
生 一五〇一（文亀元）
没 一五八二（天正十）
左京大夫、美濃守、（法）東春院文閑宗芸

土岐頼芸花押

土岐頼益（ときよります）

南北朝・室町時代の武将
生 一三五一（観応二・正平六）
没 一四一四（応永二十一）
美濃守、左京大夫、（法）興善寺寿岳常保

土岐頼益花押

土岐頼康（ときよりやす）

南北朝時代の武将
生 一三一八（文保二）
没 一三八七（嘉慶元・元中四）
刑部少輔、大膳大夫、善忠、（法）建徳寺節叟善忠

土岐頼康花押(1)

土岐頼康花押(2)

土岐頼康花押(3)

土岐頼康花押(4)

土岐頼康花押(5)

土岐頼康花押(6)

徳川家定（とくがわいえさだ）

江戸幕府第十三代将軍（一八五三―五八）
生 一八二四（文政七）
没 一八五八（安政五）
政之助、家祥、権大納言、右近衛大将、内大臣、（法）温恭院殿

徳川家定花押

徳川家定印
「家定」

徳川家重（とくがわいえしげ）

江戸幕府第九代将軍（一七四五―六〇）
生 一七一一（正徳元）
没 一七六一（宝暦十一）
権大納言、内大臣、右大臣、（法）惇信院

徳川家重花押

徳川家重印
「家重」

徳川家継（とくがわいえつぐ）

江戸幕府第七代将軍（一七一二―一七一六）

生 一七〇九（宝永六）
没 一七一六（享保元）

世良田鍋松、権大納言、（法）有章院殿

徳川家継印
「家継」

徳川家綱（とくがわいえつな）

江戸幕府第四代将軍（一六五一―一六八〇）

生 一六四一（寛永十八）
没 一六八〇（延宝八）

竹千代、権大納言、内大臣、右大臣、（法）厳有院

徳川家綱花押

徳川家綱印
「家綱」

徳川家斉（とくがわいえなり）

江戸幕府第十一代将軍（一七八六―一八三七）

生 一七七三（安永二）
没 一八四一（天保十二）

豊千代、権大納言、内大臣、右大臣、左大臣、太政大臣、（法）文恭院

徳川家斉花押

徳川家斉印
「家斉」

徳川家宣（とくがわいえのぶ）

江戸幕府第六代将軍（一七〇九―一七一二）

生 一六六二（寛文二）
没 一七一二（正徳二）

虎松、綱豊、新見左近、参議、権中納言、権大納言、内大臣、（法）文昭院殿

徳川家宣印
「家宣」

徳川家治（とくがわいえはる）

江戸幕府第十代将軍（一七六〇―一七八六）

生 一七三七（元文二）
没 一七八六（天明六）

竹千代、権大納言、内大臣、（法）浚明院殿

徳川家治花押

徳川家治印
「家治」

徳川家光（とくがわいえみつ）

江戸幕府第三代将軍（一六二三―一六五一）

生 一六〇四（慶長九）
没 一六五一（慶安四）

竹千代、権大納言、内大臣、右大臣、左大臣、（法）大猷院

徳川家光花押(1)

徳川家光花押(2)

徳川家光印
「家光」

徳川家茂（とくがわいえもち）

江戸幕府第十四代将軍（一八五八—六六）
生 一八四六（弘化三）
没 一八六六（慶応二）
菊千代、慶福、権大納言、内大臣、（法）昭徳院殿

徳川家茂印
「家茂」

徳川家康（とくがわいえやす）

江戸幕府初代将軍（一六〇三—〇五）
生 一五四二（天文十一）
没 一六一六（元和二）
竹千代、次郎三郎元信、松平元康、三河守、権中納言、権大納言、内大臣、右大臣、太政大臣、（号）東照大権現

徳川家康花押（1）

徳川家康花押（2）

徳川家康花押（3）

徳川家康花押（4）

徳川家康花押（5）

徳川家康花押（6）

徳川家康印（1）
「伝馬朱印」

徳川家康印（2）
「源家康忠恕」

徳川家康印（3）
「源家康忠恕」

徳川家康印（4）
「伝馬之調」

徳川家康印（5）
「恕家康」

徳川家康印（6）
「無悔無損」

徳川家康印（7）
「忠恕」

徳川家康印（8）
「源家康」

徳川家康印(9)
「福徳」

徳川家慶（とくがわいえよし）

江戸幕府第十二代将軍（一八三七—五三）
生 一七九三（寛政五）
没 一八五三（嘉永六）
松平敏次郎、大納言、内大臣、左大臣、（法）慎徳院

徳川家慶花押

徳川家慶印
「家慶」

徳川綱吉（とくがわつなよし）

江戸幕府第五代将軍（一六八〇—一七〇九）
生 一六四六（正保三）
没 一七〇九（宝永六）
徳松、権大納言、内大臣、右大臣、（法）常憲院殿

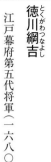

徳川綱吉花押

徳川綱吉印
「綱吉」

徳川秀忠（とくがわひでただ）

江戸幕府第二代将軍（一六〇五—二三）
生 一五七九（天正七）
没 一六三二（寛永九）
長松君、竹千代、右近衛権中将、権中納言、権大納言、右近衛大将、内大臣、右大臣、太政大臣、（法）台徳院殿

徳川秀忠花押(1)

徳川秀忠花押(2)

徳川秀忠印
「忠孝」

徳川義直（とくがわよしなお）

江戸時代前期の大名
生 一六〇〇（慶長五）
没 一六五〇（慶安三）
五郎太、義知、義利、子敬、参議、右近衛権中将、権中納言、権大納言、（諡）源敬

徳川義直印
「御本」

徳川慶喜（とくがわよしのぶ）

江戸幕府第十五代将軍（一八六六—六七）
生 一八三七（天保八）
没 一九一三（大正二）
七郎麿、昭致、子邦、左近衛中将、刑部卿、参議、権大納言、内大臣、興山

徳川慶喜印
「慶喜」

徳川吉宗（とくがわよしむね）

江戸幕府第八代将軍（一七一六—四五）
生 一六八四（貞享元）
没 一七五一（宝暦元）
源六、頼方、新之助、権中納言、内大臣、右大臣、（法）有徳院殿

徳川吉宗花押

徳川吉宗印
「吉宗」

徳大寺公継（とくだいじきんつぐ）

鎌倉時代前期の公卿
生 一一七五（安元元）
没 一二二七（安貞元）
参議、権中納言、左衛門督、中納言、大納言、右近衛大将、内大臣、右大臣、左大臣

徳大寺公継花押

徳大寺実定（とくだいじさねさだ）

平安・鎌倉時代前期の公卿
生 一一三九（保延五）
没 一一九一（建久二）
権中納言、右衛門督、中納言、権大納言、左近衛大将、内大臣、右大臣、左大臣、（法）如円

徳大寺実定花押

徳大寺実基（とくだいじさねもと）

鎌倉時代中期の公卿
生 一二〇一（建仁元）
没 一二七三（文永十）
権中納言、中納言、権大納言、右近衛大将、内大臣、太政大臣、（法）因性

徳大寺実基花押

土肥実平（どひさねひら）

平安・鎌倉時代の武士
生 ？
没 ？
次郎

土肥実平花押

豊臣秀次（とよとみひでつぐ）

安土桃山時代の武将
生 一五六八（永禄十一）
没 一五九五（文禄四）
三好信吉、次兵衛、孫七郎、権中納言、権大納言、内大臣、関白、左大臣、（法）高巌寺、瑞泉院高巌一峯、善正寺道意

豊臣秀次花押

豊臣秀次印（1）
「秀次正道」

豊臣秀次印（2）
「豊臣秀次」

豊臣秀吉（とよとみひでよし）

安土桃山時代の武将
生 一五三七（天文六）
没 一五九八（慶長三）
日吉丸、木下藤吉郎、筑前守、参議、権大納言、内大臣、関白、太政大臣、（号）豊国大明神

豊臣秀吉花押（1）

豊臣秀吉花押（2）

豊臣秀吉花押（3）

豊臣秀吉印(1)

豊臣秀吉印(2)
「豊臣」

豊臣秀頼（とよとみひでより）

安土桃山時代の武将

生 一五九三(文禄二)

没 一六一五(元和元)

拾、権中納言、権大納言、内大臣、右大臣

豊臣秀頼花押

豊臣秀頼印
「秀頼」

頓阿（とんあ）

南北朝時代の歌人

生 一二八九(正応二)

没 一三七二(応安五・文中元)

二階堂貞宗、泰尋、感空

頓阿花押

内藤信成（ないとうのぶなり）

安土桃山・江戸時代前期の大名

生 一五四五(天文十四)

没 一六一二(慶長十七)

三左衛門尉、豊前守、(法)法善院大誉陽竹宗賢

内藤信成花押

直江兼続（なおえかねつぐ）

安土桃山・江戸時代前期の武将

生 一五六〇(永禄三)

没 一六一九(元和五)

与六、重光、山城守、(法)達三全智居士

直江兼続花押(1)

直江兼続花押(2)

直江兼続花押(3)

直江兼続花押(4)

直江兼続印
「栄福」

永井直勝（ながいなおかつ）

江戸時代前期の大名
生 一五六三（永禄六）
没 一六二五（寛永二）
右近大夫、（法）大雄院月丹

永井直勝花押

長井宗秀（ながいむねひで）

鎌倉時代後期の武将
生 一二六五（文永二）
没 一三二七（嘉暦二）
宮内権大輔、掃部頭、道雄

長井宗秀花押

長尾景仲（ながおかげなか）

室町時代前期の武将
生 一三八八（嘉慶二・元中五）
没 一四六三（寛正四）
孫四郎、景重、左衛門尉、昌賢、（法）月澄院殿俊叟昌賢庵主

長尾景仲花押(1)

長尾景仲花押(2)

長尾景長（ながおかげなが）

室町時代後期の武将
生 一四六九（文明元）
没 一五二八（享禄元）
房景、新五郎、但馬守、亭泉斎、禅香、（法）長林寺殿笑岩禅香大居士

長尾景長花押(1)

長尾景長花押(2)

長尾景春（ながおかげはる）

室町時代後期の武将
生 一四四三（嘉吉三）
没 一五一四（永正十一）
孫四郎、四郎右衛門、右衛門尉、左衛門尉、伊玄斎（入道）、（法）凉峰院殿大雄伊玄庵主

長尾景春花押(1)

長尾景春花押(2)

長尾為景（ながおためかげ）

戦国時代前期の武将
生 ？
没 一五四二（天文十一）
六郎、弾正左衛門尉、信濃守、桃渓庵宗弘、絞竹庵張恕、蘇久、黄博、道七

長尾為景花押(1)

長尾為景花押(2)

長尾為景花押(3)

長尾為景花押(4)

長尾為景印

長尾能景

室町時代後期の武将

生 ?

没 一五〇六(永正三) 弾正左衛門尉、信濃守、(法)高岳正統

長尾能景花押(1)

長尾能景花押(2)

長尾能景印「信」

中川清秀

安土桃山時代の武将

生 一五四二(天文十一)

没 一五八三(天正十一) 瀬兵衛、(法)行誉荘岳浄光院

中川清秀花押

長崎高資

鎌倉時代末期の武将

生 ?

没 一三三三(正慶二・元弘三) 新左衛門尉

長崎高資花押

長沼宗政

鎌倉時代前期の武将

生 一一六二(応保二)

没 一二四〇(仁治元) 五郎、淡路守

長沼宗政花押

中院定平

鎌倉・南北朝時代前期の公卿、武将

生 ?

没 ? 良定、左近衛中将

中院定平花押(1)

中院定平花押(2)

中院通勝

安土桃山・江戸時代前期の公卿

生 一五五六(弘治二)

没 一六一〇(慶長十五) 参議、権中納言、侍従、素然、也足軒、(法)竹渓院前拾遺黄門素然智空

中院通勝花押

中院通勝印

中院通成（なかのいんみちなり）

鎌倉時代の公卿
生 一二二二(貞応元)
没 一二八六(弘安九)
参議、右衛門督、権中納言、左右衛門督、権大納言、大納言、内大臣、性乗

中院通成花押

中院通秀（なかのいんみちひで）

室町時代の公卿
生 一四二八(正長元)
没 一四九四(明応三)
通時、参議、左近衛中将、権中納言、権大納言、内大臣、(法)十輪院済川妙益

中院通秀花押

中院通冬（なかのいんみちふゆ）

鎌倉・南北朝時代の公卿
生 一三一五(正和四)
没 一三六三(貞治二・正平十八)
参議、権中納言、左衛門督、権大納言、大納言

中院通冬花押

中原親能（なかはらちかよし）

鎌倉時代前期の武将
生 一一四三(康治二)
没 一二〇八(承元二)
美濃権守、式部大夫、掃部頭、寂忍

中原親能花押(1)

中原親能花押(2)

中原章有（なかはらのりあり）

鎌倉・室町時代前期の明法家
生 ?
没 ?
右衛門少志(道志)、左少尉、正親町大夫判官

中原章有花押(1)

中原章有花押(2)

中原章房（なかはらのりふさ）

鎌倉時代後期の明法家
生 ?
没 一三三〇(元徳二)
少判事、左衛門大志、主税助、左衛門権少尉、安芸権介、大判事

中原章房花押

中原師員（なかはらもろかず）

鎌倉幕府の武将
生 一一八五(文治元)
没 一二五一(建長三)
権少外記、少外記、大蔵権少輔、摂津守、大膳権大夫、主計頭、(法)行厳

中原師員花押

中御門天皇（なかみかどてんのう）

一七〇九―三五在位
生 一七〇一(元禄十四)
没 一七三七(元文二)
長宮、慶仁

中御門天皇花押

中御門宣明（なかみかどのぶあき）

南北朝時代の公卿

生 一三〇二（乾元元）

没 一三六五（貞治四・正平二十）

参議、権中納言、権大納言、（法）乗誓

中御門宣明花押（1）

中御門宣明花押（2）

中御門宣明花押（3）

中御門宣明花押（4）

中御門宣胤（なかみかどのぶたね）

室町時代後期の公卿

生 一四四二（嘉吉二）

没 一五二五（大永五）

参議、権中納言、権大納言、（法）乗光

中御門宣胤花押（1）

中御門宣胤花押（2）

中御門宣秀（なかみかどのぶひで）

室町・戦国時代の公卿

生 一四六九（文明元）

没 一五三一（享禄四）

参議、権中納言、権大納言、（法）乗円

中御門宣秀花押（1）

中御門宣秀花押（2）

中御門宣秀花押（3）

中御門宣秀花押（4）

中山定親（なかやまさだちか）

室町時代前期の公卿

生 一四〇一（応永八）

没 一四五九（長禄三）

参議、権中納言、権大納言、弾正尹、（法）祐繁

中山定親花押

中山忠親（なかやまただちか）

平安・鎌倉時代前期の公卿

生 一一三一（天承元）

没 一一九五（建久六）

参議、権中納言、右衛門督、検非違使別当、春宮大夫、権大納言、内大臣

中山忠親花押

名越時章（なごえときあき）

鎌倉時代中期の武将
生 一二一五（建保三）
没 一二七二（文永九）
大炊助、式部少丞、式部大丞、尾張守、遠江式部大夫、見西、尾張入道

名越時章花押

名越朝時（なごえともとき）

鎌倉時代中期の武将
生 一一九四（建久五）
没 一二四五（寛元三）
相模次郎、陸奥次郎、式部少丞、周防権守、式部大丞、越後守、遠江守、生西

名越朝時花押(1)

名越朝時花押(2)

長束正家（なつかまさいえ）

安土桃山時代の武将
生 ？
没 一六〇〇（慶長五）
新三、大蔵大輔、侍従、（法）大心院殿速成居士

長束正家花押(1)

長束正家花押(2)

鍋島直茂（なべしまなおしげ）

江戸時代前期の大名
生 一五三八（天文七）
没 一六一八（元和四）
彦法師丸、信昌、信生、孫四郎、飛驒守、加賀守、（法）日峯宗智大居士

鍋島直茂花押(1)

鍋島直茂花押(2)

鍋島直茂花押(3)

鍋島直茂花押(4)

鍋島直茂花押(5)

鍋島直茂花押(6)

鍋島直茂花押(7)

鍋島直茂花押(8)

鍋島直茂花押(9)

鍋島直茂花押(10)

鍋島直茂花押(11)

成富兵庫（なりどみひょうご）

戦国・江戸時代前期の武将

生 一五六〇（永禄三）

没 一六三四（寛永十一）

信安、賢種、茂種、茂安、千代法師丸、新九郎、十右衛門尉、兵庫助、（法）玉心院永久日実

成富兵庫花押

成瀬正成（なるせまさなり）

江戸時代前期の大名、老中

生 一五六七（永禄十）

没 一六二五（寛永二）

小吉、隼人正、（法）白林院直指宗心

成瀬正成花押

名和長年（なわながとし）

鎌倉・南北朝時代の武士

生 ？

没 一三三六（建武三・延元元）

長高、東市正、左衛門尉、伯耆守、（法）釈阿

名和長年花押

南化玄興（なんかげんこう）

安土桃山時代の臨済宗の僧

生 一五三八（天文七）

没 一六〇四（慶長九）

虚白、（諡）定慧円明国師

南化玄興花押

南山士雲（なんざんしうん）

鎌倉時代後期の臨済宗の僧

生 一二五四（建長六）

没 一三三五（建武二）

南山士雲花押

南部信光（なんぶのぶみつ）

南北朝時代の武将

生 ？

没 一三七六（永和二・天授二）

力寿丸、三郎、大炊助、薩摩守、（法）嶂外青公

南部信光花押

南部政長（なんぶまさなが）

南北朝時代の武将

生 ？

没 一三六〇（延文五・正平十五）

六郎、遠江守、（法）舜叟敲堯

南部政長花押

南浦紹明（なんぽじょうみん）

鎌倉時代の臨済宗の僧

生 一二三五（嘉禎元）

没 一三〇八（延慶元）

（諡）円通大応国師

南浦紹明花押(1)

南浦紹明花押(2)

南浦紹明印「南浦」

二階堂貞藤（にかいどうさだふじ）

鎌倉時代後期の武将

生 一二六七（文永四）

没 一三三四（建武元）

出羽守、道蘊

二階堂貞藤花押

二階堂行政（にかいどうゆきまさ）

鎌倉時代前期の幕府吏僚

生 ？

没 ？

二階堂行政花押(1)

二階堂行政花押(2)

二階堂行政花押(3)

日向（にこう）

鎌倉時代の日蓮宗の僧

生 一二五三（建長五）

没 一三一四（正和三）

佐渡房、佐渡公、佐渡阿闍梨、民部阿闍梨

日向花押(1)

日向花押(2)

二条昭実（にじょうあきざね）

安土桃山・江戸時代前期の公卿

生 一五五六（弘治二）

没 一六一九（元和五）

権中納言、権大納言、左近衛大将、内大臣、右大臣、左大臣、関白、（法）後中院

二条昭実花押

二条為氏（にじょうためうじ）

鎌倉時代中期の公卿
生 一二二二（貞応元）
没 一二八六（弘安九）
参議、右衛門督、権中納言、権大納言、覚阿

二条為氏花押(1)

二条為氏花押(2)

二条為定（にじょうためさだ）

鎌倉・南北朝時代の公卿
生 一二九三（永仁元）
没 一三六〇（延文五・正平十五）
参議、右兵衛督、権中納言、民部卿、権大納言、釈空

二条為定花押

二条為世（にじょうためよ）

鎌倉・南北朝時代の公卿
生 一二五〇（建長二）
没 一三三八（暦応元・延元三）
参議、権中納言、侍従、権大納言、民部卿、明融

二条為世花押

二条師基（にじょうもろもと）

南北朝時代の公卿
生 一三〇一（正安三）
没 一三六五（貞治四・正平二十）
権中納言、右近衛中将、権大納言、大宰権帥、兵部卿、内大臣、左大臣、関白、（法）光明台院

二条師基花押

二条良基（にじょうよしもと）

南北朝時代の公卿
生 一三二〇（元応二）
没 一三八八（嘉慶二・元中五）
権中納言、権大納言、左近衛大将、内大臣、右大臣、関白、左大臣、太政大臣、摂政、春渓、五湖釣翁、関路老槐、（諡）後普光園院

二条良基花押

日印（にちいん）

鎌倉時代後期の日蓮宗の僧
生 一二六四（文永元）
没 一三二八（嘉暦三）
摩訶一房

日印花押(1)

日印花押(2)

日什（にちじゅう）

南北朝時代の日蓮宗の僧
生 一三一四（正和三）
没 一三九二（明徳三）
玄妙能化、権少僧都

日什花押

日静（にちじょう）

鎌倉・南北朝時代の日蓮宗の僧
生 一二九八(永仁六)
没 一三六九(応安二・正平二四)
妙竜院

日静花押

日像（にちぞう）

鎌倉時代後期の日蓮宗の僧
生 一二六九(文永六)
没 一三四二(康永元・興国三)
経一丸、肥後房、肥後阿闍梨

日像花押

日目（にちもく）

鎌倉時代後期の日蓮宗の僧
生 一二六〇(文応元)
没 一三三三(正慶二・元弘三)
蓮蔵房

日目花押(1)

日目花押(2)

日輪（にちりん）

鎌倉・南北朝時代の日蓮宗の僧
生 一二七二(文永九)
没 一三五九(延文四・正平一四)
治部公、大経阿闍梨

日輪花押(1)

日輪花押(2)

日輪花押(3)

日蓮（にちれん）

鎌倉時代の僧、日蓮宗の開祖
生 一二二二(貞応元)
没 一二八二(弘安五)
薬王丸、善日麿、蓮長、是聖房

日蓮花押(1)

日蓮花押(2)

日蓮花押(3)

日蓮花押(4)

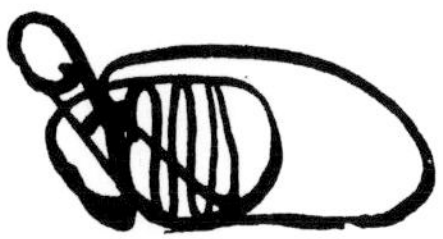

日蓮花押(5)

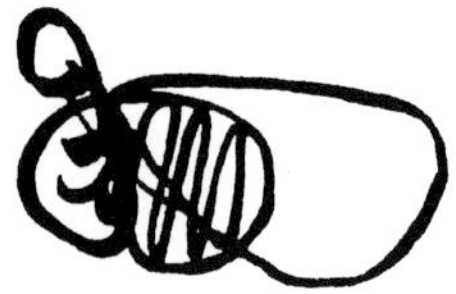

日蓮花押(6)

日蓮花押(7)

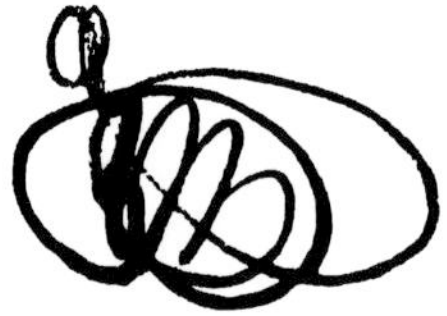

日蓮花押(8)

日朗（にちろう）

鎌倉時代後期の日蓮宗の僧

生 一二四五(寛元三)

没 一三二〇(元応二)

筑後房、大国阿闍梨

日朗花押(1)

日朗花押(2)

仁木義長（につきよしなが）

南北朝時代の武将

生 ？

没 一三七六(永和二・天授二)

四郎、右馬権助、越後守、右馬頭、右京大夫

仁木義長花押(1)

仁木義長花押(2)

仁木義長花押(3)

仁木頼章（につきよりあき）

南北朝時代の武将、執事

生 一二九九(正安元)

没 一三五九(延文四・正平十四)

二郎三郎、周防守、伊賀守、兵部大輔、左京大夫、道璟

仁木頼章花押(1)

仁木頼章花押(2)

仁木頼章花押(3)

日興（にっこう）

鎌倉時代後期の日蓮宗の僧

生 一二四六(寛元四)

没 一三三三(正慶二・元弘三)

伯耆房、白蓮阿闍梨

日興花押(1)

日興花押(2)

日興花押(3)

日昭（にっしょう）

鎌倉時代の日蓮宗の僧

生 一二二一（承久三）

没 一三二三（元亨三）

弁阿闍梨

日昭花押(1)

日昭花押(2)

日親（にっしん）

室町時代の日蓮宗の僧

生 一四〇七（応永十四）

没 一四八八（長享二）

日親花押

新田義興（にったよしおき）

南北朝時代の武将

生 一三三一（元徳三・元弘元）

没 一三五八（延文三・正平十三）

徳寿丸、左兵衛佐

新田義興花押

新田義貞（にったよしさだ）

鎌倉・南北朝時代の武将

生 ？

没 一三三八（暦応元・延元三）

小太郎、左近衛中将、右衛門佐、治部大輔

新田義貞花押(1)

新田義貞花押(2)

新田義宗（にったよしむね）

南北朝時代の武将

生 ？

没 一三六八（応安元・正平二十三）

左近衛少将、武蔵守

新田義宗花押

日法（にっぽう）

鎌倉時代後期の日蓮宗の僧

生 一二五九（正元元）

没 一三四一（暦応四・興国二）

和泉公、和泉阿闍梨

日法花押

日峯宗舜（にっぽうそうしゅん）

室町時代前期の臨済宗の僧

生 一三六八（応安元・正平二十三）

没 一四四八（文安五）

昌昕、（諡）禅源大済禅師号

日峯宗舜花押(1)

日峯宗舜花押(2)

蜷川親元（にながわちかもと）

室町時代の武士

生 一四三三（永享五）

没 一四八八（長享二）

新右衛門尉、不白軒、友石、（法）道寿

蜷川親元花押

庭田重資（にわたしげすけ）

南北朝時代の公卿

生 一三〇五（嘉元三）

没 一三八九（康応元・元中六）

参議、越後権守、権中納言

庭田重資花押

丹羽長秀（にわながひで）

安土桃山時代の武将

生 一五三五（天文四）

没 一五八五（天正十三）

惟住五郎左衛門、（法）大憐宗徳

総光寺

丹羽長秀花押

忍性（にんしょう）

鎌倉時代の真言律宗の僧

生 一二一七（建保五）

没 一三〇三（嘉元元）

良観房

忍性花押(1)

忍性花押(2)

仁如集堯（にんじょしゅうぎょう）

戦国時代の臨済宗の僧

生 一四八三（文明十五）

没 一五七四（天正二）

睡足翁、雲間野衲

仁如集堯花押

は

梅山聞本（ばいさんもんぽん）

室町時代前期の曹洞宗の僧

生 ？

没 一四一七（応永二十四）

梅山聞本花押

白雲慧暁（はくうんえぎょう）

鎌倉時代の臨済宗の僧
生 一二二三（貞応二）
没 一二九七（永仁五）
隠谷子、（諡）仏照禅師

白雲慧暁印(1)「白雲」

白雲慧暁印(2)「恵暁」

白雲慧暁印(3)「隠谷」

羽柴秀勝（はしばひでかつ）

安土桃山時代の武将
生 一五六八（永禄十一）
没 一五八五（天正十三）
於次丸、丹波中納言

羽柴秀勝花押

羽柴秀勝印「秀勝」

羽柴秀勝（はしばひでかつ）

安土桃山時代の武将
生 一五六九（永禄十二）
没 一五九二（文禄元）
小吉

羽柴秀勝印(1)「秀勝」

羽柴秀勝印(2)「秀勝」

羽柴秀長（はしばひでなが）

安土桃山時代の武将
生 ？
没 一五九一（天正十九）
長秀、木下小一郎、美濃守、参議、権中納言、権大納言、大和大納言、（法）大光院殿前亜相春岳紹栄大居士

羽柴秀長花押

羽柴秀長印「羽柴秀長」

長谷川等伯（はせがわとうはく）

安土桃山時代の画家
生 一五三九（天文八）
没 一六一〇（慶長十五）
菊松、又四郎、帯刀、信春、（法）厳浄院等伯日妙居士

長谷川等伯印(1)「長谷川」

長谷川等伯印(2)「等伯」

長谷川等伯印(3)「等伯」

長谷川等伯印(4)「信春」

長谷川等伯印(5)
「信春」

支倉常長（はせくらつねなが）

慶長遣欧使節大使

生 一五七一(元亀二)

没 一六二二(元和八)

長経、与市、六右衛門、フェリーペ＝フランシスコ

支倉常長花押

畠山国清（はたけやまくにきよ）

南北朝時代の武将

生 ?

没 一三六二(貞治元・正平十七)

阿波次郎、左近将監、修理権大夫、阿波守、道誓

畠山国清花押(1)

畠山国清花押(2)

畠山国清花押(3)

畠山国清花押(4)

畠山国清花押(5)

畠山国清花押(6)

畠山高国（はたけやまたかくに）

南北朝時代の武将

生 一三〇五(嘉元三)

没 一三五一(観応二・正平六)

上野介、信元

畠山高国花押(1)

畠山高国花押(2)

畠山高政（はたけやまたかまさ）

戦国時代の武将

生 一五二七(大永七)

没 一五七六(天正四)

二郎、修理亮、尾張守、一空、(法)多宝寺殿

畠山高政花押

畠山直顕（はたけやまただあき）

南北朝時代の武将

生 ?

没 ?

義顕、七郎、修理亮、治部大輔

畠山直顕花押(1)

畠山直顕花押(2)

畠山尚順（はたけやまひさのぶ）

戦国時代の武将

生 一四七五（文明七）

没 一五二二（大永二）

尚慶、尾張守、卜山、（法）勝仙院竜源

畠山尚順花押（1）

畠山尚順花押（2）

畠山政長（はたけやままさなが）

室町時代後期の武将、管領

生 一四四二（嘉吉二）

没 一四九三（明応二）

次郎（または弥二郎）、尾張守、左衛門督、（法）実隆寺殿

畠山政長花押（1）

畠山政長花押（2）

畠山満家（はたけやまみついえ）

室町時代前期の武将、管領

生 一三七二（応安五・文中元）

没 一四三三（永享五）

尾張守、左衛門督、道端、（法）真観寺殿

畠山満家花押

畠山満慶（はたけやまみつのり）

室町時代前期の武将

生 一三七二（応安五・文中元）

没 一四三二（永享四）

満則、左馬助、修理大夫、道祐、真源、（法）勝禅寺殿

畠山満慶花押（1）

畠山満慶花押（2）

畠山持国（はたけやまもちくに）

室町時代前期の武将、管領

生 一三九八（応永五）

没 一四五五（康正元）

尾張守、左衛門督、徳本、（法）光孝寺殿

畠山持国花押（1）

畠山持国花押（2）

畠山基国（はたけやまもとくに）

南北朝・室町時代前期の武将、管領

生 一三五二（文和元・正平七）

没 一四〇六（応永十三）

三郎、右衛門佐、徳元、（法）長禅寺殿春岩

畠山基国花押

畠山義綱（はたけやまよしつな）

戦国時代後期の武将

【生】？
【没】一五九三（文禄二）

義胤、次郎、修理大夫、（法）興善院殿華岳徳栄

畠山義綱花押(1)

畠山義綱花押(2)

畠山義就（はたけやまよしなり）

室町時代後期の武将

【生】一四三七（永享九）
【没】一四九〇（延徳二）

義夏、伊予守、右衛門佐、（法）宝泉寺

畠山義就花押

畠山義英（はたけやまよしひで）

戦国時代の武将

【生】？
【没】？

次郎、上総介、右衛門佐

畠山義英花押

畠山義総（はたけやまよしふさ）

戦国時代の武将

【生】一四九一（延徳三）
【没】一五四五（天文十四）

次郎、左衛門佐、修理大夫、（法）興臨院殿伝翁徳胤

畠山義総花押

畠山義統（はたけやまよしむね）

室町時代後期の武将

【生】？
【没】一四九七（明応六）

左衛門佐、（法）大寧寺殿大彦徳孫

畠山義統花押

蜂須賀家政（はちすかいえまさ）

安土桃山・江戸時代前期の大名

【生】一五五八（永禄元）
【没】一六三八（寛永十五）

小六、阿波守、蓬庵、（法）蓬庵常仙瑞雲院

蜂須賀家政花押(1)

蜂須賀家政花押(2)

蜂須賀家政花押(3)

蜂須賀家政花押(4)

蜂須賀家政花押(5)

蜂須賀家政花押(6)

蜂須賀家政花押(7)

蜂須賀家政花押(8)

蜂須賀家政花押(9)

蜂須賀家政印(1)
「家政」

蜂須賀家政印(2)

蜂須賀忠英（はちすかただてる）

江戸時代前期の大名
生 一六一一（慶長十六）
没 一六五二（承応元）
千松丸、阿波守、（法）熙峯天庸興源院

蜂須賀忠英印

蜂須賀正勝（はちすかまさかつ）

戦国時代の武将
生 一五二六（大永六）
没 一五八六（天正十四）
小六、彦右衛門尉、（法）良岩浄張

蜂須賀正勝花押(1)

蜂須賀正勝花押(2)

蜂須賀正勝花押(3)

蜂須賀正勝花押(4)

蜂須賀正勝花押(5)

蜂須賀正勝花押(6)

蜂須賀至鎮（はちすかよししげ）

江戸時代前期の大名
生 一五八六（天正十四）
没 一六二〇（元和六）
千松丸、長門守、阿波守、（法）心岳義伝峻徳院

蜂須賀至鎮花押(1)

蜂須賀至鎮花押(2)

蜂須賀至鎮花押(3)

蜂須賀至鎮花押(4)

蜂須賀至鎮花押(5)

蜂須賀至鎮花押(6)

蜂須賀至鎮花押(7)

蜂須賀至鎮花押(8)

蜂須賀至鎮花押(9)

蜂須賀至鎮花押(10)

蜂須賀至鎮印(1)

蜂須賀至鎮印(2)
「雄」

蜂須賀至鎮印(3)
「賜進士」

蜂須賀至鎮印(4)

服部持法（はっとりじほう）

鎌倉・南北朝時代初期の武士
生 ？
没 ？
右衛門太郎、道秀

服部持法花押(1)

服部持法花押(2)

服部持法花押(3)

花園天皇（はなぞのてんのう）

一三〇八—一八在位
生 一二九七(永仁五)
没 一三四八(貞和四・正平三)
富仁、遍行、萩原院

花園天皇花押(1)

花園天皇花押(2)

花園天皇花押(3)

花園天皇花押(4)

葉室定嗣（はむろさだつぐ）

鎌倉時代中期の公卿
生 一二〇八（承元二）
没 一二七二（文永九）
光嗣、高嗣、参議、大蔵卿、左兵衛督、検非違使別当、権中納言、定然

葉室定嗣花押(1)

葉室定嗣花押(2)

葉室定嗣花押(3)

幡随意（ばんずいい）

江戸時代前期の浄土宗の学僧
生 一五四二（天文十一）
没 一六一五（元和元）
演蓮社智誉向阿白道

幡随意花押(1)

幡随意花押(2)

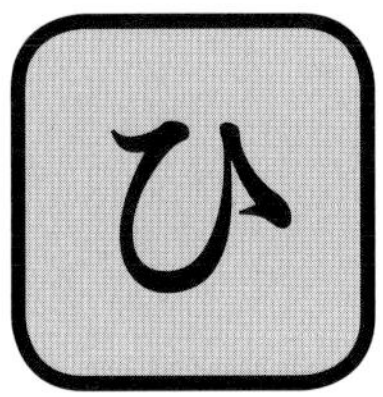

日野勝光（ひのかつみつ）

室町時代中期の公卿
生 一四二九（永享元）
没 一四七六（文明八）
参議、左大弁、権中納言、権大納言、内大臣、左大臣、押大臣、(法)唯称院

日野勝光花押

日野重光（ひのしげみつ）

室町時代中期の公卿
生 一三七〇（応安三・建徳元）
没 一四一三（応永二十）
参議、権中納言、左衛門督、権大納言、大納言、善永、広寿院、(法)光年（亀年）

日野重光花押(1)

日野重光花押(2)

日野資朝（ひのすけとも）

鎌倉時代後期の公卿
生 一二九〇（正応三）
没 一三三二（正慶元・元弘二）
参議、文章博士、山城権守、検非違使別当、権中納言

日野資朝花押(1)

日野資朝花押(2)

日野資名（ひのすけな）

鎌倉時代後期の公卿
生 一二八五（弘安八）
没 一三三八（暦応元・延元三）
参議、左兵衛督、右兵衛督、権中納言、検非違使別当、治部卿、按察使、権大納言

日野資名花押

平岩親吉（ひらいわちかよし）

戦国・江戸時代初期の大名
生 一五四二（天文十一）
没 一六一一（慶長十六）
七之助、主計頭、（法）越翁休岳平田院

平岩親吉花押

平岩親吉印
「吉宝納」

広橋兼顕（ひろはしかねあき）

室町時代後期の公卿
生 一四四九（宝徳元）
没 一四七九（文明十一）
参議、権中納言、恵寂、照室

広橋兼顕花押(1)

広橋兼顕花押(2)

広橋兼仲（ひろはしかねなか）

鎌倉時代後期の公卿
生 一二四四（寛元二）
没 一三〇八（延慶元）
参議、権中納言、兼寂

広橋兼仲花押(1)

広橋兼仲花押(2)

広橋兼仲花押(3)

広橋兼仲花押(4)

広橋兼宣（ひろはしかねのぶ）

室町時代前期の公卿

生 一三六六（貞治五・正平二十一）
没 一四二九（永享元）

参議、権中納言、左兵衛督、検非違使別当、大宰権帥、権大納言、大納言、准大臣、常寂、（法）後瑞雲院

広橋兼宣花押(1)

広橋兼宣花押(2)

広橋兼宣花押(3)

広橋兼宣花押(4)

福島正則（ふくしままさのり）

安土桃山・江戸時代前期の大名

生 一五六一（永禄四）
没 一六二四（寛永元）

市松、左衛門尉、左衛門大夫、侍従、右近衛少将、参議、（法）海福寺殿前三品相公月翁正印大居士

福島正則花押(1)

福島正則花押(2)

福島正則花押(3)

福島正則花押(4)

福島正則花押(5)

伏見天皇（ふしみてんのう）

一二八七—九八在位

生 一二六五（文永二）
没 一三一七（文保元）

熙仁、素融

伏見天皇花押(1)

伏見天皇花押(2)

伏見天皇花押(3)

伏見天皇花押(4)

伏見天皇花押(5)

伏見天皇花押(6)

伏見天皇花押(7)

伏見天皇花押(8)

伏見天皇花押(9)

藤原惺窩（ふじわらせいか）

安土桃山・江戸時代前期の朱子学者

生一五六一(永禄四)

没一六一九(元和五)

粛、斂夫、柴立子、北肉山人、惺々子、妙寿

藤原惺窩印(1)
「惺窩之印」

藤原惺窩印(2)
「北肉山人」

藤原顕季（ふじわらのあきすえ）

平安時代後期の歌人

生一〇五五(天喜三)

没一一二三(保安四)

讃岐守、修理大夫、六条修理大夫

藤原顕季花押(1)

藤原顕季花押(2)

藤原顕輔（ふじわらのあきすけ）

平安時代後期の公卿、歌人

生一〇九〇(寛治四)

没一一五五(久寿二)

蔵人、中宮亮、左京大夫

藤原顕輔花押(1)

藤原顕輔花押(2)

藤原顕隆（ふじわらのあきたか）

平安時代後期の公卿

生一〇七二(延久四)

没一一二九(大治四)

参議、権中納言、葉室中納言

藤原顕隆花押(1)

藤原顕隆花押(2)

藤原顕隆花押(3)

藤原顕隆花押(4)

藤原顕頼（ふじわらのあきより）

平安時代後期の公卿
生 一〇九四(嘉保元)
没 一一四八(久安四)
参議、権中納言、大宰権帥、民部卿

藤原顕頼花押(1)

藤原顕頼花押(2)

藤原顕頼花押(3)

藤原家隆（ふじわらのいえたか）

鎌倉時代前期の歌人
生 一一五八(保元三)
没 一二三七(嘉禎三)
侍従、上総介、宮内卿、仏性

藤原家隆花押(1)

藤原家隆花押(2)

藤原家隆花押(3)

藤原家成（ふじわらのいえなり）

平安時代後期の公卿
生 一一〇七(嘉承二)
没 一一五四(久寿元)
参議、権中納言、右兵衛督、右衛門督、中納言、左衛門督

藤原家成花押(1)

藤原家成花押(2)

藤原家成花押(3)

藤原公教（ふじわらのきんのり）

平安時代後期の公卿
生 一一〇三(康和五)
没 一一六〇(永暦元)
参議、権中納言、左兵衛督、左衛門督、中納言、権大納言、左近衛大将、内大臣

藤原公教花押(1)

藤原公教花押(2)

藤原公教花押(3)

藤原公能（ふじわらのきんよし）

平安時代後期の公卿

生 一一一五（永久三）

没 一一六一（応保元）

参議、侍従、権中納言、右兵衛督、中納言、左兵衛督、右衛門督、検非違使別当、右近衛大将、権大納言、右大臣

藤原公能花押(1)

藤原公能花押(2)

藤原邦綱（ふじわらのくにつな）

平安時代後期の公卿

生 一一二二（保安三）

没 一一八一（養和元）

参議、権中納言、中納言、権大納言

藤原邦綱花押

藤原惟方（ふじわらのこれかた）

平安時代後期の公卿

生 一一二五（天治二）

没 ？

参議、左兵衛督、検非違使別当、粟田口別当、寂信

藤原惟方花押

藤原伊房（ふじわらのこれふさ）

平安時代後期の公卿

生 一〇三〇（長元三）

没 一〇九六（永長元）

参議、権中納言、大宰権帥、（法）妙智院殿特進黄門真嵓寂翁行隣大居士

藤原伊房花押(1)

藤原伊房花押(2)

藤原伊房花押(3)

藤原伊通（ふじわらのこれみち）

平安時代後期の公卿

生 一〇九三（寛治七）

没 一一六五（永万元）

参議、右兵衛督、中納言、大納言、内大臣、左大臣、太政大臣、大宮大相国、九条大相国

藤原伊通花押

藤原定家（ふじわらのさだいえ）

鎌倉時代前期の公卿、歌人

生 一一六二（応保二）

没 一二四一（仁治二）

参議、治部卿、民部卿、権中納言、京極中納言、明静

藤原定家花押(1)

藤原定家花押(2)

藤原定家花押(3)

藤原定家花押(4)

藤原実遠（ふじわらのさねとお）

平安時代中期の官人
生 ？
没 一〇六二（康平五）
左馬允

藤原実遠花押

藤原実行（ふじわらのさねゆき）

平安時代後期の公卿
生 一〇八〇（承暦四）
没 一一六二（応保二）
参議、右兵衛督、権中納言、右衛門督、検非違使別当、左衛門督、権大納言、右大臣、太政大臣、八条太政大臣、蓮覚

藤原実行花押(1)

藤原実行花押(2)

藤原実能（ふじわらのさねよし）

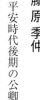

平安時代後期の公卿
生 一〇九六（永長元）
没 一一五七（保元二）
権中納言、左兵衛督、右衛門督、権大納言、右近衛大将、大納言、内大臣、左近衛大将、左大臣、徳大寺左大臣、真理

藤原実能花押(1)

藤原実能花押(2)

藤原実能花押(3)

藤原重家（ふじわらのしげいえ）

平安時代後期の公卿、歌人
生 一一二八（大治三）
没 一一八〇（治承四）
光輔、蔵人、刑部卿、中宮亮、大宰大弐、蓮家または蓮寂

藤原重家花押

藤原季仲（ふじわらのすえなか）

平安時代後期の公卿
生 一〇四六（永承元）
没 一一一九（元永二）
参議、左大弁、権中納言、大宰権帥

藤原季仲花押

藤原佐理（ふじわらのすけまさ）

平安時代中期の公卿
生 九四四（天慶七）
没 九九八（長徳四）
参議、大宰大弐、兵部卿

藤原佐理花押(1)

藤原佐理花押(2)

藤原佐理花押(3)

藤原隆季（ふじわらのたかすえ）

平安時代後期の公卿
生 一一二七（大治二）
没 一一八五（文治元）
参議、右衛門督、権中納言、左衛門督、中納言、権大納言、大宰帥、四条大納言、大宮大納言

藤原隆季花押(1)

藤原隆季花押(2)

藤原隆時（ふじわらのたかとき）

平安時代後期の官人
生 ？
没 ？
但馬守、近江守、因幡守

藤原隆時花押

藤原隆信（ふじわらのたかのぶ）

平安・鎌倉時代前期の歌人、画家
生 一一四二（康治元）
没 一二〇五（元久二）
上野介、越前守、若狭守、右馬権頭、右京権大夫、（法）戒心

藤原隆信花押

藤原忠信（ふじわらのただのぶ）

鎌倉時代前期の公卿
生 一一八七（文治三）
没 ？
参議、右近衛中将、権中納言、右兵衛督、左衛門督、権大納言

藤原忠信花押

藤原忠通（ふじわらのただみち）

平安時代後期の公卿
生 一〇九七（承徳元）
没 一一六四（長寛二）
権中納言、権大納言、内大臣、左近衛大将、関白、左大臣、摂政、太政大臣、円観

藤原忠通花押(1)

藤原忠通花押(2)

藤原忠通花押(3)

藤原為家（ふじわらのためいえ）

鎌倉時代前期の公卿、歌人
生 一一九八（建久九）
没 一二七五（建治元）
参議、右兵衛督、右衛門督、中納言、権大納言、民部卿、民部卿入道、中院禅門、融覚

藤原為家花押(1)

藤原為家花押(2)

藤原為家花押(3)

藤原為家花押(4)

藤原為家花押(5)

藤原為隆（ふじわらのためたか）

平安時代後期の公卿
生 一〇七〇(延久二)
没 一一三〇(大治五)
右少弁、左中弁、遠江守、蔵人頭、参議、左大弁

藤原為隆花押(1)

藤原為隆花押(2)

藤原為隆花押(3)

藤原為隆花押(4)

藤原為房（ふじわらのためふさ）

平安時代後期の公卿
生 一〇四九(永承四)
没 一一一五(永久三)
蔵人頭、内蔵頭、参議

藤原為房花押

藤原経光（ふじわらのつねみつ）

鎌倉時代中期の公卿
生 一二一二(建暦二)
没 一二七四(文永十一)
参議、左大弁、権中納言、民部卿、蓮寂

藤原経光花押(1)

藤原経光花押(2)

藤原経光花押(3)

藤原経宗（ふじわらのつねむね）

平安・鎌倉時代前期の公卿
生 一一一九(元永二)
没 一一八九(文治五)
参議、春宮権大夫、右衛門督、検非違使別当、中納言、権大納言、右大臣、左大臣、法性覚

藤原経宗花押

藤原俊成（ふじわらのとしなり）

平安・鎌倉時代前期の公卿、歌人
生 一一一四(永久二)
没 一二〇四(元久元)
顕広、右京大夫、皇后宮大夫、皇太后宮大夫、五条三位、釈阿

藤原俊成花押(1)

藤原俊成花押(2)

藤原仲実（ふじわらのなかざね）

平安時代後期の歌人
生 一〇五七（天喜五）
没 一一一八（元永元）
蔵人、紀伊守、中宮権大進、備中守、越前守、中宮亮

藤原仲実花押

藤原信清（ふじわらののぶきよ）

平安・鎌倉時代前期の公卿
生 一一五九（平治元）
没 一二一六（建保四）
参議、右衛門督、権中納言、権大納言、内大臣、太秦内府、坊門内府

藤原信清花押(1)

藤原信清花押(2)

藤原信清花押(3)

藤原信頼（ふじわらののぶより）

平安時代後期の公卿
生 一一三三（長承二）
没 一一五九（平治元）
参議、左兵衛督、権中納言、検非違使別当、右衛門督、中宮権大夫

藤原信頼花押

藤原範季（ふじわらののりすえ）

平安・鎌倉時代前期の公卿
生 一一三〇（大治五）
没 一二〇五（元久二）
式部権少輔、木工頭

藤原範季花押

藤原光親（ふじわらのみつちか）

平安・鎌倉時代前期の公卿
生 一一七六（安元二）
没 一二二一（承久三）
参議、右兵衛督、権中納言、按察使、西親

藤原光親花押(1)

藤原光親花押(2)

藤原光俊（ふじわらのみつとし）

鎌倉時代前期の歌人
生 一二〇三（建仁三）
没 一二七六（建治二）
右少弁、蔵人、右大弁、（右大）弁入道、真観

藤原光俊花押(1)

藤原光俊花押(2)

藤原光頼（ふじわらのみつより）

平安時代後期の公卿
生 一一二四（天治元）
没 一一七三（承安三）
参議、右兵衛督、権中納言、左衛門督、権大納言、桂大納言、光然、理光

藤原光頼花押(1)

藤原光頼花押(2)

藤原宗忠（ふじわらのむねただ）

平安時代後期の公卿
生 一〇六二(康平五)
没 一一四一(永治元)
参議、内大臣、右大臣、中御門右大臣

藤原宗忠花押(1)

藤原宗忠花押(2)

藤原宗行（ふじわらのむねゆき）

平安・鎌倉時代前期の公卿
生 一一七四(承安四)
没 一二二一(承久三)
行光、参議、権中納言

藤原宗行花押(1)

藤原宗行花押(2)

藤原元命（ふじわらのもとなが）

平安時代中期の官人
生 ?
没 ?
尾張守

藤原元命花押

藤原基房（ふじわらのもとふさ）

平安時代後期の公卿
生 一一四五(久安元)
没 一二三〇(寛喜二)
権中納言、権大納言、内大臣、右大臣、左大臣、摂政、太政大臣、関白、大宰権帥、松殿、菩提院、中山、善観

藤原基房花押

藤原師長（ふじわらのもろなが）

平安時代後期の公卿
生 一一三八(保延四)
没 一一九二(建久三)
参議、右近衛中将、左近衛中将、権中納言、権大納言、大納言、内大臣、太政大臣、妙音院、理覚

藤原師長花押(1)

藤原師長花押(2)

藤原保昌（ふじわらのやすまさ）

平安時代中期の官人
生 九五八(天徳二)
没 一〇三六(長元九)
日向守、大和守、丹後守、左馬頭

藤原保昌花押(1)

藤原保昌花押(2)

藤原行成（ふじわらのゆきなり）

平安時代中期の公卿
生 九七二(天禄三)
没 一〇二七(万寿四)
参議、権中納言、大宰権帥、権大納言

藤原行成花押

藤原義忠（ふじわらのよしただ）

平安時代中期の文人
生 ?
没 一〇四一(長久二)
大内記、式部少輔、権左中弁、大和守

藤原義忠花押

藤原頼嗣（ふじわらのよりつぐ）

鎌倉幕府第五代将軍(一二四四—五二)
生 一二三九(延応元)
没 一二五六(康元元)
右近衛少将、左近衛中将

藤原頼嗣花押(1)

藤原頼嗣花押(2)

藤原頼経（ふじわらのよりつね）

鎌倉幕府第四代将軍(一二二一九—四四)
生 一二一八(建保六)
没 一二五六(康元元)
三寅丸、権中納言、按察使、民部卿、右衛門督、検非違使別当、権大納言、行智(行賀とも)

藤原頼経花押(1)

藤原頼経花押(2)

藤原頼経花押(3)

藤原頼経花押(4)

藤原頼長（ふじわらのよりなが）

平安時代後期の公卿
生 一一二〇(保安元)
没 一一五六(保元元)
菖蒲若(安也若、綾若)、権中納言、右近衛大将、内大臣、蔵人所別当、左大臣、宇治左大臣

藤原頼長花押(1)

藤原頼長花押(2)

舟橋秀賢（ふなはしひでかた）

安土桃山・江戸時代前期の公卿
生 一五七五(天正三)
没 一六一四(慶長十九)
左近将監、式部大丞、式部少輔

舟橋秀賢花押

舟橋秀賢印(1)
「清原秀賢」

舟橋秀賢印(2)
「寿祥」

古田織部（ふるたおりべ）

安土桃山・江戸時代前期の茶人

生 一五四四(天文十三)

没 一六一五(元和元)

景安、重然、左介、織部正、宗屋、印斎、金甫

古田織部花押(1)

古田織部花押(2)

古田織部花押(3)

古田織部花押(4)

文之玄昌（ぶんしげんしょう）

安土桃山・江戸時代前期の臨済宗の僧

生 一五五五(弘治元)

没 一六二〇(元和六)

南浦、雲興、懶雲、狂雲、(法)前建長文之玄昌大和尚禅師

文之玄昌花押(1)

文之玄昌花押(2)

文之玄昌印(1)
「玄昌文之」

文之玄昌印(2)
「玄昌」

文之玄昌印(3)
「文之」

文之玄昌印(4)
「玄昌」

戸次鑑連（べっきあきつら）

戦国時代の武将

生 一五一六(永正十三)

没 一五八五(天正十三)

伯耆守、道雪、麟伯軒

戸次鑑連花押(1)

戸次鑑連花押(2)

辨長（べんちょう）

平安・鎌倉時代の浄土宗の僧

生 一一六二（応保二）

没 一二三八（暦仁元）

辨阿、聖光房、鎮西上人、筑紫上人、善導寺上人

辨長花押(1)

辨長花押(2)

ほ

彭叔守仙（ほうしゅくしゅせん）

戦国時代の臨済宗の僧

生 一四九〇（延徳二）

没 一五五五（弘治元）

周仙、瓢庵

彭叔守仙花押(1)

彭叔守仙花押(2)

北条氏（ほうじょうし）

（戦国大名）

北条氏印(1)
「禄寿応穏」

北条氏印(2)
「常調」

北条氏印(3)
「調」

北条氏印(4)
「通過」

北条氏勝（ほうじょううじかつ）

安土桃山・江戸時代前期の大名

生 一五五九（永禄二）

没 一六一一（慶長十六）

左衛門大夫、（法）上嶽寺角翁良牛

北条氏勝花押

北条氏邦（ほうじょううじくに）

戦国・安土桃山時代の武将

生 一五四一（天文十）または四三（天文十二）

没 一五九七（慶長二）

乙千代、新太郎、安房守、（法）青竜寺天室宗清

北条氏邦花押(1)

北条氏邦花押(2)

北条氏邦印(1)

北条氏邦印(2)

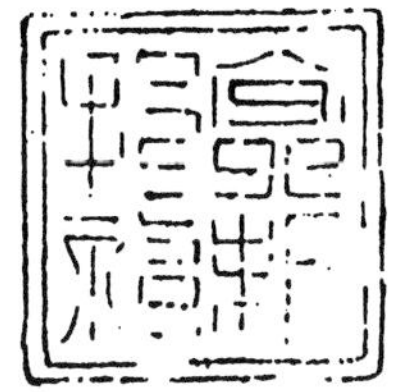

北条氏邦印(3)

北条氏繁（ほうじょううじしげ）

戦国・安土桃山時代の武将
生 一五三六(天文五)
没 一五七八(天正六)
康成、善九郎、左衛門大夫、常陸守(介)、(法)竜宝寺大応栄公

北条氏繁花押(1)

北条氏繁花押(2)

北条氏繁印
「顚趾利出否」

北条氏綱（ほうじょううじつな）

戦国時代の武将
生 一四八七(長享元)
没 一五四一(天文十)
氏綱、新九郎、左京大夫、(法)春松院殿快翁宗活大居士

北条氏綱花押(1)

北条氏綱花押(2)

北条氏綱花押(3)

北条氏綱印
「郡」

北条氏照（ほうじょううじてる）

戦国・安土桃山時代の武将
生 ？
没 一五九〇(天正十八)
藤菊丸、源三、陸奥守、(法)青霄院殿透岳宗関

北条氏照花押(1)

北条氏照花押(2)

北条氏照花押(3)

北条氏照花押(4)

北条氏照印(1)
「如意成就」

北条氏照印(2)

北条氏直（ほうじょううじなお）

安土桃山時代の武将
生 一五六二（永禄五）
没 一五九一（天正十九）
国王丸、新九郎、左京大夫、見性斎、(法)松巌院太円宗徹

北条氏直花押(1)

北条氏直花押(2)

北条氏直花押(3)

北条氏直花押(4)

北条氏直花押(5)

北条氏直花押(6)

北条氏規（ほうじょううじのり）

安土桃山時代の武将
生 一五四五（天文十四）
没 一六〇〇（慶長五）
助五郎、左馬助、美濃守、賀永、(法)一睡院殿勝誉早円大居士

北条氏規花押(1)

北条氏規花押(2)

北条氏規花押(3)

北条氏規花押(4)

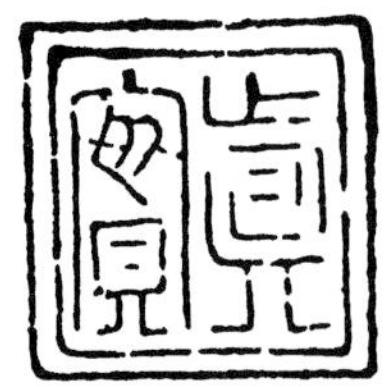

北条氏規印
「真実」

北条氏房（ほうじょううじふさ）

安土桃山時代の武将
生 一五六五（永禄八）
没 一五九二（文禄元）
菊王丸、十郎、(法)梅雲院殿玉翁昌蓮大禅定門

北条氏房花押(1)

北条氏房花押(2)

北条氏房印
「心簡剛」

北条氏政（ほうじょううじまさ）

戦国時代の武将

生 一五三八（天文七）

没 一五九〇（天正十八）

松千代丸（?-）、新九郎、左京大夫、相模守、截流斎、（法）慈雲院殿勝巌宗傑大居士

北条氏政花押(1)

北条氏政花押(2)

北条氏政花押(3)

北条氏政花押(4)

北条氏政花押(5)

北条氏政花押(6)

北条氏政花押(7)

北条氏政花押(8)

北条氏政印
「有效」

北条氏盛（ほうじょううじもり）

安土桃山・江戸時代前期の大名

生 一五七七（天正五）

没 一六〇八（慶長十三）

助五郎、美濃守、（法）松林院殿浄誉心徹大禅定門

北条氏盛花押(1)

北条氏盛花押(2)

北条氏康（ほうじょううじやす）

戦国時代の武将

生 一五一五（永正十二）

没 一五七一（元亀二）

伊豆千代丸、新九郎、左京大夫、相模守、太清軒、（法）大聖寺殿東陽宗岱大居士

北条氏康花押(1)

北条氏康花押(2)

北条氏康花押(3)

北条氏康花押(4)

北条氏康花押(5)

北条氏康花押(6)

北条氏康花押(7)

北条氏康印(1)
「武栄」

北条氏康印(2)
「厳」

北条氏康印(3)
「機」

北条兼時（ほうじょうかねとき）

鎌倉時代後期の武将、六波羅探題
生 一二六四(文永元)
没 一二九五(永仁三)
時業、相模七郎、修理亮、越後守

北条兼時花押(1)

北条兼時花押(2)

北条貞時（ほうじょうさだとき）

鎌倉時代後期の武将、執権
生 一二七一(文永八)
没 一三一一(応長元)
幸寿、相模守、左馬権頭、(法)最勝園寺殿崇演

北条貞時花押(1)

北条貞時花押(2)

北条貞時花押(3)

北条貞時花押(4)

北条重時（ほうじょうしげとき）

鎌倉時代前期の武将、連署
生 一一九八(建久九)
没 一二六一(弘長元)
修理権亮、駿河守、相模守、陸奥守、観覚、極楽寺殿

北条重時花押(1)

北条重時花押(2)

北条重時花押(3)

北条早雲（ほうじょうそううん）

戦国時代の武将
生 一四三二(永享四)
没 一五一九(永正十六)
伊勢盛時、新九郎、早雲庵宗瑞、(法)早雲寺殿天岳宗瑞

北条早雲花押(1)

北条早雲花押(2)

北条早雲花押(3)

北条早雲印
「纓」

北条高時（ほうじょうたかとき）

鎌倉時代後期の武将、執権
生 一三〇三(嘉元元)
没 一三三三(正慶二・元弘三)
相模太郎、左馬権頭、但馬権守、相模守、修理権大夫、日輪寺崇鑑

北条高時花押(1)

北条高時花押(2)

北条高時花押(3)

北条綱成（ほうじょうつななり）

戦国・安土桃山時代の武将
生 一五一五(永正十二)
没 一五八七(天正十五)
孫九郎、左衛門大夫、上総、上総入道、道感、(法)円竜院堂眩道感

北条綱成花押(1)

北条綱成花押(2)

北条経時（ほうじょうつねとき）

鎌倉時代中期の武将、執権
生 一二二四(元仁元)
没 一二四六(寛元四)
藻上御前、弥五郎(弥四郎?)、左近将監、武蔵守、(法)月輪寺安楽

北条経時花押(1)

北条経時花押(2)

北条時国（ほうじょうときくに）

鎌倉時代後期の武将、六波羅探題
生 ?
没 一二八四(弘安七)
左近将監、相模式部大夫、親縁

北条時国花押

北条時定（ほうじょうときさだ）

鎌倉時代の武将

生 ？

没 一二九〇（正応三）

為時、六郎、左衛門佐、遠江守、（法）道性または道顕

北条時定花押

北条時輔（ほうじょうときすけ）

鎌倉時代中期の武将、六波羅探題

生 一二四八（宝治二）

没 一二七二（文永九）

宝寿丸、時利、相模三郎、式部丞、治部大輔、式部大輔

北条時輔花押(1)

北条時輔花押(2)

北条時房（ほうじょうときふさ）

鎌倉時代中期の武将、連署

生 一一七五（安元元）

没 一二四〇（仁治元）

時連、五郎、主殿権助、式部丞、遠江守、駿河守、武蔵守、相模守、修理権大夫、（法）行念または称念

北条時房花押(1)

北条時房花押(2)

北条時房花押(3)

北条時政（ほうじょうときまさ）

平安・鎌倉時代前期の武将、執権

生 一一三八（保延四）

没 一二一五（建保三）

四郎、遠江守、明盛

北条時政花押(1)

北条時政花押(2)

北条時政花押(3)

北条時益（ほうじょうときます）

鎌倉時代後期の武将、六波羅探題

生 ？

没 一三三三（正慶二・元弘三）

北条時益花押(1)

北条時益花押(2)

北条時宗（ほうじょうときむね）

鎌倉時代中期の武将、執権

生 一二五一（建長三）

没 一二八四（弘安七）

正寿、左馬権頭、但馬権守、相模守、（法）法光寺殿道杲

北条時宗花押(1)

北条時宗花押(2)

北条時宗花押(3)

北条時宗花押(4)

北条時村（ほうじょうときむら）

鎌倉時代中期の武将

生 一二四二（仁治三）

没 一三〇五（嘉元三）

陸奥三郎、新相模三郎、左近将監、陸奥守、武蔵守

北条時村花押(1)

北条時村花押(2)

北条時村花押(3)

北条時茂（ほうじょうときもち）

鎌倉時代中期の武将、六波羅探題

生 一二四一（仁治二）

没 一二七〇（文永七）

陸奥弥四郎、左近将監、陸奥守

北条時茂花押(1)

北条時茂花押(2)

北条時茂花押(3)

北条時盛（ほうじょうときもり）

鎌倉時代中期の武将、六波羅探題

生 一一九七（建久八）

没 一二七七（建治三）

掃部権助、越後守、勝円

北条時盛花押(1)

北条時盛花押(2)

北条時頼（ほうじょうときより）

鎌倉時代中期の武将、執権

生 一二二七（安貞元）

没 一二六三（弘長三）

戒寿丸、五郎、左兵衛少尉、左近将監、相模守、（法）最明寺入道覚了房道崇

北条時頼花押（1）

北条時頼花押（2）

坊城俊実（ぼうじょうとしざね）

鎌倉時代後期の公卿

生 一二九六（永仁四）

没 一三五〇（観応元・正平五）

参議、左大弁、大宰大弐、権中納言、大宰権帥

坊城俊実花押

北条仲時（ほうじょうなかとき）

鎌倉時代後期の武将、六波羅探題

生 一三〇六（徳治元）

没 一三三三（正慶二・元弘三）

弾正少弼、越後守、（法）時阿

北条仲時花押（1）

北条仲時花押（2）

北条長時（ほうじょうながとき）

鎌倉時代中期の武将、執権

生 一二三〇（寛喜二）

没 一二六四（文永元）

陸奥四郎、武蔵守、（法）専阿

北条長時花押（1）

北条長時花押（2）

北条長時花押（3）

北条業時（ほうじょうなりとき）

鎌倉時代後期の武将

生 一二四一（仁治二）

没 一二八七（弘安十）

陸奥七郎、弾正少弼、左馬権助、越後守、駿河守、陸奥守、鑑念（堅念）

北条業時花押（1）

北条業時花押（2）

北条宣時（ほうじょうのぶとき）

鎌倉時代後期の武将

生 一二三八（暦仁元）

没 一三二三（元亨三）

時忠、武蔵五郎、武蔵守、陸奥守、永園（恩）寺忍昭

北条宣時花押

北条久時（ほうじょうひさとき）

鎌倉時代後期の武将、六波羅探題

生 一二七二（文永九）

没 一三〇七（徳治二）

陸奥彦三郎、右馬助、刑部少輔、越後守、武蔵守、因憲

北条久時花押(1)

北条久時花押(2)

北条熙時（ほうじょうひろとき）

鎌倉時代後期の武将、執権

生 一二七九（弘安二）

没 一三一五（正和四）

道常

北条熙時花押(1)

北条熙時花押(2)

北条政顕（ほうじょうまさあき）

鎌倉時代後期の武将、鎮西探題

生 一二六九（文永六）

没 ？

掃部助、上総介

北条政顕花押

北条政村（ほうじょうまさむら）

鎌倉時代中期の武将、執権

生 一二〇五（元久二）

没 一二七三（文永十）

陸奥四郎、式部大夫、右馬権頭、陸奥守、相模守、左京権大夫、覚崇

北条政村花押(1)

北条政村花押(2)

北条政村花押(3)

北条宗方（ほうじょうむねかた）

鎌倉時代後期の武将、六波羅探題

生 一二七八（弘安元）

没 一三〇五（嘉元三）

久時、相模七郎、左兵衛尉、右近将監、左近将監、駿河守

北条宗方花押(1)

北条宗方花押(2)

北条基時（ほうじょうもととき）

鎌倉時代後期の武将、執権

生 ？

没 一三三三（正慶二・元弘三）

讃岐守、相模守、信忍、普恩寺

北条基時花押(1)

北条基時花押(2)

北条基時花押(3)

北条師時（ほうじょうもろとき）

鎌倉時代後期の武将、執権
生 一二七五(建治元)
没 一三一一(応長元)
武蔵四郎、西殿、(法)道覚

北条師時花押(1)

北条師時花押(2)

北条泰時（ほうじょうやすとき）

鎌倉時代中期の武将、執権
生 一一八三(寿永二)
没 一二四二(仁治三)
金剛、頼時、修理亮、武蔵守、左京権大夫、観阿

北条泰時花押(1)

北条泰時花押(2)

北条泰時花押(3)

北条随時（ほうじょうゆきとき）

鎌倉時代後期の武将、鎮西探題
生 ?
没 一三二一(元亨元)
遠江守

北条随時花押

北条義時（ほうじょうよしとき）

鎌倉時代前期の武将、執権
生 一一六三(長寛元)
没 一二二四(元仁元)
江馬四郎、江馬小四郎、相模守、陸奥守、右京権大夫、徳宗、安養院

北条義時花押(1)

北条義時花押(2)

北条義時花押(3)

北条義政（ほうじょうよしまさ）

鎌倉時代後期の武将、連署
生 一二四二(仁治三)
没 一二八一(弘安四)
時景(時量)、陸奥六郎、左近将監、駿河守、武蔵守、道義(政義)

北条義政花押

坊門清忠（ぼうもんきよただ）

鎌倉・南北朝時代の公卿
生 ?
没 一三三八(暦応元・延元三)
参議、左京大夫、周防権守、大蔵卿、信濃権守、左大弁

坊門清忠花押(1)

坊門清忠花押(2)

保科正直（ほしなまさなお）

安土桃山時代の武将

生 一五四二(天文十一)
没 一六〇一(慶長六)

甚四郎、越前守、弾正忠、弾正左衛門尉、(法)天関透公建福寺

保科正直花押(1)

保科正直花押(2)

保科正直花押(3)

細川顕氏（ほそかわあきうじ）

南北朝時代の武将

生 ?
没 一三五二(文和元・正平七)

小四郎、兵部少輔、陸奥守、(法)勝園寺巒興

細川顕氏花押(1)

細川顕氏花押(2)

細川氏綱（ほそかわうじつな）

戦国時代の武将、管領

生 ?
没 一五六三(永禄六)

二郎、右京大夫

細川氏綱花押(1)

細川氏綱花押(2)

細川興元（ほそかわおきもと）

安土桃山時代・江戸時代前期の大名

生 一五六二(永禄五)
没 一六一九(元和五)

頓五郎、玄蕃頭、(法)雄山韓英大光院

細川興元花押

細川和氏（ほそかわかずうじ）

南北朝時代の武将

生 一二九六(永仁四)
没 一三四二(康永元・興国三)

弥八、阿波守、竹渓、道倫

細川和氏花押

細川勝益（ほそかわかつます）

室町時代後期の武将

生 ?
没 一五〇二(文亀二)

三郎、遠江守、治部少輔、(法)常院

細川勝益花押

細川勝元（ほそかわかつもと）

室町時代前期の武将、管領

生 一四三〇（永享二）

没 一四七三（文明五）

聡明丸、六郎、右京大夫、（法）竜安寺仁栄宗宝

細川勝元花押(1)

細川勝元花押(2)

細川勝元花押(3)

細川勝元花押(4)

細川清氏（ほそかわきようじ）

南北朝時代の武将、執事

生 ？

没 一三六二（貞治元・正平十七）

元氏、弥八、左近将監、伊予守、相模守

細川清氏花押(1)

細川清氏花押(2)

細川澄元（ほそかわすみもと）

戦国時代の武将

生 一四八九（延徳元）

没 一五二〇（永正十七）

六郎、（法）真乗院宗泰安英

細川澄元花押(1)

細川澄元花押(2)

細川澄元花押(3)

細川澄元花押(4)

細川澄元花押(5)

細川澄之（ほそかわすみゆき）

室町時代後期の武将

生 一四八九（延徳元）

没 一五〇七（永正四）

聡明丸、九郎

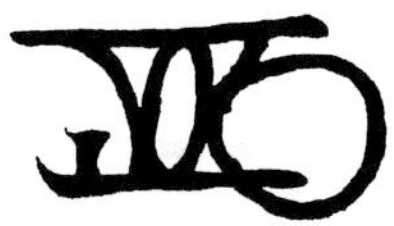

細川澄之花押

細川高国（ほそかわたかくに）

戦国時代の武将、管領
生 一四八四(文明十六)
没 一五三一(享禄四)
六郎、民部少輔、右京大夫、武蔵守、道永、常桓、松岳

細川高国花押(1)

細川高国花押(2)

細川高国花押(3)

細川忠興（ほそかわただおき）

安土桃山・江戸時代前期の大名、茶人
生 一五六三(永禄六)
没 一六四五(正保二)
熊千代、与一郎、侍従、左近衛少将、参議、越中守、三斎宗立、(法)松向寺殿三斎宗立大居士

細川忠興花押(1)

細川忠興花押(2)

細川忠興花押(3)

細川忠興花押(4)

細川忠興花押(5)

細川忠興花押(6)

細川忠興花押(7)

細川忠興花押(8)

細川忠興花押(9)

細川忠興花押(10)

細川忠興花押(11)

細川忠興印(1)
「tada uoqui」

細川忠興印(2)
「tada uoqui」

細川忠利（ほそかわただとし）

江戸時代前期の大名
生 一五八六（天正十四）
没 一六四一（寛永十八）
忠辰、内記、（法）妙解院殿台雲宗伍大居士

細川忠利花押(1)

細川忠利花押(2)

細川忠利花押(3)

細川忠利印
「Tada toxi」

細川晴元（ほそかわはるもと）

戦国時代の武将
生 一五一四（永正十一）
没 一五六三（永禄六）
聡明丸、六郎、右京大夫、一清、心月

細川晴元花押(1)

細川晴元花押(2)

細川晴元花押(3)

細川晴元花押(4)

細川藤孝（ほそかわふじたか）

安土桃山時代の武将
生 一五三四（天文三）
没 一六一〇（慶長十五）
万吉、与一郎、兵部大輔、侍従、幽斎玄旨、（法）徹宗玄旨泰勝院

細川藤孝花押

細川政元（ほそかわまさもと）

室町時代後期の武将、管領
生 一四六六（文正元）
没 一五〇七（永正四）
聡明丸、九郎、右京大夫、（法）大心院雲関興公

細川政元花押(1)

細川政元花押(2)

細川政元花押(3)

細川満元（ほそかわみつもと）

室町時代前期の武将、管領
生 一三七八（永和四・天授四）
没 一四二六（応永三三）
聡明丸、五郎、右馬頭、右京大夫、道歓、悦道

細川満元花押(1)

細川満元花押(2)

細川持之（ほそかわもちゆき）

室町時代前期の武将、管領
生 一四〇〇（応永七）
没 一四四二（嘉吉二）
九郎、中務少輔、右京大夫、常喜

細川持之花押

細川頼春（ほそかわよりはる）

南北朝時代の武将
生 ？
没 一三五二（文和元・正平七）
九郎、源九郎、刑部大輔、讃岐守、（法）光勝院宝洲祐繁

細川頼春花押

細川頼元（ほそかわよりもと）

南北朝時代の武将、管領
生 一三四三（康永二・興国四）
没 一三九七（応永四）
聡明三郎、頼基、右馬助、右京大夫、（法）妙観院春林梵栄

細川頼元花押(1)

細川頼元花押(2)

細川頼之（ほそかわよりゆき）

南北朝時代の武将、管領
生 一三二九（元徳元）
没 一三九二（明徳三）
弥九郎、右馬助、右馬頭、武蔵守、常久、桂岩

細川頼之花押(1)

細川頼之花押(2)

細川頼之花押(3)

細川頼之花押(4)

細川頼之花押(5)

堀尾忠氏（ほりおただうじ）

安土桃山時代の武将
生 一五七七（天正五）
没 一六〇四（慶長九）
弥助、（法）忠光寺天岫世球

堀尾忠氏印

堀尾吉晴（ほりおよしはる）

安土桃山・江戸時代前期の大名
生 一五四三（天文十二）
没 一六一一（慶長十六）
仁王丸、吉定、吉直、小太郎、茂助、（法）法雲院前佩帯松庭世栢

堀尾吉晴花押(1)

堀尾吉晴花押(2)

堀直寄（ほりなおより）

江戸時代前期の大名
生 一五七七（天正五）
没 一六三九（寛永十六）
直竒、三十郎、丹後守、（法）凌雲院殿前丹州大守鉄団宗釘大居士

堀直寄花押(1)

堀直寄花押(2)

堀直寄花押(3)

堀秀治（ほりひではる）

安土桃山・江戸時代前期の大名
生 一五七六（天正四）
没 一六〇六（慶長十一）
久太郎、侍従、左衛門督、（法）賞泉寺殿節安存忠大居士

堀秀治花押(1)

堀秀治花押(2)

堀秀治花押(3)

堀秀政（ほりひでまさ）

安土桃山時代の武将
生 一五五三（天文二十二）
没 一五九〇（天正十八）
菊千代、久太郎、左衛門督、侍従、（法）高岳道哲東樹院

堀秀政花押(1)

堀秀政花押(2)

本多忠勝（ほんだただかつ）

戦国・江戸時代前期の大名

生 一五四八（天文十七）

没 一六一〇（慶長十五）

鍋之助、平八郎、中務大輔、(法)長誉良信西岸寺

本多忠勝花押(1)

本多忠勝花押(2)

本多正信（ほんだまさのぶ）

戦国・江戸時代前期の大名、老中

生 一五三八（天文七）

没 一六一六（元和二）

正保、正行、弥八郎、佐渡守、(法)善徳納誨院

本多正信花押

本多正信印
「本多正信」

本多康重（ほんだやすしげ）

戦国時代・江戸時代前期の大名

生 一五五四（天文二十三）

没 一六一一（慶長十六）

彦次郎、豊後守、(法)陽山道雪鳳翔院

本多康重花押

本多康俊（ほんだやすとし）

戦国・江戸時代前期の大名

生 一五六九（永禄十二）

没 一六二一（元和七）

九十郎、隼人、彦八郎、縫殿助、(法)輝厳縁崇梅香院

本多康俊花押

ま

前田玄以（まえだげんい）

安土桃山時代の武将

生 一五三九（天文八）

没 一六〇二（慶長七）

半夢斎、民部卿法印、徳善院

前田玄以花押

前田利家（まえだとしいえ）

安土桃山時代の武将

生 一五三八（天文七）

没 一五九九（慶長四）

犬千代、孫四郎、又左衛門尉、左(右)近衛権少将、筑前守、右近衛権中将、参議、権中納言、権大納言、(法)高徳院殿桃雲浄見居士

前田利家花押

前田利家印(1)
「利家長寿」

前田利家印(2)
「利家」

前田利家印(3)
「万善」

前田利常（まえだとしつね）

江戸時代前期の大名
生 一五九三(文禄二)
没 一六五八(万治元)
猿千代、犬千代、利光、筑前守、左近衛権少将、参議、権中納言、肥前守、(法)微妙院

前田利常印
「学詩」

前田利長（まえだとしなが）

安土桃山・江戸時代前期の大名
生 一五六二(永禄五)
没 一六一四(慶長十九)
犬千代、利勝、孫四郎、肥前守、(越中)侍従、左近衛権少将、左近衛権中将、参議、権中納言、(法)瑞竜院聖山英賢大居士

前田利長花押(1)

前田利長花押(2)

前田利長花押(3)

前田利長花押(4)

前田利長花押(5)

前田利長花押(6)

前田利長花押(7)

前田利長印(1)
「長盛」

前田利長印(2)
「秀」

増田長盛（ましたながもり）

安土桃山時代の武将
生 一五四五(天文十四)
没 一六一五(元和元)
仁右衛門、右衛門尉、侍従

増田長盛花押

松井康之（まついやすゆき）

安土桃山・江戸時代前期の武将
生 一五五〇(天文十九)
没 一六一二(慶長十七)
甚助、胃助、新助、佐渡守、式部大輔、(法)春光院殿前佐州大守英雲宗傑大居士

松井康之花押(1)

松井康之花押(2)

松井友閑（まつい ゆうかん）

安土桃山時代の武将
生 ？
没 ？
宮内卿法印

松井友閑花押(1)

松井友閑花押(2)

松井友閑花押(3)

松井友閑花押(4)

松井友閑花押(5)

松倉重政（まつくら しげまさ）

安土桃山・江戸時代前期の大名
生 ？
没 一六三〇(寛永七)
九十郎、豊後守、(法)竜珠院雪巌宗関

松倉重政花押

松平家忠（まつだいら いえただ）

安土桃山時代の武将
生 一五五五(弘治元)
没 一六〇〇(慶長五)
又八郎、主殿助、(法)慈雲院賀屋源慶

松平家忠花押(1)

松平家忠花押(2)

松平重勝（まつだいら しげかつ）

江戸時代前期の大名
生 一五四九(天文十八)
没 一六二〇(元和六)
越前守、大隅守

松平重勝花押(1)

松平重勝花押(2)

松平重勝印

松平忠輝（まつだいら ただてる）

江戸時代前期の大名
生 一五九二(文禄元)
没 一六八三(天和三)
辰千代、上総介、右近衛少将、(法)寂林院殿心誉輝窓月仙大居士

松平忠輝印
「忠輝」

松平忠昌（まつだいらただまさ）

江戸時代前期の大名

生 一五九七（慶長二）

没 一六四五（正保二）

虎松、伊予守、侍従、参議、（法）隆芳院

松平忠昌印
「栄宝」

松平忠吉（まつだいらただよし）

江戸時代前期の大名

生 一五八〇（天正八）

没 一六〇七（慶長十二）

福松、忠康、下野守、侍従、左近衛権中将、薩摩守、（法）性雲院殿憲永大居士

松平忠吉花押（1）

松平忠吉花押（2）

松平忠吉花押（3）

松平忠吉花押（4）

松平忠吉印
「祈勝宝」

松平広忠（まつだいらひろただ）

戦国時代の武将

生 一五二六（大永六）

没 一五四九（天文十八）

千松丸、仙千代、仙松、次郎三郎、（法）慈光院殿応政道幹

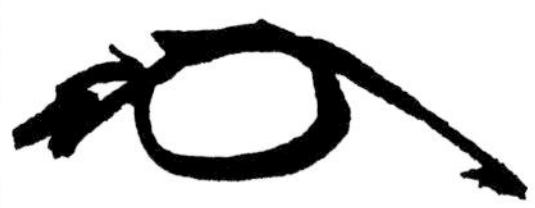

松平広忠花押

松平康親（まつだいらやすちか）

戦国・安土桃山時代の武将

生 一五二一（大永元）

没 一五八三（天正十一）

松井忠次、左近、左近将監、周防守、（法）崇輝

松平康親花押

松田憲秀（まつだのりひで）

安土桃山時代の武士

生 ？

没 一五九〇（天正十八）

左馬助、尾張守、尾張入道、（法）鳳栖院竹庵宗悟居士

松田憲秀花押

松永久秀（まつながひさひで）

戦国時代の武将

生 一五一〇（永正七）

没 一五七七（天正五）

弾正忠、弾正少弼、山城守

松永久秀花押（1）

松永久秀花押（2）

松浦鎮信（まつらしげのぶ）

江戸時代前期の大名
生 一五四九(天文十八)
没 一六一四(慶長十九)
源三郎、肥前守、式部卿、宗信、宗静、(法)天融源長慈源院

松浦鎮信花押(1)

松浦鎮信花押(2)

松浦鎮信花押(3)

松浦隆信（まつらたかのぶ）

戦国時代の武将
生 一五二九(享禄二)
没 一五九九(慶長四)
源三郎、肥前守、道可、(法)印山道可尊勝院

松浦隆信花押(1)

松浦隆信花押(2)

万里小路季房（までのこうじすえふさ）

鎌倉時代後期の公卿
生 ?
没 一三三三(正慶二・元弘三)
参議、右大弁、中宮亮

万里小路季房花押(1)

万里小路季房花押(2)

万里小路時房（までのこうじときふさ）

室町時代前期の公卿
生 一三九四(応永元)
没 一四五七(長禄元)
参議、権中納言、権大納言

万里小路時房花押

万里小路宣房（までのこうじのぶふさ）

鎌倉・南北朝時代の公卿
生 一二五八(正嘉二)
没 一三四八(貞和四・正平三)
通俊、参議、左大弁、権中納言、大宰権帥、権大納言、大納言

万里小路宣房花押(1)

万里小路宣房花押(2)

万里小路藤房（までのこうじふじふさ）

鎌倉時代後期の公卿
生 ?
没 ?
権中納言、左兵衛督、右衛門督、中納言

万里小路藤房花押(1)

万里小路藤房花押(2)

曲直瀬正盛（まなせしょうせい）

戦国・安土桃山時代の医師

生 一五〇七(永正四)
没 一五九四(文禄三)

正慶、一渓、道三、雝知苦斎、翠竹斎、盍静翁、寧固、亨徳院

曲直瀬正盛花押

満済（まんさい）

室町時代前期の真言宗の僧

生 一三七八(永和四・天授四)
没 一四三五(永享七)

准三后、法身院准后

満済花押(1)

満済花押(2)

み

三浦義同（みうらよしあつ）

室町・戦国時代の武将

生 ?
没 一五一六(永正十三)

三浦介、陸奥守、(法)瑞雲庵道寸

三浦義同花押

三浦義村（みうらよしむら）

鎌倉時代前期の武将

生 ?
没 一二三九(延応元)

平六、右兵衛尉、左兵衛尉、駿河守、(法)南向院義天良村禅定門

三浦義村花押

溝口秀勝（みぞくちひでかつ）

江戸時代前期の大名

生 一五四八(天文十七)
没 一六一〇(慶長十五)

竹丸、定勝、金右衛門尉、伯耆守、(法)宝光院殿前伯州大守性翁浄見大居士

溝口秀勝花押

皆川広照（みながわひろてる）

戦国・江戸時代前期の大名

生 一五四八(天文十七)
没 一六二七(寛永四)

又三郎、山城守、老圃

皆川広照花押

源　兼行（みなもとのかねゆき）

平安時代中期の官人

生 ?
没 ?

少内記、内匠頭、大和守

源兼行花押

源　定房（みなもとのさだふさ）

平安時代後期の公卿
生 一一三〇（大治五）
没 一一八八（文治四）
参議、左近衛中将、権中納言、左衛門督、大納言、堀河大納言

源定房花押（1）

源定房花押（2）

源　実朝（みなもとのさねとも）

鎌倉幕府第三代将軍（一二〇三―一二一九）
生 一一九二（建久三）
没 一二一九（承久元）
千幡、右近衛中将、権中納言、左近衛中将、権大納言、左近衛大将、内大臣、右大臣

源実朝花押（1）

源実朝花押（2）

源　資賢（みなもとのすけかた）

平安時代後期の公卿、歌人
生 一一一三（永久元）
没 一一八八（文治四）
参議、権中納言、按察使、中納言、権大納言

源資賢花押（1）

源資賢花押（2）

源　範頼（みなもとののりより）

平安・鎌倉時代前期の武将
生 ？
没 ？
蒲冠者、三河守

源範頼花押

源　雅兼（みなもとのまさかね）

平安時代後期の公卿
生 一〇七九（承暦三）
没 一一四三（康治二）
参議、権中納言、薄雲中納言

源雅兼花押（1）

源雅兼花押（2）

源　雅定（みなもとのまささだ）

平安時代後期の公卿、歌人
生 一〇九四（嘉保元）
没 一一六二（応保二）
参議、権中納言、右衛門督、中納言、左衛門督、権大納言、左近衛大将、内大臣、右大臣、中院入道右大臣、（法）蓮如（法如）

源雅定花押

源　雅通（みなもとのまさみち）

平安時代後期の公卿
生 一一一八（元永元）
没 一一七五（安元元）
参議、侍従、右兵衛督、権中納言、左兵衛督、権大納言、大納言、内大臣、久我内大臣

源雅通花押(1)

源雅通花押(2)

源　通方（みなもとのみちかた）

鎌倉時代の公卿
生 一一八九（文治五）
没 一二三八（暦仁元）
参議、右衛門督、中納言、中宮大夫、大納言、土御門大納言

源通方花押

源　通親（みなもとのみちちか）

平安・鎌倉時代前期の公卿
生 一一四九（久安五）
没 一二〇二（建仁二）
参議、右衛門督、中納言、権大納言、右近衛大将、内大臣、土御門（久我）内大臣

源通親花押(1)

源通親花押(2)

源通親花押(3)

源　通具（みなもとのみちとも）

鎌倉時代前期の公卿、歌人
生 一一七一（承安元）
没 一二二七（安貞元）
参議、右衛門督、権中納言、中納言、権大納言、大納言

源通具花押(1)

源通具花押(2)

源　義経（みなもとのよしつね）

鎌倉時代前期の武将
生 一一五九（平治元）
没 一一八九（文治五）
牛若丸、義行、義顕、九郎、判官、検非違使、左衛門少尉、伊予守

源義経花押(1)

源義経花押(2)

源　義仲（みなもとのよしなか）

平安時代後期の武将
生 一一五四（久寿元）
没 一一八四（元暦元）
木曽義仲、木曽冠者、旭将軍、伊予守

源義仲花押

源　頼家（みなもとのよりいえ）

鎌倉幕府第二代将軍（一二〇二―〇三）

生 一一八二（寿永元）

没 一二〇四（元久元）

万寿（または十万）、左近衛少将、左近衛中将、左衛門督、（法）法華院殿金吾大禅閤

源頼家花押

源　頼親（みなもとのよりちか）

平安時代中期の武将

生 ？

没 ？

周防守、大和守

源頼親花押

源　頼朝（みなもとのよりとも）

鎌倉幕府初代将軍（一一九二―九九）

生 一一四七（久安三）

没 一一九九（正治元）

皇后宮権少進、蔵人、右兵衛権佐、権大納言、右近衛大将

源頼朝花押(1)

源頼朝花押(2)

源頼朝花押(3)

壬生匡遠（みぶただとお）

南北朝時代の官人

生 ？

没 一三六六（貞治五・正平二十一）

主殿頭、左大史、能登権介、備前介、修理東大寺大仏長官

壬生匡遠花押(1)

壬生匡遠花押(2)

壬生晴富（みぶはれとみ）

室町時代の官人

生 一四二二（応永二十九）

没 一四九七（明応六）

民部少輔、主殿頭、左大史、治部卿、道秀、（法）多宝院

壬生晴富花押

壬生雅久（みぶまさひさ）

室町時代の官人

生 ？

没 一五〇四（永正元）

主殿頭、左大史、修理東大寺大仏長官、美濃権介

壬生雅久花押

宮部継潤（みやべけいじゅん）

安土桃山時代の武将

生 ？

没 一五九九（慶長四）

善祥坊、中務卿法印

宮部継潤花押

明恵（みょうえ）

鎌倉時代の華厳宗の僧

[生]一一七三（承安三）

[没]一二三二（貞永元）

成弁、高弁、栂尾上人

明恵花押(1)

明恵花押(2)

妙実（みょうじつ）

南北朝時代の日蓮宗の僧

[生]一二九七（永仁五）

[没]一三六四（貞治三・正平十九）

大覚

妙実花押

明尊（みょうそん）

平安時代中期の天台宗の僧

[生]九七一（天禄二）

[没]一〇六三（康平六）

志賀大僧正

明尊花押

三好長慶（みよしながよし）

戦国時代の武将

[生]一五二二（大永二）

[没]一五六四（永禄七）

千熊丸、利長、範長、孫次郎、伊賀守、筑前守、修理大夫

三好長慶花押

三善康連（みよしやすつら）

鎌倉時代中期の幕府官僚

[生]一一九三（建久四）

[没]一二五六（康元元）

牛熊、七郎、玄蕃允、民部少丞、民部大夫

三善康連花押

三善康信（みよしやすのぶ）

鎌倉時代前期の幕府官僚

[生]一一四〇（保延六）

[没]一二二一（承久三）

中宮少属、中宮大夫属、善信

三善康信花押

三好義賢（みよしよしかた）

戦国時代の武将

[生]一五二六（大永六）

[没]一五六二（永禄五）

千満丸、之康、之虎、元康、豊前守、実休

三好義賢花押

三好義継（みよしよしつぐ）

戦国時代の武将

[生]？

[没]一五七三（天正元）

熊王丸、重存、義存、孫六郎、左京大夫

三好義継花押(1)

三好義継花押(2)

む

無学祖元（むがくそげん）

鎌倉時代の臨済宗の来朝僧

生 一二二六（宝慶二）

没 一二八六（弘安九）

子元、（諡）仏光禅師、円満常照国師

無学祖元花押

無学祖元印(1)
「無学」

無学祖元印(2)
「無学」

無関玄悟（むかんげんご）

鎌倉時代の臨済宗の僧

生 一二一二（建暦二）

没 一二九一（正応四）

普門房、（諡）仏心禅師、大明国師

無関玄悟花押

無極志玄（むきょくしげん）

鎌倉・南北朝時代の臨済宗の僧

生 一二八二（弘安五）

没 一三五九（延文四・正平十四）

志元、（諡）仏慈禅師

無極志玄花押

無著妙融（むじゃくみょうゆう）

南北朝時代の曹洞宗の僧

生 一三三三（正慶二・元弘三）

没 一三九三（明徳四）

（諡）真空禅師

無著妙融花押(1)

無著妙融花押(2)

無住道暁（むじゅうどうぎょう）

鎌倉時代の臨済宗の僧

生 一二二六（嘉禄二）

没 一三一二（正和元）

一円、（諡）大円国師

無住道暁花押

夢窓疎石（むそうそせき）

鎌倉・南北朝時代の臨済宗の僧

生 一二七五（建治元）

没 一三五一（観応二・正平六）

智曜、木訥叟、夢窓国師、正覚国師、心宗国師

夢窓疎石花押

夢窓疎石印(1)
「夢窓」

夢窓疎石印(2)
「沙門疎石」

夢窓疎石印(3)
「夢窓」

夢窓疎石印(4)
「夢」

夢窓疎石印(5)
「疎石」

無本覚心（むほんかくしん）
鎌倉時代の臨済宗の僧
生 一二〇七（承元元）
没 一二九八（永仁六）
心地、（諡）法燈禅師、法燈円明国師

無本覚心花押

村井貞勝（むらいさだかつ）
安土桃山時代の武将
生 ？
没 一五八二（天正十）
民部少輔、長門守、春長軒

村井貞勝花押(1)

村井貞勝花押(2)

村井貞勝花押(3)

村上義清（むらかみよしきよ）
戦国時代の武将
生 ？
没 一五七三（天正元）
武王丸、左衛門督

村上義清花押

め

明峯素哲（めいほうそてつ）
鎌倉・南北朝時代の曹洞宗の僧
生 一二七七（建治三）
没 一三五〇（観応元・正平五）

明峯素哲花押

滅宗宗興（めつじゅうそうこう）
南北朝時代の臨済宗の僧
生 一三一〇（延慶三）
没 一三八二（永徳二・弘和二）
（諡）円光大照禅師

滅宗宗興花押(1)

滅宗宗興花押(2)

滅宗宗興印
「滅宗」

毛利興元（もうりおきもと）

戦国時代の武将
生 一四九三（明応二）
没 一五一六（永正十三）
幸千代丸、少輔太郎、治部少輔

毛利興元花押(1)

毛利興元花押(2)

毛利興元花押(3)

毛利高政（もうりたかまさ）

江戸時代前期の大名
生 一五五九（永禄二）
没 一六二八（寛永五）
勘八郎、民部大輔、伊勢守、（法）乾外紹元養賢寺

毛利高政花押

毛利隆元（もうりたかもと）

戦国時代の武将
生 一五二三（大永三）
没 一五六三（永禄六）
少輔太郎、基、備中守、大膳大夫

毛利隆元花押

毛利輝元（もうりてるもと）

安土桃山・江戸時代前期の大名
生 一五五三（天文二十二）
没 一六二五（寛永二）
幸鶴丸、少輔太郎、本、右衛門督、右馬頭、参議、権中納言、宗瑞、幻庵、（法）天樹院前黄門雲巌宗瑞大居士

毛利輝元花押(1)

毛利輝元花押(2)

毛利輝元花押(3)

毛利輝元印(1)

毛利輝元印(2)

毛利輝元印(3)

毛利元就（もうりもとなり）

戦国時代の武将

生 一四九七（明応六）

没 一五七一（元亀二）

松寿丸、少輔次郎、治部少輔、右馬頭、陸奥守、（法）日頼洞春大居士

毛利元就花押(1)

毛利元就花押(2)

毛利元就花押(3)

毛利元就花押(4)

毛利元就花押(5)

毛利元就花押(6)

最上義光（もがみよしあき）

安土桃山・江戸時代前期の大名

生 一五四六（天文十五）

没 一六一四（慶長十九）

白寿丸、源五郎、右京大夫、出羽守、侍従、少将、（法）光禅寺殿玉山白公大居士

最上義光花押(1)

最上義光花押(2)

最上義光花押(3)

最上義光印(1)

最上義光印(2)

桃井直常（もものいただつね）

南北朝時代の武将

生 ？

没 ？

貞直、兵庫助、駿河守、刑部大輔、右馬権頭、播磨守、弾正大弼

桃井直常花押(1)

桃井直常花押(2)

桃井直常花押(3)

桃井直信（もものいただのぶ）

南北朝時代の武将

生 ？

没 ？

兵庫助、刑部大輔

桃井直信花押

森長可（もりながよし）

安土桃山時代の武将

生 一五五八（永禄元）

没 一五八四（天正十二）

勝三（勝蔵）、武蔵守

森長可花押(1)

森長可花押(2)

守良親王（もりよししんのう）

亀山天皇の皇子

生 ？

没 ？

兵部卿、（法）覚浄

守良親王花押

護良親王（もりよししんのう）

後醍醐天皇の皇子

生 ？

没 一三三五（建武二）

尊雲法親王、大塔宮、兵部卿

護良親王花押

森可成（もりよしなり）

戦国時代の武将

生 一五二三（大永三）

没 一五七〇（元亀元）

三左衛門尉

森可成花押(1)

森可成花押(2)

森可成花押(3)

文観（もんかん）

鎌倉・南北朝時代の真言宗の僧

生 一二七八（弘安元）

没 一三五七（延文二・正平十二）

殊音、弘真

文観花押(1)

文観花押(2)

文観花押(3)

文観花押(5)

文観花押(4)

や

柳原資明

南北朝時代の公卿

生 一二九七(永仁五)

没 一三五三(文和二・正平八)

右衛門督、検非違使別当、中納言、参議、権中納言、左兵衛督、権大納言、按察使、(法)道本

柳原資明花押(1)

柳原資明花押(2)

柳原資明花押(3)

山内一豊

戦国・江戸時代前期の大名

生 一五四五(天文十四)

没 一六〇五(慶長十)

辰之助、猪(伊)右衛門、対馬守、土佐守、(法)大通院殿心峯宗伝

山内一豊花押(1)

山内一豊花押(2)

山内一豊花押(3)

山内一豊花押(4)

山崎宗鑑

室町・戦国時代の連歌師

生 ?

没 ?

山崎宗鑑花押(1)

山崎宗鑑花押(2)

山崎宗鑑花押(3)

山崎長徳

安土桃山・江戸時代前期の武将

生 一五五二(天文二十一)

没 一六二〇(元和六)

小七郎、庄兵衛、長門、閑斎

山崎長徳花押

山科言国（やましなときくに）

室町時代中期の公卿
生 一四五二（享徳元）
没 一五〇三（文亀三）
参議、権中納言、（法）盛言

山科言国花押

山科言継（やましなときつぐ）

戦国時代の公卿
生 一五〇七（永正四）
没 一五七九（天正七）
参議、左衛門督、加賀権守、権中納言、陸奥出羽按察使、大宰権帥、権大納言、（法）花岳院月岑照言大禅定門

山科言継花押

山科言継印（1）
「拾翠」

山科言継印（2）
「藤原言継」

山科言経（やましなときつね）

安土桃山・江戸時代前期の公卿
生 一五四三（天文十二）
没 一六一一（慶長十六）
参議、左衛門督、権中納言、（法）白言

山科言経花押（1）

山科言経花押（2）

山科教言（やましなのりとき）

南北朝・室町時代前期の公卿
生 一三二八（嘉暦三）
没 一四一〇（応永十七）
参議、権中納言、常言、（法）祥雲院殿常言

山科教言花押

山名氏清（やまなうじきよ）

南北朝時代の武将
生 一三四四（康永三・興国五）
没 一三九一（明徳二・元中八）
民部少輔、陸奥守

山名氏清花押（1）

山名氏清花押（2）

山中幸盛（やまなかゆきもり）

戦国・安土桃山時代の武将
生 ？
没 一五七八（天正六）
甚次郎、鹿介

山中幸盛花押（1）

山中幸盛花押（2）

山中幸盛花押(3)

山名時氏（やまなときうじ）

南北朝時代の武将
生 ?
没 一三七一(応安四・建徳二)
小次郎、伊豆守、弾正少弼、左京大夫、道静、(法)光孝寺殿鎮国道静居士

山名時氏花押

山名時熙（やまなときひろ）

南北朝・室町時代前期の武将
生 一三六七(貞治六・正平二十二)
没 一四三五(永享七)
宮内少輔、右衛門佐、右衛門督、(法)大明寺巨川常熙

山名時熙花押

山名時義（やまなときよし）

南北朝時代の武将
生 一三四六(貞和二・正平元)
没 一三八九(康応元・元中六)
伊予守、弾正少弼、(法)円通寺大等宗均

山名時義花押(1)

山名時義花押(2)

山名政豊（やまなまさとよ）

室町時代後期の武将
生 一四四一(嘉吉元)
没 一四九九(明応八)
左衛門佐、右衛門督、(法)宗源院鎮室宗護

山名政豊花押

山名満幸（やまなみつゆき）

南北朝時代の武将
生 ?
没 一三九五(応永二)
播磨守、弾正少弼

山名満幸花押

山名持豊（やまなもちとよ）

室町時代中期の武将
生 一四〇四(応永十一)
没 一四七三(文明五)
左衛門佐、右衛門督、弾正少弼、宗全、(法)遠碧院崇峯宗全

山名持豊花押(1)

山名持豊花押(2)

山名持豊花押(3)

山名師義（やまなもろよし）

南北朝時代の武将
生 一三二八（嘉暦三）
没 一三七六（永和二・天授二）
小太郎、師氏、左京亮、左馬権頭、伊豆守、右衛門佐、（法）大盛道興、正受院

山名師義花押(1)

山名師義花押(2)

山名義理（やまなよしただ）

南北朝時代の武将
生 ？
没 ？
弾正少弼、修理権大夫

山名義理花押

結城氏朝（ゆうきうじとも）

室町時代前期の武将
生 一四〇二（応永九）
没 一四四一（嘉吉元）
七郎、中務大輔、（法）藤山明永

結城氏朝花押(1)

結城氏朝花押(2)

結城晴朝（ゆうきはるとも）

戦国・安土桃山時代の武将
生 一五三四（天文三）
没 一六一四（慶長十九）
七郎、左衛門督、（法）泰陽院殿宗静孝善大居士

結城晴朝花押(1)

結城晴朝花押(2)

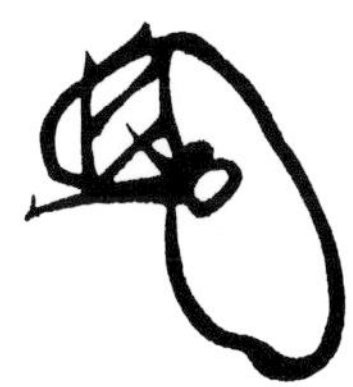
結城晴朝花押(3)

結城晴朝花押(4)

結城晴朝花押(5)

結城秀康（ゆうきひでやす）

安土桃山・江戸時代前期の大名
生 一五七四（天正二）
没 一六〇七（慶長十二）
於義丸、義伊、秀朝、三河守、侍従、左近衛権少将、左近衛権中将、参議、権中納言、（法）孝顕寺吹毛月珊、浄光院森厳道慰

結城秀康花押(1)

結城秀康花押(2)

結城秀康花押(3)

結城秀康印(1)

結城秀康印(2)

結城政朝（ゆうきまさとも）

戦国時代の武将
生 一四七九(文明十一)
没 ?
七郎、左衛門尉、(法)永正寺宗明孝顕

結城政朝花押(1)

結城政朝花押(2)

結城宗広（ゆうきむねひろ）

鎌倉・南北朝時代の武将
生 ?
没 一三三八(暦応元・延元三)
孫七、上野介、道忠

結城宗広花押

由良成繁（ゆらなりしげ）

戦国時代の武将
生 一五〇六(永正三)
没 一五七八(天正六)
六郎、雅楽助、刑部大輔、信濃守、(法)中山宗得

由良成繁花押(1)

由良成繁花押(2)

由良成繁花押(3)

よ

永観（ようかん）

平安時代後期の南都三論宗の浄土教僧
生 一〇三三(長元六)
没 一一一一(天永二)

永観花押

養叟宗頤（ようそうそうい）

室町時代前期の臨済宗の僧
生 一三七六(永和二・天授二)
没 一四五八(長禄二)
宗恵大照禅師

養叟宗頤花押(1)

養叟宗頤花押(2)

吉田兼倶（よしだかねとも）

室町時代後期の神道家
生 一四三五(永享七)
没 一五一一(永正八)
兼敏、侍従、神祇権大副、神祇大副、(法)神竜院殿卯倶大居士

吉田兼倶花押

吉田兼煕（よしだかねひろ）

南北朝・室町時代初期の神道家
生 一三四八(貞和四・正平三)
没 一四〇二(応永九)
神祇大副

吉田兼煕花押

吉田兼右（よしだかねみぎ）

戦国時代の神道家
生 一五一六(永正十三)
没 一五七三(天正元)
侍従、神祇大副、右衛門督

吉田兼右花押(1)

吉田兼右花押(2)

吉田兼右花押(3)

吉田兼好（よしだけんこう）

鎌倉・南北朝時代の歌人、随筆家
生 ?
没 ?
蔵人、左兵衛佐

吉田兼好花押

吉田定房（よしださだふさ）

鎌倉・南北朝時代の公卿
生 一二七四(文永十一)
没 一三三八(暦応元・延元三)
参議、右兵衛督、検非違使別当、権中納言、権大納言、内大臣、民部卿

吉田定房花押(1)

吉田定房花押(2)

吉田定房花押(3)

吉田経俊（よしだつねとし）

鎌倉時代中期の公卿
生 一二一四(建保二)
没 一二七六(建治二)
参議、権中納言、大宰権帥、中納言、治部卿

吉田経俊花押(1)

吉田経俊花押(2)

吉田経俊花押(3)

吉田経長（よしだつねなが）

鎌倉時代中期の公卿

生 一二三九(延応元)

没 一三〇九(延慶二)

参議、権中納言、兵部卿、中納言、権大納言、証覚

吉田経長花押(1)

吉田経長花押(2)

吉田経房（よしだつねふさ）

平安・鎌倉時代前期の公卿

生 一一四三(康治二)

没 一二〇〇(正治二)

参議、左大弁、権中納言、大宰権帥、中納言、権大納言、民部卿、経蓮

吉田経房花押(1)

吉田経房花押(2)

吉田経房花押(3)

吉田宗房（よしだむねふさ）

南北朝時代の公卿

生 ?

没 ?

参議、中納言、大納言、右大臣

吉田宗房花押(1)

吉田宗房花押(2)

良成親王（よしなりしんのう）

南北朝時代の親王

生 ?

没 ?

良成親王花押

栄仁親王（よしひとしんのう）

崇光天皇の第一皇子

生 一三五一(観応二・正平六)

没 一四一六(応永二十三)

通智、(法)大通院

栄仁親王花押(1)

栄仁親王花押(2)

栄仁親王花押(3)

栄仁親王花押(4)

栄仁親王花押(5)

栄仁親王花押(6)

依田信蓄(よだのぶしげ)

戦国・安土桃山時代の武将

生 一五四八(天文十七)

没 一五八三(天正十一)

右衛門佐

依田信蓄印(1)
「続栄」

依田信蓄印(2)
「続栄」

ら

頼瑜(らいゆ)

鎌倉時代の真言宗の僧

生 一二二六(嘉禄二)

没 一三〇四(嘉元二)

豪信、俊音房

頼瑜花押

頼誉(らいよ)

室町時代の真言宗の僧

生 ?

没 ?

定厳、小池法印

頼誉花押

蘭渓道隆(らんけいどうりゅう)

鎌倉時代の臨済宗の来朝僧

生 一二一三(嘉定六)

没 一二七八(弘安元)

(諡)大覚禅師

蘭渓道隆花押

蘭坡景茝(らんぱけいし)

室町時代の臨済宗の僧

生 一四一九(応永二十六)

没 一五〇一(文亀元)

善秀、雪樵

(諡)仏慧円応禅師

蘭坡景茝印(1)
「蘭坡」

蘭坡景茝印(2)
「子慎」

り

竜造寺隆信（りゅうぞうじたかのぶ）

戦国・安土桃山時代の武将
生 一五二九（享禄二）
没 一五八四（天正十二）
長法師丸、胤信、民部大輔、山城守、（法）竜泰寺殿泰巌宗竜大居士、隆信院殿、法雲院殿

竜造寺隆信花押(1)

竜造寺隆信花押(2)

竜造寺隆信花押(3)

竜造寺隆信花押(4)

竜造寺隆信印(1)

竜造寺隆信印(2)

竜造寺政家（りゅうぞうじまさいえ）

戦国・江戸時代前期の武将
生 一五五六（弘治二）
没 一六〇七（慶長十二）
長法師丸、鎮賢、久家、太郎四郎、民部大輔、肥前守、（法）大雲宗長竜洞院

竜造寺政家花押(1)

竜造寺政家花押(2)

竜造寺政家花押(3)

竜造寺政家印

了庵桂悟（りょうあんけいご）

室町時代の臨済宗の僧
生 一四二五（応永三十二）
没 一五一四（永正十一）
桃渓（桃蹊）、仏日禅師

了庵桂悟花押

了庵桂悟印(1)
「了庵」

了庵桂悟印(2)
「桂悟」

良暁（りょうぎょう）

鎌倉時代後期の浄土宗の僧
生 一二五一（建長三）
没 一三二八（嘉暦三）
寂慧、智慧光、白旗上人

良暁花押(1)

良暁花押(2)

良源（りょうげん）

平安時代の天台宗の僧
生 九一二（延喜十二）
没 九八五（寛和元）
元三大師、角大師、（諡）慈恵

良源花押

竜湫周沢（りょうしゅうしゅうたく）

南北朝時代の臨済宗の僧
生 一三〇八（延慶元）
没 一三八八（嘉慶二・元中五）
妙沢、咄哉

竜湫周沢花押(1)

竜湫周沢花押(2)

竜湫周沢花押(3)

良禅（りょうぜん）

平安時代後期の真言宗の僧
生 一〇四八（永承三）
没 一一三九（保延五）
解脱、北室小聖

良禅花押(1)

良禅花押(2)

良忠（りょうちゅう）

鎌倉時代中期の浄土宗の僧
生 一一九九（正治元）
没 一二八七（弘安十）
然阿弥陀仏（然阿）、記主禅師

良忠花押(1)

良忠花押(2)

良忠花押(3)

良忠花押(4)

良忍（りょうにん）

平安時代後期の僧、融通念仏宗の宗祖

生 一〇七三（延久五）
没 一一三二（長承元）
良仁、光静（乗）房、（諡）聖応大師

良忍花押

良遍（りょうへん）

鎌倉時代中期の法相宗の僧

生 一一九六（建久七）
没 一二五二（建長四）
信願、蓮阿、三位已講、生駒僧都

良遍花押

れ

冷泉為和（れいぜいためかず）

戦国時代の公卿、歌人

生 一四八六（文明十八）
没 一五四九（天文十八）
参議、権中納言、民部卿、権大納言、静清

冷泉為和花押

冷泉為相（れいぜいためすけ）

鎌倉時代後期の公卿、歌人

生 一二六三（弘長三）
没 一三二八（嘉暦三）
為輔、参議、侍従、権中納言、藤谷中納言

冷泉為相花押

蓮如（れんにょ）

本願寺第八世

生 一四一五（応永二十二）
没 一四九九（明応八）
布袋、幸亭、兼寿、信証院、（諡）慧燈大師

蓮如花押(1)

蓮如花押(2)

蓮如花押(3)

蓮如花押(4)

ろ

六条有房（ろくじょうありふさ）

鎌倉時代後期の公卿、歌人

生 一二五一（建長三）

没 一三一九（元応元）

参議、侍従、権中納言、権大納言、内大臣

六条有房花押(1)

六条有房花押(2)

六角定頼（ろっかくさだより）

戦国時代前期の武将、管領代

生 一四九五（明応四）

没 一五五二（天文二十一）

四郎、弾正少弼、江雲寺、（法）光室承亀、光山承亀

六角定頼花押

六角高頼（ろっかくたかより）

戦国時代前期の武将

生 ？

没 一五二〇（永正十七）

亀寿丸、行高、四郎、大膳太夫、竜光院宗椿

六角高頼花押(1)

六角高頼花押(2)

六角義賢（ろっかくよしかた）

戦国時代後期の武将

生 一五二一（大永元）

没 一五九八（慶長三）

四郎、左京太夫、承禎、（諡）梅心院

六角義賢花押(1)

六角義賢花押(2)

六角義賢花押(3)

六角義治（ろっかくよしはる）

戦国時代後期の武将

生 一五四五（天文十四）

没 一六一二（慶長十七）

義弼、四郎、右衛門尉、玄雄、鴎庵、覚園院

六角義治花押

わ

和田惟政（わだこれまさ）

戦国時代の武将

生 ？

没 一五七一（元亀二）

伊賀守

和田惟政花押(1)

和田惟政花押(2)

和田惟政花押(3)

渡辺守綱（わたなべもりつな）

安土桃山・江戸時代前期の武将

生 一五四二（天文十一）

没 一六二〇（元和六）

半蔵、忠右衛門、(法)守綱院心空道喜

渡辺守綱花押

理解を広げるための参考図書

（宮﨑肇作成）

相田二郎『日本の古文書』、一九六二年、岩波書店

勝峯月渓『古文書学概論』、一九七〇年、国書刊行会

中村直勝『日本古文書学』上・中・下、一九七一・七四・七七年、角川書店

高橋礦一『新編古文書入門』、一九七一年、河出書房新社

日本歴史学会編『演習古文書選』全八冊、一九七一—八一年、吉川弘文館

福尾猛市郎・藤本篤『古文書学入門』、一九七四年、創元社

日本歴史学会編『概説古文書学』古代中世編・近世編、一九八三・八九年、吉川弘文館

田中稔編『古文書』（日本の美術一七四）、一九八〇年、至文堂

網野善彦責任編集『週刊朝日百科 日本の歴史 別冊 歴史の読み方八 名前と系図・花押と印章』、一九八九年、朝日新聞社

伊木寿一『日本古文書学（第三版）』、一九九〇年、雄山閣出版

佐藤進一『新版 古文書学入門（新装版）』、二〇〇三年、法政大学出版局

東京大学史料編纂所編『花押かがみ』一—八、一九六四—二〇一〇年、吉川弘文館

今井庄次他編『書の日本史』九、一九七六年、平凡社

木下桂風編『日本花押大観』、一九七八年、思文閣出版

大森頼周『花押のはなし』一九八五年、エス・アイ・エス系譜史料学会

京都府立総合資料館編『花押の世界』、一九九三年

佐藤進一『増補 花押を読む』（平凡社ライブラリー）、二〇〇〇年、平凡社

上島有『中世花押の謎を解く—足利将軍家とその花押—』、二〇〇四年、山川出版社

石井良助『はん』、一九六四年、学生社
木内武男編『日本の古印』、一九六四年、二玄社
木内武男『日本の官印』、一九七四年、東京美術
相田二郎『戦国大名の印章―印判状の研究―』、一九七六年、名著出版
木内武男『印章』、一九八三年、柏書房
石井良助『印判の歴史』、一九九一年、明石書店
荻野三七彦『印章』（日本歴史叢書〈新装版〉）、一九九五年、吉川弘文館
荻野三七彦『姓氏・家紋・花押』（読み直す日本史）、二〇一四年、吉川弘文館
久米雅雄『はんこ』（ものと人間の文化史一七八）、二〇一六年、法政大学出版局
・・・・・・・・・・・・・・・・・・・・
東京大学史料編纂所編「花押カードデータベース」（http://wwwap.hi.u-tokyo.ac.jp/ships/shipscontroller）
＊『花押かがみ』刊行のために収集された、鎌倉時代までの花押カードのデータベース。年月日・人名・典拠史料名などで検索可能。東京大学史料編纂所のホームページで公開。

九鬼守隆(1573—1632)　98
浅野長晟(1586—1632)　38
徳川秀忠(1579—1632)　168
以心崇伝(1569—1633)　49
佐竹義宣(1570—1633)　121
寺沢広高(1563—1633)　160
稲葉正勝(1597—1634)　53
蒲生忠知(1605—34)　86
成富兵庫(1560—1634)　176
狩野山楽(1559—1635)　84
伊達政宗(1567—1636)　155
酒井忠世(1572—1636)　118
相良長毎(1574—1636)　119
京極忠高(1593—1637)　94
烏丸光広(1579—1638)　86
島津家久(1576—1638)　128
板倉重昌(1588—1638)　50
蜂須賀家政(1558—1638)　186
大久保彦左衛門(1560—1639)　70
堀直寄(1577—1639)　218
細川忠利(1586—1641)　216
立花宗茂(？—1642)　153
江月宗玩(1574—1643)　106
春日局(1579—1643)　82
天海(？—1643)　161
細川忠興(1563—1645)　215
松平忠昌(1597—1645)　222
沢庵宗彭(1573—1645)　150
一絲文守(1608—46)　53
小堀遠州(1579—1647)　114
近衛信尋(1599—1649)　113
木下長嘯子(1569—1649)　93
徳川義直(1600—50)　168

〈1651年以降没〉

徳川家光(1604—51)　166
蜂須賀忠英(1611—52)　187
加藤忠広(1601—53)　83
後光明天皇(1633—54)　109
宇喜多秀家(1572—1655)　63
高力忠房(1584—1655)　108
板倉重宗(1586—1656)　50
真田信之(1566—1658)　123
前田利常(1593—1658)　220
井伊直孝(1590—1659)　47
堯然入道親王(1602—61)　95
古筆了佐(1572—1662)　114
小幡景憲(1572—1663)　78
太田資宗(1600—80)　70
徳川家綱(1641—80)　166
池田光政(1609—82)　48
松平忠輝(1592—1683)　221
後西天皇(1637—85)　110
公海(1607—95)　105
心越興儔(1639—95)　137
徳川綱吉(1646—1709)　168
伊達綱宗(1640—1711)　154
徳川家宣(1662—1712)　166
貝原益軒(1630—1714)　79
徳川家継(1709—16)　166
伊達綱村(1659—1719)　154
近衛基熙(1648—1722)　113
中御門天皇(1701—37)　173
徳川吉宗(1684—1751)　168
徳川家重(1711—61)　165
佐竹義敦(1748—1785)　120
徳川家治(1737—86)　166
光格天皇(1771—1840)　106
徳川家斉(1773—1841)　166
徳川家慶(1793—1853)　168
寺井肇(1787—1854)　160
徳川家定(1824—58)　165
久世広周(1819—64)　101
徳川家茂(1846—66)　167
土井利忠(1811—1868)　161
徳川慶喜(1837—1913)　168

堀秀政(1553—90)　218
羽柴秀長(？—1591)　183
千利休(1522—91)　143
太田資正(1522—91)　70
津田宗及(？—1591)　159
北条氏直(1562—91)　204
羽柴秀勝(1569—92)　183
顕如(1543—92)　105
北条氏房(1565—92)　204
加藤光泰(1537—93)　83
正親町天皇(1517—93)　69
畠山義綱(？—1593)　186
曲直瀬正盛(1507—94)　224
九条稙通(1507—94)　99
蒲生氏郷(1556—95)　85
小笠原貞慶(1546—95)　74
豊臣秀次(1568—95)　169
木曽義昌(？—1595)　90
酒井忠次(1527—96)　118
秋月種実(1545—96)　36
大饗正虎(1520—96)　66
大村由己(？—1596)　74
葛西晴信(？)　81
古渓宗陳(1532—97)　109
小早川隆景(1533—97)　113
足利義昭(1537—97)　41
尊朝法親王(1552—97)　145
北条氏邦(？—1597)　202
豊臣秀吉(1537—98)　169
六角義賢(1521—98)　245
伊集院忠棟(？—1599)　49
宮部継潤(？—1599)　227
松浦隆信(1529—99)　223
前田利家(1538—99)　219
長宗我部元親(1538—99)　158
安国寺恵瓊(？—1600)　46
九鬼嘉隆(1542—1600)　98
小西行長(？—1600)　111
松平家忠(1555—1600)　221
石田三成(1560—1600)　49
大谷吉継(1559—1600)　70
長束正家(？—1600)　175
北条氏規(1545—1600)　204

〈1601～1650年没〉

保科正直(1542—1601)　213
井伊直政(1561—1602)　47
小早川秀秋(1582—1602)　113
前田玄以(1539—1602)　219
里村紹巴(1525—1602)　122
生駒親正(1526—1603)　48
里見義康(1573—1603)　122
黒田孝高(1546—1604)　101
小出秀政(1540—1604)　105
専誉(1530—1604)　143
南化玄興(1538—1604)　176
堀尾忠氏(1577—1604)　218
山内一豊(1545—1605)　234
織田秀信(1580—1605)　78
諏訪頼忠(1536—1605)　139
大友義統(1558—1605)　72
桑山重晴(？—1606)　102
榊原康政(1548—1606)　118
堀秀治(1576—1606)　218
宇都宮国綱(1568—1607)　64
結城秀康(1574—1607)　237
松平忠吉(1580—1607)　222
西笑承兌(1548—1607)　140
津軽為信(1550—1607)　159
竜造寺政家(1556—1607)　242
応其(1536—1608)　65
金森長近(1524—1608)　83
北条氏盛(1577—1608)　205
木下家定(1543—1608)　93
京極高次(1563—1609)　93
石川家成(1534—1609)　48
田中吉政(1548—1609)　157
伊奈忠次(1550—1610)　53
溝口秀勝(1548—1610)　224
細川藤孝(1534—1610)　216
生駒一正(1555—1610)　48
太田牛一(1527—？)　70
滝川雄利(1543—1610)　150
中院通勝(1556—1610)　172
長谷川等伯(1539—1610)　183
尼子義久(？—1610)　46
本多忠勝(1548—1610)　219
稲富一夢(1552—1611)　53
加藤清正(1562—1611)　82
山科言経(1543—1611)　235
真田昌幸(1547—1611)　123
浅野長政(1547—1611)　38
島津義久(1533—1611)　131
平岩親吉(1542—1611)　190
北条氏勝(1559—1611)　202
堀尾吉晴(1543—1611)　218
本多康重(1554—1611)　219
蒲生秀行(1583—1612)　86
勧修寺光豊(1575—1612)　82
閑室元佶(1548—1612)　86
亀井茲矩(1557—1612)　85
近衛前久(1536—1612)　112
佐竹義重(1547—1612)　121
松井康之(1550—1612)　220
新庄直頼(1538—1612)　137
勢誉(？—1612)　141
内藤信成(1545—1612)　170
有馬晴信(1567—1612)　46
六角義治(1545—1612)　245
高橋元種(？)　150
小出吉政(1565—1613)　105
浅野幸長(1576—1613)　38
大久保忠佐(1537—1613)　69
大久保長安(1545—1613)　69
池田輝政(1564—1613)　48
角倉了以(1554—1614)　139
教如(1558—1614)　95
近衛信尹(1565—1614)　112
結城晴朝(1534—1614)　237
今川氏真(1538—1614)　54
最上義光(1546—1614)　232
舟橋秀賢(1575—1614)　200
松浦鎮信(1549—1614)　223
清原国賢(1544—1614)　97
仙石秀久(1551—1614)　142
千少庵(1546—1614)　143
前田利長(1562—1614)　220
海北友松(1533—1615)　79
金森可重(1558—1615)　84
古田織部(1544—1615)　201
高山右近(1552—1615)　150
宗義智(1568—1615)　144
小笠原秀政(1569—1615)　74
真田幸村(1567—1615)　123
増田長盛(1545—1615)　220
大野治長(？—1615)　73
長宗我部盛親(1575—1615)　158
島井宗室(？—1615)　128
幡随意(1542—1615)　189
片桐且元(1556—1615)　82
豊臣秀頼(1593—1615)　170
徳川家康(1542—1616)　167
本多正信(1538—1616)　219
後陽成天皇(1571—1617)　115
今出川晴季(1539—1617)　57
酒井家次(1564—1618)　118
鍋島直茂(1538—1618)　175
亀井政矩(1590—1619)　85
細川興元(1562—1619)　213
直江兼続(1560—1619)　170
島津義弘(1535—1619)　131
藤原惺窩(1561—1619)　192
二条昭実(1556—1619)　177
岩城貞隆(1583—1620)　57
興意法親王(1576—1620)　105
山崎長徳(1552—1620)　234
松平重勝(1549—1620)　221
尊照(1562—1620)　145
渡辺守綱(1542—1620)　246
文之玄昌(1555—1620)　201
蜂須賀至鎮(1586—1620)　187
安藤重信(1557—1621)　47
金春安照(1549—1621)　116
織田長益(1547—1621)　75
本多康俊(1569—1621)　219
京極高知(1572—1622)　94
支倉常長(1571—1622)　184
里見忠義(1594—1622)　122
黒田長政(1568—1623)　101
上杉景勝(1555—1623)　57
高台院(1549—1624)　106
板倉勝重(1545—1624)　50
福島正則(1561—1624)　191
永井直勝(1563—1625)　171
廓山(1572—1625)　80
吉川広家(1561—1625)　91
成瀬正成(1567—1625)　176
毛利輝元(1553—1625)　231
義演(1558—1626)　88
皆川広照(1548—1627)　224
今井宗薫(1552—1627)　54
井上正就(1577—1628)　54
大久保忠隣(1553—1628)　69
毛利高政(1559—1628)　231
准如(1577—1630)　133
松倉重政(？—1630)　221
織田信雄(1558—1630)　75
藤堂高虎(1556—1630)　164
加藤嘉明(1563—1631)　83
角倉素庵(1571—1632)　139

雪舟等楊(1420—？) 141
長尾能景(？—1506) 172
細川澄之(1489—1507) 214
細川政元(1466—1507) 216
上杉房能(？—1507) 62
斯波義敏(？—1508) 127
尋尊(1430—1508) 138
島津忠昌(1463—1508) 130
伊勢貞宗(1444—1509) 50
上杉顕定(1454—1510) 57
猪苗代兼載(1452—1510) 54
吉田兼倶(1435—1511) 239
足利義澄(1480—1511) 42
真慧(1434—1512) 138
朝倉貞景(1473—1512) 37
一条冬良(1464—1514) 51
長尾景春(1443—1514) 171
了庵桂悟(1425—1514) 242
観世信光(1435—1516) 87
九条政基(1445—1516) 99
三浦義同(？—1516) 224
毛利興元(1493—1516) 231
景徐周麟(1440—1518) 102
上杉朝良(？—1518) 61
北条早雲(1432—1519) 207
細川澄元(1489—1520) 214
宗義盛(1476—1520) 145
六角高頼(？—1520) 245
伊勢貞陸(？—1521) 50
赤松義村(1472—1521) 36
畠山義英(？) 186
武田元信(？—1521) 152
畠山尚順(1475—1522) 185
足利義稙(1466—1523) 43
実如(1458—1525) 126
上杉憲房(1467—1525) 62
真相(？—1525) 137
中御門宣胤(1442—1525) 174
後柏原天皇(1464—1526) 108
今川氏親(1473—1526) 55
肖柏(1443—1527) 136
大内義興(1477—1528) 67
長尾景長(1469—1528) 171
細川高国(1484—1531) 215
足利政氏(1466—1531) 40
中御門宣秀(1469—1531) 174
頼誉(？) 241
宗長(1448—1532) 144
足利高基(？—1535) 39
今川氏輝(1513—36) 55
三条西実隆(1455—1537) 124
上杉朝興(1488—1537) 60
足利義明(？—1538) 41
山崎宗鑑(？) 234
尼子経久(1458—1541) 46
北条氏綱(1487—1541) 203
諏訪頼重(1516—42) 139
浅井亮政(？—1542) 36
長尾為景(？—1542) 171
木沢長政(？—1542) 90
結城政朝(1479—？) 238
畠山義総(1491—1545) 186
古岳宗亘(1465—1548) 108
朝倉孝景(1493—1548) 37
茨木長隆(？) 54
松平広忠(1526—49) 222
大休宗休(1468—1549) 146
冷泉為和(1486—1549) 244
上杉定実(？—1550) 59
清原宣賢(1475—1550) 97
足利義晴(1511—50) 43
大友義鑑(1502—50) 72

〈1551～1600年没〉

大内義隆(1507—51) 67
織田信秀(1511—52) 77
六角定頼(1495—1552) 245
証如(1516—54) 136
太原崇孚(1496—1555) 146
朝倉教景(1474—1555) 37
陶晴賢(1521—55) 138
武野紹鷗(1502—55) 153
彭叔守仙(1490—1555) 202
斎藤道三(？—1556) 117
後奈良天皇(1496—1557) 111
大内義長(？—1557) 68
狩野元信(1476—1559) 85
少弐冬尚(？—1559) 136
今川義元(1519—60) 56
足利晴氏(？—1560) 40
尼子晴久(1514—60) 46
斎藤義竜(1527—61) 118
十河一存(？—1561) 145
三好義賢(1526—62) 228
細川氏綱(？—1563) 213
細川晴元(1514—63) 216
三条西公条(1487—1563) 124
毛利隆元(1523—63) 231
三好長慶(1522—64) 228
伊達稙宗(1488—1565) 153
足利義輝(1536—65) 43
近衛稙家(1503—66) 112
島津忠良(1492—1568) 130
大内輝弘(？—1569) 66
森可成(1523—70) 233
氏家卜全(？—1571) 63
島津貴久(1514—71) 129
北条氏康(1515—71) 205
毛利元就(1497—1571) 232
和田惟政(？—1571) 245
篠原長房(？—1572) 126
吉田兼右(1516—73) 239
斎藤竜興(1548—73) 117
三好義継(？—1573) 228
上泉信綱(？—1573) 85
浅井長政(1545—73) 37
村上義清(？—1573) 230
朝倉義景(1533—1573) 37
武田信玄(1521—73) 151
覚恕(1521—74) 80
仁如集堯(1483—1574) 182
武田信虎(1494—1574) 152
里見義堯(1507—74) 122
畠山高政(1527—76) 184
北畠具教(1528—76) 91
伊達晴宗(1519—77) 154
松永久秀(1510—77) 222
山中幸盛(？—1578) 235
上杉謙信(1530—78) 58
尼子勝久(1553—78) 46
北条氏繁(1536—78) 203
由良成繁(1506—78) 238
里見義弘(1525—78) 122
烏丸光康(1513—79) 86
策彦周良(1501—79) 119
三条西実枝(1511—79) 124
山科言継(1507—79) 235
上杉景虎(？—1579) 58
上杉憲政(？—1579) 62
竹中重治(1544—79) 152
蘆名盛氏(1521—80) 45
宇喜多直家(1529—81) 63
吉川経家(1547—81) 91
佐久間信盛(1527—81) 119
河尻秀隆(1527—82) 86
快川紹喜(？—1582) 79
穴山梅雪(1541—82) 45
織田信忠(1557—82) 76
織田信長(1534—82) 76
村井貞勝(？—1582) 230
土岐頼芸(1501—82) 165
武田勝頼(1546—82) 151
明智光秀(？—1582) 36
依田信蕃(1548—1583) 241
観世元忠(1509—83) 87
佐久間盛政(1554—83) 119
柴田勝家(？—1583) 127
小笠原長時(1514—83) 74
松平康親(1521—83) 222
織田信孝(1558—83) 76
足利義氏(？—1583) 42
中川清秀(1542—1583) 172
蒲生賢秀(1534—84) 85
森長可(1558—84) 233
池田恒興(1536—84) 48
筒井順慶(1549—84) 160
竜造寺隆信(1529—84) 242
伊達輝宗(1544—85) 154
羽柴秀勝(1568—85) 183
戸次鑑連(1516—85) 201
丹羽長秀(1535—85) 182
吉川元春(1530—86) 92
松井友閑(？) 221
滝川一益(1525—86) 150
田村清顕(？—1586) 157
蜂須賀正勝(1526—86) 187
吉川元長(1548—87) 92
大村純忠(1533—87) 73
大友宗麟(1530—87) 71
島津家久(1547—87) 128
北条綱成(1515—87) 207
里見義頼(？—1587) 122
稲葉一鉄(1516—88) 53
佐々成政(1539—88) 121
宗義調(1532—88) 144
狩野永徳(1543—90) 84
松田憲秀(？—1590) 222
大道寺政繁(1533—90) 147
北条氏照(？—1590) 203
北条氏政(1538—1590) 205

西園寺実俊(1335―89)　117
善如(1333―89)　142
庭田重資(1305―89)　182
佐々木高秀(？―1391)　120
山名氏清(1344―91)　235
上杉朝房(？―1391)　60
通幻寂霊(1322―91)　159
吉田宗房(？)　240
細川頼之(1329―92)　217
山名義理(？)　237
日什(1314―92)　178
後円融天皇(1358―93)　108
無著妙融(1333―93)　229
綽如(1350―93)　132
玉畹梵芳(1348―？)　95
上杉憲方(1335―94)　61
相良前頼(？―1394)　119
今川貞臣(？)　55
山名満幸(？―1395)　236
細川頼元(1343―97)　217
崇光天皇(1334―98)　139
足利氏満(1359―98)　38
大内義弘(1356―99)　68
洞院公定(1340―99)　161
九条経教(1331―1400)　99
足利直冬(？)　39

〈1401～1450年没〉

椿庭海寿(1318―1401)　159
吉田兼熙(1348―1402)　239
少弐貞頼(1372―1404)　135
土岐康行(？―1404)　164
伊達政宗(1353―1405)　154
絶海中津(1336―1405)　141
一色詮範(？―1406)　52
畠山基国(1352―1406)　185
菊池武朝(1363―1407)　88
空谷明応(1328―1407)　98
小笠原長基(？)　74
島津伊久(1347―1407)　129
足利義満(1358―1408)　44
愚中周及(1323―1409)　101
足利満兼(1378―1409)　40
山科教言(1328―1410)　235
斯波義将(1350―1410)　127
島津元久(1343―1411)　130
今川貞世(1326―？)　55
上杉憲定(1375―1412)　61
石塔頼房(？)　49
仲方円伊(1354―1413)　158
日野重光(1370―1413)　189
小田孝朝(1337―1414)　75
上杉朝宗(？―1414)　60
土岐頼益(1351―1414)　165
栄仁親王(1351―1416)　240
上杉氏憲(？―1417)　57
足利満隆(？―1417)　41
梅山聞本(？―1417)　182
武田信満(？―1417)　152
一条経嗣(1358―1418)　51
斯波義教(1371―1418)　127
上杉憲基(1392―1418)　62
大友親世(？―1418)　72
土岐康政(？―1418)　164
大岳周崇(1345―1423)　146
岐陽方秀(1361―1424)　95
細川満元(1378―1426)　217
赤松義則(1358―1427)　36
称光天皇(1401―28)　134
足利義持(1386―1428)　44
烏丸豊光(1378―1429)　86
花山院長親(？―1429)　81
広橋兼宣(1366―1429)　191
千葉兼胤(1392―1430)　158
大内盛見(1377―1431)　67
清原良賢(？―1432)　97
畠山満慶(1372―1432)　185
古幢周勝(1370―1433)　111
後小松天皇(1377―1433)　109
今川範政(1364―1433)　56
斯波義淳(1397―1433)　127
畠山満家(1372―1433)　185
渋川義俊(1400―34)　128
山名時熙(1367―1435)　236
満済(1378―1435)　224
世阿弥(？)　140
足利持氏(1398―1439)　41
足利満貞(？―1439)　41
巧如(1376―1440)　95
足利満直(？―1440)　41
土岐持頼(？―1440)　164
結城氏朝(1402―41)　237
赤松満祐(1373―1441)　35
足利義教(1394―1441)　43
大内持世(1394―1441)　67
細川持之(1400―42)　217
渋川満頼(1372―1446)　128
上杉清方(？―1446)　58
日峯宗舜(1368―1448)　181
今川仲秋(？)　56

〈1451～1500年没〉

上杉憲忠(1433―54)　61
畠山持国(1398―1455)　185
後崇光院(1372―1456)　110
存如(1396―1457)　146
洞院実熙(1409―？)　162
万里小路時房(1394―1457)　223
飯尾為種(？―1458)　54
養叟宗頤(1376―1458)　238
甲斐常治(？―1459)　79
中山定親(1401―59)　174
今川範忠(1408―？)　56
義天玄詔(1393―1462)　93
雲章一慶(1386―1463)　64
長尾景仲(1388―1463)　171
大内教弘(1420―65)　66
上杉憲実(1410―66)　61
佐竹義人(1400―67)　121
上杉持朝(1418―67)　63
清原業忠(1409―67)　97
金春禅竹(1405―？)　116
伊達持宗(1393―1469)　156
京極持清(1407―70)　94
後花園天皇(1419―70)　113
島津忠国(1403―70)　130
斎藤基恒(1394―1471)　118
竺雲等連(1383―1471)　125
伊勢貞親(1417―73)　50
細川勝元(1430―73)　214
山名持豊(1404―73)　236
心敬(1406―75)　137
今川義忠(1436―76)　56
日野勝光(1429―76)　189
広橋兼顕(1449―79)　190
斎藤妙椿(1411―80)　118
一休宗純(1394―1481)　52
一条兼良(1402―81)　51
斯波義廉(？)　127
朝倉孝景(1428―81)　37
河野通春(？―1482)　107
陶弘護(1455―82)　138
雪江宗深(1408―86)　141
多賀高忠(1425―86)　150
太田道灌(1432―86)　70
益之宗箴(1410―87)　65
季弘大叔(1421―87)　90
希世霊彦(1403―88)　90
菊池為邦(1430―88)　89
日親(1407―88)　181
富樫政親(1455―88)　164
蜷川親元(1433―88)　182
足利義尚(1465―89)　43
桃源瑞仙(1430―89)　163
足利義政(1435―90)　44
畠山義就(1437―90)　186
足利義視(1439―91)　44
足利政知(1435―91)　40
飯尾元連(1431―92)　54
横川景三(1429―93)　66
亀泉集証(1424―93)　90
菊池重朝(1449―93)　88
畠山政長(1442―93)　185
上杉定正(1443―94)　60
中院通秀(1428―94)　173
東常縁(1401―？)　163
真盛(1443―95)　137
大内政弘(1446―95)　66
赤松政則(1455―96)　35
少弐政資(1441―97)　136
壬生晴富(1422―97)　227
足利成氏(1438―97)　39
畠山義統(？―1497)　186
山名政豊(1441―99)　236
蓮如(1415―99)　244
甘露寺親長(1424―1500)　87
景川宗隆(1425―1500)　103
月翁周鏡(？―1500)　103
後土御門天皇(1442―1500)　111
相良為続(1447―1500)　119
天隠竜沢(1422―1500)　161

〈1501～1550年没〉

道興(？―1501)　163
蘭坡景茝(1419―1501)　241
浦上則宗(1429―1502)　64
細川勝益(？―1502)　213
山科言国(1452―1503)　235
菊池能運(1482―1504)　89
壬生雅久(？―1504)　227

日野資朝(1290—1332)　190
安達時顕(？—1333)　45
菊池武時(？—1333)　88
金沢貞顕(1278—1333)　84
赤橋英時(？—1333)　35
赤橋守時(？—1333)　35
大友貞宗(？—1333)　71
長崎高資(？—1333)　172
日興(1246—1333)　180
日目(1260—1333)　179
北条基時(？—1333)　211
北条高時(1303—33)　207
北条時益(？—1333)　208
北条仲時(1306—33)　210
万里小路季房(？—1333)　223
二階堂貞藤(1267—1334)　177
万里小路藤房(？)　223
護良親王(？—1335)　233
守良親王(？)　233
双峯宗源(1263—1335)　144
天岸慧広(1273—1335)　161
南山士雲(1254—1335)　176
九条光経(？)　100
後伏見天皇(1288—1336)　114
少弐貞経(1273—1336)　135
千種忠顕(？—1336)　157
相馬重胤(？—1336)　144
大友貞載(？—1336)　71
楠木正成(？—1336)　100
名和長年(？—1336)　176
斯波家長(？—1337)　126
宗峯妙超(1282—1337)　133
中院定平(？)　172
菊池武重(？)　88
吉田定房(1274—1338)　239
結城宗広(？—1338)　238
新田義貞(？—1338)　181
二条為世(1250—1338)　178
日野資名(1285—1338)　190
坊門清忠(？—1338)　212
北畠顕家(1318—38)　90
釼阿(1261—1338)　104
後醍醐天皇(1288—1339)　110
高倉光守(？)　149
清拙正澄(1274—1339)　140
東明慧日(1272—1340)　164
塩冶高貞(？—1341)　65
菊池武敏(？)　88
日法(1259—1341)　181
細川和氏(1296—1342)　213
上杉清子(？—1342)　60
土岐頼遠(？—1342)　165
日像(1269—1342)　179
浄弁(？)　137
証賢(1265—1345)　134
虎関師錬(1278—1346)　109
湛睿(1271—1346)　157
服部持法(？)　188
小笠原貞宗(1292—1347)　74
中原章有(？)　173
伊達行朝(1291—1348)　156
花園天皇(1297—1348)　188
厚東武実(？—1348)　107
竺仙梵僊(1292—1348)　125
楠木正行(？—1348)　100
万里小路宣房(1258—1348)　223
九条道教(1315—49)　100
上杉重能(？—1349)　60
玄慧(？—1350)　103
赤松則村(1277—1350)　35
南部政長(？—1350)　176
坊城俊実(1296—1350)　210
明峯素哲(1277—1350)　230

〈1351～1400年没〉

赤松範資(？—1351)　35
覚如(1270—1351)　80
高師泰(？—1351)　107
高師直(？—1351)　107
高師冬(？—1351)　107
畠山高国(1305—51)　184
夢窓疎石(1275—1351)　229
吉田兼好(？)　239
佐竹貞義(1287—1352)　120
細川顕氏(？—1352)　213
細川頼春(？—1352)　217
四条隆資(1292—1352)　125
上杉朝定(1321—52)　60
足利直義(1306—52)　40
阿蘇惟時(？—1353)　45
久我長通(1280—1353)　108
佐々木秀綱(？—1353)　120
柳原資明(1297—1353)　234
吉良貞家(？)　97
北畠親房(1293—1354)　91
石塔義房(？)　49
円観(1281—1356)　65
吉良満義(？—1356)　98
斯波家兼(1308—56)　126
尊円入道親王(1298—1356)　145
賢俊(1299—1357)　103
文観(1278—1357)　233
一色直氏(？)　52
新田義興(1331—58)　181
相馬親胤(？)　144
足利尊氏(1305—58)　39
洞院実世(1308—58)　162
仁木頼章(1299—1359)　180
日輪(1272—1359)　179
無極志玄(1282—1359)　229
洞院公賢(1291—1360)　161
二条為定(1293—1360)　178
乾峯士曇(1285—1361)　105
細川清氏(？—1362)　214
畠山国清(？—1362)　184
畠山直顕(？)　184
斯波氏経(？)　127
石橋和義(？)　49
中院通冬(1315—63)　173
島津貞久(1269—1363)　129
河野通盛(？—1364)　107
光厳天皇(1313—64)　106
四条隆蔭(1297—1364)　125
妙実(1297—1364)　228
中御門宣明(1302—65)　174
二条師基(1301—65)　178
峨山韶碩(1275—1366)　82
壬生匡遠(？—1366)　227
大智(1290—1366)　147
五条頼元(1290—1367)　110
斯波高経(1305—67)　127
寂室元光(1290—1367)　132
足利基氏(1340—67)　41
足利義詮(1330—67)　42
後村上天皇(1328—68)　115
上杉憲顕(1306—68)　61
新田義宗(？—1368)　181
大友氏時(？—1368)　70
一色範氏(？—1369)　52
慶運(？)　102
徹翁義亨(1295—1369)　160
日静(1298—1369)　179
宇都宮氏綱(1326—70)　63
佐々木氏頼(1326—70)　120
太源宗真(？—1370)　146
良成親王(？)　240
山名時氏(？—1371)　236
少弐頼尚(1294—1371)　136
赤松則祐(1311—71)　35
桃井直常(？)　232
桃井直信(？)　233
頓阿(1289—1372)　170
勧修寺経顕(1298—1373)　82
菊池武光(？—1373)　89
佐々木高氏(1306—73)　120
存覚(1290—1373)　145
菊池武政(1342—74)　89
後光厳天皇(1338—74)　109
渋川義行(1348—75)　128
少弐冬資(1333—75)　136
山名師義(1328—76)　237
仁木義長(？—1376)　180
島津師久(1325—76)　131
南部信光(？—1376)　176
阿蘇惟武(？—1377)　45
上杉能憲(1333—78)　63
上杉憲春(？—1379)　62
光明天皇(1321—80)　108
授翁宗弼(1296—1380)　133
大内弘世(？—1380)　66
北畠顕信(？)　91
赤松光範(1320—81)　36
小山義政(？—1382)　79
滅宗宗興(1310—82)　230
懐良親王(？—1383)　84
三条公忠(1324—83)　123
北畠顕能(？)　91
吉良満貞(？—1384)　98
今川範国(？—1384)　56
近衛道嗣(1332—87)　113
土岐頼康(1318—87)　165
島津氏久(1328—87)　129
実導(1309—1388)　126
一色範光(1325—88)　52
義堂周信(1325—88)　93
春屋妙葩(1311—88)　133
楠木正儀(？)　100
二条良基(1320—88)　178
竜湫周沢(1308—88)　243
山名時義(1346—89)　236

源空(1133—1212)　103
平盛時(?)　148
貞慶(1155—1213)　134
宇佐公房(?)　63
北条時政(1138—1215)　208
藤原信清(1159—1216)　198
源実朝(1192—1219)　225
平親範(1137—1220)　147
三善康信(1140—1221)　228
大内惟信(?)　66
藤原光親(1176—1221)　198
藤原宗行(1174—1221)　199
運慶(?—1223)　64
河野通信(1156—1223)　107
雅縁(1138—1223)　79
覚海(1142—1223)　80
大友能直(1172—1223)　72
静遍(1166—1224)　136
北条義時(1163—1224)　212
卜部兼直(?)　64
三条実房(1147—1225)　123
慈円(1155—1225)　124
大江広元(1148—1225)　68
源通具(1171—1227)　226
島津忠久(?—1227)　130
徳大寺公継(1175—1227)　169
少弐資頼(1160—1228)　135
藤原基房(1145—1230)　199
成賢(1162—1231)　134
明恵(1173—1232)　228
九条教実(1211—35)　99
実尊(1180—1236)　126
道教(1200—1236)　162
藤原家隆(1158—1237)　193
源通方(1189—1238)　226
小山朝政(?—1238)　78
定豪(1152—1238)　134
藤原忠信(1187—?)　196
辨長(1162—1238)　202
後鳥羽天皇(1180—1239)　111
三浦義村(?—1239)　224
長沼宗政(1162—1240)　172
北条時房(1175—1240)　208
退耕行勇(1163—1241)　146
大江親広(?)　68
藤原定家(1162—1241)　194
近衛家実(1179—1242)　112
佐々木信綱(1181—1242)　120
北条泰時(1183—1242)　212
小槻季継(1192—1244)　78
西園寺公経(1171—1244)　116
名越朝時(1194—1245)　175
菅原為長(1158—1246)　139
北条経時(1224—46)　207
栄朝(1165—1247)　65
土御門定通(1188—1247)　159
久我通光(1187—1248)　109
覚盛(1194—1249)　80
道助入道親王(1196—1249)　163

〈1251～1300年没〉

中原師員(1185—1251)　173
九条道家(1193—1252)　99
良遍(1196—1252)　244
安達義景(1210—53)　45
道元(1200—53)　162
四条隆衡(1172—1254)　125
足利義氏(1189—1254)　42
平経高(1180—1255)　147
三善康連(1193—1256)　228
藤原頼経(1218—56)　200
藤原頼嗣(1239—56)　200
伊賀光宗(1178—1257)　47
宇都宮頼綱(1172—1259)　64
近衛兼経(1210—59)　112
深賢(?—1261)　137
北条重時(1198—1261)　206
親鸞(1173—1262)　138
憲深(1192—1263)　104
北条時頼(1227—63)　210
行遍(1181—1264)　95
北条長時(1230—64)　210
清原教隆(1199—1265)　97
諏訪真性(?)　139
恵信尼(1182—?)　65
北条時茂(1241—70)　209
名越時章(1215—1272)　175
北条時輔(1248—72)　208
葉室定嗣(1208—72)　189
洞院実雄(1217—73)　162
徳大寺実基(1201—73)　169
北条政村(1205—73)　211
藤原経光(1212—74)　197
藤原為家(1198—1275)　196
吉田経俊(1214—76)　239
金沢実時(1224—76)　84
藤原光俊(1203—76)　198
兀庵普寧(1197—1276)　111
慈猛(1211—77)　132
東巌慧安(1225—77)　162
北条時盛(1197—1277)　209
宗性(1202—78)　144
蘭渓道隆(1213—78)　241
円爾(1202—80)　65
道光(1243—?)　163
一翁院豪(1210—81)　51
少弐資能(1198—1281)　135
北条義政(1242—81)　212
日蓮(1222—82)　179
覚信尼(1224—83)　80
一条実経(1223—84)　51
島津久経(1225—84)　130
北条時国(?—1284)　207
北条時宗(1251—84)　209
安達泰盛(1231—85)　45
中院通成(1222—86)　173
二条為氏(1222—86)　178
無学祖元(1226—86)　229
北条業時(1241—87)　210
良忠(1199—1287)　243
一遍(1239—1289)　53
大休正念(1215—89)　146
北条時定(?—1290)　208
聖守(1215—91)　134
無関玄悟(1212—91)　229
少弐経資(1229—92)　135
平頼綱(?—1293)　149
鷹司兼平(1228—94)　150
北条兼時(1264—95)　206
白雲慧暁(1223—97)　183
無本覚心(1207—98)　230
富木常忍(1216—99)　164
大友頼泰(1222—1300)　73

〈1301～1350年没〉

金沢顕時(1248—1301)　84
金沢実政(1249—1302)　84
忍性(1217—1303)　182
卜部兼方(?)　64
後深草天皇(1243—1304)　114
頼瑜(1226—1304)　241
北条時村(1242—1305)　209
北条宗方(1278—1305)　211
心慧(?—1306)　137
覚恵(?—1307)　79
北条久時(1272—1307)　211
憲淳(1258—1308)　104
広橋兼仲(1244—1308)　190
蔵山順空(1233—1308)　143
南浦紹明(1235—1308)　177
吉田経長(1239—1309)　240
足利家時(?)　38
徹通義介(1219—1309)　160
北条師時(1275—1311)　212
北条貞時(1271—1311)　206
大仏宗宣(1259—1312)　75
無住道暁(1226—1312)　229
規庵祖円(1261—1313)　88
日向(1253—1314)　177
西園寺公衡(1264—1315)　116
北条熙時(1279—1315)　211
一山一寧(1247—1317)　52
伏見天皇(1265—1317)　191
北条政顕(1269—?)　211
六条有房(1251—1319)　245
日朗(1245—1320)　180
花山院師信(1274—1321)　81
凝然(1240—1321)　95
北条随時(?—1321)　212
西園寺実兼(1249—1322)　117
日昭(1221—1323)　181
北条宣時(1238—1323)　210
後宇多天皇(1267—1324)　106
竹崎季長(1246—?)　151
禅爾(1252—1325)　142
通翁鏡円(1258—1325)　159
瑩山紹瑾(1268—1325)　102
西園寺実衡(1290—1326)　117
大仏維貞(1286—1327)　75
長井宗秀(1265—1327)　171
日印(1264—1328)　178
良暁(1251—1328)　243
冷泉為相(1263—1328)　244
安東蓮聖(1239—1329)　47
聖尋(?)　135
禅助(1247—1330)　142
中原章房(?—1330)　173
足利貞氏(1273—1331)　39
花山院師賢(1301—32)　81
京極為兼(1254—1332)　94

索　引

1　本書に花押・印章を掲載した1,112名の人物を、没年順に配列した。
2　名前の後の（　）に、生年－没年を示した。？は不詳を表す。
3　没年不詳の人物は、推定される没年や確認できる事績をもとに、おおよその位置に配列した。

〈1000年以前没〉

光明皇后（701—760）　108
小野道風（894—966）　78
増基（？）　143
良源（912—985）　243
藤原元命（？）　199
藤原佐理（944—98）　195

〈1001～1100年没〉

高階業遠（965—1010）　149
源兼行（？）　224
藤原行成（972—1027）　200
済信（954—1030）　140
藤原保昌（958—1036）　199
藤原義忠（？—1041）　200
源頼親（？）　227
藤原実遠（？—1062）　195
明尊（971—1063）　228
成尊（1012—74）　140
丹波雅忠（1021—88）　157
永超（1014—95）　64
藤原伊房（1030—96）　194

〈1101～1150年没〉

高階為章（1059—1103）　149
藤原隆時（？）　196
永観（1033—1111）　238
大江匡房（1041—1111）　69
藤原為房（1049—1115）　197
藤原仲実（1057—1118）　198
藤原季仲（1046—1119）　195
菅原在良（1043—1122）　138
藤原顕季（1055—1123）　192
寛助（1057—1125）　87
藤原顕隆（1072—1129）　192
藤原為隆（1070—1130）　197
良忍（1073—1132）　244
良禅（1048—1139）　243
藤原宗忠（1062—1141）　199
覚鑁（1095—1143）　81
源雅兼（1079—1143）　225
藤原顕頼（1094—1148）　193
定海（1074—1149）　134

〈1151～1200年没〉

覚法法親王（1091—1153）　81
寛信（1085—1153）　87
平忠盛（1096—1153）　147
藤原家成（1107—54）　193
藤原顕輔（1090—1155）　192
元海（1093—1156）　103
藤原頼長（1120—56）　200
藤原実能（1096—1157）　195
藤原信頼（1133—59）　198
藤原公教（1103—60）　193
藤原公能（1115—61）　194
源雅定（1094—1162）　225
藤原実行（1080—1162）　195
藤原忠通（1097—1164）　196
藤原伊通（1093—1165）　194
寛遍（1100—66）　87
藤原惟方（1125—？）　194
藤原光頼（1124—73）　198
源雅通（1118—75）　226
藤原重家（1128—80）　195
藤原邦綱（1122—81）　194
平清盛（1118—81）　147
源義仲（1154—84）　226
平盛俊（？—1184）　149
平通盛（？—1184）　148
藤原隆季（1127—85）　196
平教盛（1128—85）　148
平経盛（1124—85）　148
平宗盛（1147—85）　148
平頼盛（1132—86）　149
平信範（1112—87）　148
源資賢（1113—88）　225
源定房（1130—88）　225
源義経（1159—89）　226
清原頼業（1122—89）　97
藤原経宗（1119—89）　197
平時忠（？—1189）　148
土肥実平（？）　169
徳大寺実定（1139—91）　169
藤原師長（1138—92）　199
花山院忠雅（1124—93）　81
源範頼（？）　225
二階堂行政（？）　177
中山忠親（1131—95）　174
一条能保（1147—97）　51
小槻隆職（1135—98）　78
源頼朝（1147—99）　227
梶原景時（？—1200）　82
吉田経房（1143—1200）　240
覚仁（？）　80

〈1201～1250年没〉

高階泰経（1130—1201）　149
源通親（1149—1202）　226
守覚法親王（1150—1202）　133
小槻広房（？—1202）　78
興然（1121—1203）　107
源頼家（1182—1204）　227
藤原俊成（1114—1204）　197
藤原範季（1130—1205）　198
藤原隆信（1142—1205）　196
九条良経（1169—1206）　100
重源（1121—1206）　158
九条兼実（1149—1207）　99
熊谷直実（1141—1208）　101
中原親能（1143—1208）　173
顕昭（？）　104
覚憲（1131—1212）　80

監修者略歴

一九三一年　長崎県佐世保市生まれ
一九五七年　九州大学大学院文学研究科国史専攻修士課程修了
九州大学文学部助手、東京大学史料編纂所助教授、早稲田大学文学部教授を経て
現在　早稲田大学名誉教授　文学博士

〔主要編著書〕
『増訂　鎌倉幕府裁許状集』上・下、一九八七年、吉川弘文館
『鎮西御家人の研究』一九七五年、吉川弘文館
『南北朝遺文　九州編』一—七、一九八〇—九二年、東京堂出版
『松浦党研究とその軌跡』二〇一〇年、青史出版
『鎌倉幕府と鎮西』二〇一一年、吉川弘文館
『鎌倉遺文の研究』二〇一一年、東京堂出版

花押・印章図典

二〇一八年(平成三十)一月十日　第一刷発行
二〇一八年(平成三十)三月二十日　第二刷発行

監修者　瀬野精一郎(せのせいいちろう)

編者　吉川弘文館編集部

発行者　吉川道郎

発行所　株式会社　吉川弘文館
郵便番号一一三—〇〇三三
東京都文京区本郷七丁目二番八号
電話〇三—三八一三—九一五一〈代〉
振替口座〇〇一〇〇—五—二四四番
http://www.yoshikawa-k.co.jp/

印刷＝株式会社 東京印書館
製本＝誠製本株式会社
装幀＝河村誠

ISBN978-4-642-08327-0